art de cheualerie selon Vegece.

ou prïce creftien dõne faufcõduit
a ung farrazin fe les aultres cre
ftiens par ou il paffe le doibuent
tenir.   iii.c.

¶ Cy deuife fe durant treues entre
guerroieurs on peut par droit prë
dre en aucune maniere chofe qui
foit lune partie/ et fe lune partie
enfraint les treues fe lautre par
tie eft tenue de les tenir.   iiii.c

¶ Cy parfe dune maniere de guer
re laquelle fappelle marque/ et fe
telle maniere de guerre eft iufte.
                                          Ve.cha.

¶ Cy deuife fe tous feigneurs peu
ent donner marq /fe le roy fa peut
donner pour ung eftrangier qui
fõ cytoien foit fait, et apres fe efco
liers eftudians pourroient eftre a
celle caufe empefchez.   Vi.c.

¶ Cy fait mencion fe ceft chofe iufte
et felon droit que ung hõme doi
ue prouuer par fon corps contre
une aultre chofe qui foit incon
gneue et fecrete   Vii.c

¶ Cy deuife fe tout homme peut dõ
ner gaige de bataille   Viii.c.

¶ Cy deuife les cas par lefquelz on
peut donner gaige de bataille.
                                          ix.c

¶ Cy deuife commët champ de ba
taille monte et reprefente aucu
nement fait et proces de pledoierie
et fe ceft droit que a fentree les chã
pions facent ferment.   xe.c.

¶ Cy deuife fi il aduient que lun des
champions perde en foy combat
tant aucune de fes armes foit e
fpee ou aultre bafton fe par droit
on luy debueroit rendre/ et lequel
doibt enuayr lautre. ¶ Item fe
fe roy pardõnoit au vaincu fe lau
tre luy pourroit demander fes de
fpens, et fil eft air fy que ung hõ
me foit trouue a tort accufe xi.c.

¶ Cy demande fe ung hõme eftoit
pugni en champ de bataille dau
cun meffait fe iuftice a plus que
ueoir fur luy dicelle caufe   xii.c

¶ Cy deuife les chofes en quoy
fe roy ou prince doit auoir regard
ains quil iuge champ de bataille
Et comment on doibt donner cõ
feil a ceulx qui cõbatre fe doibuët
                                    xiii.chapitre.

Cy apres sensuit le liure des
fais darmes et de cheualerie Lequel
est diuise en quatre parties. La pre
miere deselles parle de la maniere
q princes se doiuet tenir ou fait de
leurs guerres et batailles selon lor
dre des liures ditz et escrips des no
bles conquerans du monde.

Et premierement comence le prologue de lacteur qui e le premier chappitre.

Pource que hardement
est tat necessaire a haul
tes choses emprendre q
sans luy iamais empri
ses ne se feroict. Icellui mest con
uenable a ceste pnte euure mectre
sus Autrement Veu la petitesse de
ma psonne que ie non digne de trai
cter de si esseuee matiere. ne losasse
seulement pencer. mais Senecq dit
ne te chault qui le die mais que les
parolles soient bonnes. Parquoy
combien que hardiesse se face ablas
mer quat elle est folle. moy nomie
par arrogance ou folle presumcion
mais admoneste de vraie affection
et bon desir du bien des nobles hom
mes en loffice darmes suis ennorte
apres mes autres euures passees
Sicome cellui qui ia a basti plusie
urs fors ediffices est plus hardy de
edifier vng chatel ou quelq fortres

se quat il se sent garny de quenablez
estoffes ace necessaires dentrepren
dre a parler en ce pnt liure du tres
honneste office darmes et de cheua
lerie tant es choses qui y sont neces
saires Come es drois qui leur sont
pertinens Si que les declarent les
loip et diuers acteurs Ainsy au p
pos iay assemble les matieres (z cueil
ly en plusieurs liures pour produi
re a mon intencion en ce present vo
lume. Mais comme il affiert ceste
matiere estre plus exercitee p fait
de diligence (z sens que subtilite de
paroles polies. Et ausi considere
que les expers en lart de cheualerie
ne sot pmunemet clers ne istruictz
en science de langage Je entens
a traicter au plus plain et entendi
ble langaige que ie pourray Acelle
fin que la doctrine donne par plusi
eurs acteurs que a layde de dieu
ppose en ce present liure declairer
puit estre a tous clers et entedible
Cy fait mecion comet guer
re z bataille emprise a iuste qr
relle z menees a leur droit est
chose de iustice z pmise de dieu
Athon le vaillant com
batant par la force du
quel et vertu darmes
les Romains eurent
plusieurs belles victoires et qui

oncques en bataille nefut desconfi
dist que plus doit autre prouffite a
la chose publicque lescripture des
Rigles enseignemens et discipline
darmes qͥl auoit cõposee et en fait
liures que en chose quil eust õcques
faicte de son corps Car dist il tout
ce q̃ hõe y peut faire ne dire ne dure
q̃ vng age mais ce q̃ est escript du
re au prouffit cõmun atousiours
dont innumerables hõmes en peu
uent mieulʒ valoir si est doncques
p ceste raison assez notoire q̃ ce nest
mie de petit prouffit de en escripre
et dẽ faire liure mais affi q̃ ceste pͥ
te euure y aucũs enuieup en aucũ
temps ne puist estre reproche que
en lamectãt sus loccupacõn dit au
tre Iacque ait este perte de temps
sicõe de traicter chose non licite Pre
mieremẽt est assauoir se guerres et
Batailles cheualeric et fais darmes
de quoy esperons a parler est chose
iuste ou non iuste. Car comme en
epcercant armes soient fais plusie
urs gẽs maulʒ eptorciõs t griefʒ si
conme ochisions rapines et efforce
mẽs Bouter seu et plusieurs maulʒ
infinies pourroit sẽbler a aucune q̃
guerres et batailles feussept chose
epcõmuniee et nõ deue. Et pour ce
a respondre aceste questiõ est assa-
uoir quil appert manifestemẽt que

guerres emprisõs a iuste cause sõt
permises de dieu sicõme nous en a
uons preuue en sa saincte escriptu
ree en plusieurs lieup. Comment
nr̃e seigneur mesmemẽt disoit aup
capitenes des ostʒ ce quil deuoiẽt
faire contre leurs ennemis sicõme
il est escript dun qui sappelloit ihe
sus ihesu auquel il dist quil sordõ
nast en bataille contre ses enne-
mis et feist vne embusche pour les
mieulʒ vaincre et dauterʒ semble
ment est recite Et mesmemẽt dist
dieu en la saincte escriture quil est
sire et gouuerneur des ostʒ et des
batailles. Guerre et bataille qui
est ftẽ a iuste querelle nest aultre
chose q̃ droicte epecucõn de iusti-
ce pour rendre le droit diuin et sen
Blenmẽt les loip ordõnes des gẽs
pour contrister aup arrogans et
malfaicteurs Et quant aup ma-
ulʒ qui psont fais aultre droit de
gnerie sicomẽ autres acteurs le di
ent. Ce ne vient pas par droit de
gnerie ains par mauuaistie degẽs
qui mal en vsẽt anisi que ie espoir
a layde dedieu teucher cy apres ou
il eschera ou ie pferay des choses
limitees selõ les loip et droit escrit
en lepcercite des armes

¶ Cy deuise cõmẽt il ne loist fors aulx roix ou souuerains

princes emprendre de leur sin
guliere auctorite guerre et ba
tailles contre quelconques.iii
chappitre

OR auons doncques regarde
et touche oudit second chapi
tre briefment comment guerres
et batailles a bon droit emprinses
est chose iuste Si a regarder puis
quelles sont de droit et il apparti
ent a tout homme faire iustice et
droicte euure se il soit a checune per
sone enprendre guerre pour garder
son droit Car il sembleroit par icelle
raisons que sans mesprendre tout
homme faire se peut. Mais pour la
Berite declairer a ceulz qui en ce po
int porroient errer Est assauoir que
sans faire doubte selon la determi
nacions du droit et des loiz a nul na
partient bataille ne guerre empren
dre pour quelconque cause se ce nest
aux princes souuerains sicome em
pereurs roiz ducz z seigneurs terri
ens le qlz soient mesmement chiefz pri
cipaulz de iuridictons temporeles
Ne a baron quelconque ne a autre
tant soit grent ne appartient sans
licence et Boulente de son souuerai
seigneur Et q ceste loy soit de droit
la manifeste raison le demonstre as
ses. Car se autremet estoit de quoy
doncques seruirroint prices souue

rais qui pour autre chose ne furet
establis que pour faire droit a ung
checu de leurs subgectz qui oppres
sez seroient par aucunes eptortions
et de les defendre et garder ainsi
que le bon pasteur qui expose sa Bie
pour ses aulfes Et pour ce doit fu
yr le subgect au segneur come a son
reffuge quat aucu grief lui est fait
Et le bon seigneur prendra les ar
mes pour lui se besoing est Ceste a
dire lui aydera de sa puissace a gar
der son bon droit soit par Bope de iu
stice ou par epecucon darmes

¶ Cy deuisequelz sont les
mouuemens dont premiere
mét sourdét guerres et batail
les.iiii chapitre.

Doncques appartient il
seulement aux souue
rains princes dempren
dre guerres et batailles Or esta re
gardes pour quelles cases selon droit
doiuet estre eprises z maintenues
Et en ceste chose bien aduise me se
ble q comunemet cinq mouuemes
y a principaulz sur quoy elles sont
fondees dont les trois sont de droit
et les aultres de Boulute Le pmier
de droit pourquoy doiuet estre guer
res emprises et maitenus est pour
soustenir droit et iustice
¶ Le second est pour cotrestre aux

mauuais qui Deuſēt fouler greuer
et oppreſſer la contree ſa paix et ſe
peuple. Le tiers eſt pour recouurer
terres ſeigneuries et autre choſes
par autruy rauies et Dſurpees a in
iuſte cauſe qui au prince ou au puf
fit et Dtiliſite du pays ou de ſubgetz
deuſſēt appartenir Itez des deux
de Donlunte. Lun eſt pour cauſe de
Dengance pour aucun gref receu
dautruy. Lautre eſt pour conque
rir terres et ſeigneuries eſtranges
mais pour les plus particuliere
rement declairer nous dirōs ainſi
premierement et par eſpāl ſe pre
mier des trois qui eſt de iuſtice on
doit ſauoir quil y a trois cauſes pri
cipalz par leſquelles ſoiſt au roy
ou prince emprendrē ou mainte
nir guerres et batailles. La pre
mier eſt pour porter et ſouſtenir le
gliſe et ſon patrimonne. Contre
tout hōme qui la Douldroit fouler
comme tous princes chriſtiens y
ſont tenus. La duſſiemes pour
ſon Daſſal ſil len requirt et prie ou
cas quil ait bonne et iuſte querrel
le et que ſe prince ſe ſoit auant bien
et deuement enforce de mectre ac
cordēt ētre les parties en ſaqlle cho
ſe la duerſaire ſoit trouue de tracta
ble. La treſieme eſt que ſe prince
peut iuſtement ſil lui plaiſt aider a

tout prince baron ou autre ſon alye
ou amy ou a queſconque contree ou
pays ſil en eſt requis en cas que ſa
querreſſe ſoit iuſte. Et en ce point
ſon cōprinſes fēmes Deſues orphe
nins et tout ceulz qui neceſſite en
pourroient auoir de queſque part
quil ſoient fouſez a tort dautruy
puiſſance. A ceſte cauſe et ſemble
ment pour les autres deſſuis ditz
mouuemens. Ceſt aſſauoir ſun
pour Dengance de acun gref receu
par puiſſance dautruy. Lautre
pour acquirir eſtranges terres ſās
auoir autre tiſtre que de conquere
urs Comme a la pandre ſes roma
ins et autres ſoient mouſt ſoepes
tiſtres de cheualerie et ſemblable
ment ceulz qui grandemant ſe ſont
Dengez de leurs ennemis ou que
bien ſoit ou mal et quoy que cōmu
nement on ſe face Je ne treuue pas
en la ſoy diuine ne en autre eſcrip
ſture que pour ces deux cas ſeule
ment ſans autre. Loiſt emprendre
ſur pays chriſtien guerre ne batail
le mais il diſt encore bien. Car ſe
lon la loy de dieu nappartient pas
a homme ſeulement prendre ne riē
Dſurper de lautruy ne de conuoie
ter Et ſemblablement ſont reſerue
es a dieu les Dengances et nappar
tient pas a hōme de les faire mais

pour plus plainement declarer sur
ce pas et respondre aup questions
qui y pourroiēt estre menees Cho-
se est vrape q̃l loist au prīce garder
a soy mesme la pareil droit q̃ a au-
trup feroit. Et pour ce que fera se
iuste prince soy sentant iniurie par
autruy puissance sen doit il donc-
ques pour obepr rapporter a la di-
uine foy. Nennul car elle ne deffēd
pas iustice ains commande quelle
soit faicte et veult et requirt de mef
fait pugnicion. Et pour ce affin
afin quil euure tiendra iustement
celle voye il assemblera grant con-
seil des sages en son parlement ou
en celsiu de son souuerain sil est sub
gectz Et ne assemblera pas seulle-
ment ceulz de son pays afin que de
hozs en soit toute soupeçon de faue-
ur. mais anssi de pays estranges
quon sache non ad herens a nulle
partie tant anciens nobles comme
iuristes et autrez presēs iceulz pro
poseras oufras proposer tout au
vrap et sans paliacion Car autre
ment dieu ne te peut aider a conseil
ler. Tout tel droit et tel tort quil
peut et en concluant que de tout se
veult rapporter et tenir a la deter-
minacion de droit a brefdire par ces
pouis ceste chose mise en droit bien
venez bien dispute telmēt q̃l appere

p vrap iugement q̃l ait iuste cause
Adont fera sommer son aduersaire
pour auoir de lui restitution et ad-
mende des iniures et tors faipz par
lui receuz. Dont sil aduient que le
dit aduersaire baille deffences et
contredire vouldra quil soit enti-
rement ope sans fauuer a soy quel-
cōques ne propre voulunte ne hay
neup courage. Ces choses et ce
quil y appartient deuement ou cas
que le dit aduersaire seroit trouue
reffusant de venir en droit le iuste
prince peut seurement entreprēdre
guerre la quelle ne doit pas estre ap
pelle vengance mais pure epecu-
cions de droicture iustice.

Cy fait menciō des conside-
racions ou regard que le roy
ou prince doit auoir ou fait de
trepredre guerre et les manie
res quil doit tenir amcois quil
deliure guerre.

Duis quil est ainsi que
au prince loist entre-
prēdre guerres et ba
tailles et les mainte-
nir pour les causes dessus dites Et
comme ce soient choses grandes et
pesantes comme selles qui princi-
palement touchent la vie le sang

.aiiii.

lonneur et la cheuance dinfinis hõ
mes/sans lesquelles auant toute
euure ne doiuent estre guerres em
prinses ne pour legiers mouemens
ne voulentes Et que lon doie re=
doubter a emprendre nouelles guer
res mesment a moindre de soy auõs
asses exemples.

℄ Comment eust pense la puis=
sance dauffricque ne lorguilleuse ci
te de cartage qui chief en estoit et les
espaignotz ne le trespuissãt roy an
thiocus seigneur dune grant partie
dorient qui tant de gens menoit en
bataille que le nombre estoit innu=
merable auec ses espoentables oli=
phans. Ne aussi le trespuissant roy
mitridates qui seignourisoit vint
et quatre contrees ne la puissance
des romains quon les peut subuig=
ner . Et pour ce ne doit estre mis
de legier en peril ce qui est a termi=
ner soubz la destribucion de fortu=
ne Dont nul ne puit sauoir aquel
estat tournera.

℄ Doncques est il necessaire que
le prince soit sage ou que a tout le
moins vueille vser du conseil des
saiges. Car platon dit que la est
le pays bien heureux ou les saiges

gouuernent. Et par lopposite est
mauldit si comme tesmoingne la
sancte escripture. Et en verite il
nest chose tant necessaire destre me
nee par sens comme est guerre ou
bataille ainsi que dit sera cy apres
Car il nest faulte faicte en quecon
ques cas moins reparable que celle
qui est executee par armes et par
mal gouuerner bataille

℄ Que sera doncques le saiges
prince auquel sera de necessite pour
aucuns des cas dessusdis empren=
dre guerre ou bataille.

℄ Tout premierement il regarde=
ra quelle puissance il a ou pourra
auoir. Tant de gens comme de fi=
nance sans lesquelles deup princi=
palles choses estre bien garny et se=
urs est folie demprendre guerre cõ
me sur toutes riens y soient neces=
sair.s et par especial pecune Car
qui asses en a et emploier le veult
treuue tousiours ayde de gens as=
ses et plus qui ne vult. Tesmoing
les guerres ditalie et par especial de
flourence de venise et dailleurec
quelles plus communement se com
bat plus leur argent que ceulz du
pays et pour ce apeine les peut on

du tout vaincre ¶ Et vauldroit
trop mieulz au prince sil ne se sent
bien garnis de tresor ou de subgectz
bons et riches et plains de biens et
de bonne voulunte a lui aider afai
re aucun traicte a ses ennemis sil se
sent emahp ou soy depporter dem=
prendre guerre ne de len commencer
se du maintenir na bien de quoy
Car soit tout certain que sil entre=
prient en esperance de plus prendre
sur ses subgectz que porter ne peu=
uent et oultre leur gre il croistra le
nombre de ses ennemis si ne lui se=
roit pas prouffit de destrure les es=
tranges ennemis et longtains pour
en acquere des priuez et prochains

¶ Il est assauoir que nul prince ne
doit despriser nulle puissance den=
nemy Tant appere euutce lui pe=
tite Car il ne peut sauoirqlle fortu
ne lautre aura pour soy.

¶ A ce propos il est escript que mes
mement a ung berger nomme Dri
acus fut fortune si propice quelle
le tuit en puissance auec grant foi=
son de gens darmes larons pour
guerroyer romme qui tant estoit
puissante lespasse de plus de tree=
ze ans et moult leur fist de griefz

et plusieurs fois les vainqui en ba
taille ne oncques les romains ne le
peurrent destruire ains fina sa vie
par ung de ses proppres gens qui
loccist.

¶ Et pour ce affin que de ceu ne
soit assemblera a conseil les quatre
estatz de son pays lesquelles douiet
estre appelles a telle chose empren=
dre.

¶ Cest assauoir les nobles anci=
ens eppers en armes qui sceuent
que fait de guerre vault.

¶ Item les cleres legistes pour ce
que es loip sont declarer tous les
cas dont doit sourdre iuste guerre
ainsi que ad ce pposen auone plu=
sieurs exemples asses patents

¶ Item les bourgois pour ce quil
est de necessite quilz contrebuent en
la mise quil y conuient et prendre
garde a la fortifficacion des villes
et cites et induisent le menu puple
a aider a leur seigneur ¶ Item
aucuns des hommes des mestiers
pourpuls honorer le dit puple affin
que plui soiet enclins a lui aider vou
luntierdu leur de la quelle chose les

doit tous doucement prier. ¶Com
ment est ce prouffitable chose en
seigneurie royaume ou cite auoir
loy aup subgectz car ilz ne faillent
de corps ne de biens sicõme il appa
rut p plusieurs fois a rõme quant
les tresors de la cite estoient des
spẽdutz es gens guerres dons lois
les dames de leur proppre mouue
ment apportoient leurs ioyaup et
riches aournemens et de bon Bou
loir et france Boulunte les bailloi
ent pour secourir a la necessite de la
cite

¶Lesquelz apres leur estoint gien
dement restituez ainsi que raison
estoit.

¶De ceste Bope bien donna ep
emple le bon et saige roy charles le
quint de ce nom lequel tantost ap
pres quil eut este courõne en laage
de Bhint et cinq ans Comme il re
gardast que les angloiz tenoient
mauuaisement les cõuenances fai
ctes au traicte de la paip ql auoit
par necessite et diuerse fortune acor
dee a eulz tant lui fust dommagea
ble et que non obstant quil leur fut
accordee atenir plusieurs terres et
seigneuries du royaume de frãce ne
leur souffisoit mie ains demarcho
ient fouloient et greuoient par leur
orgueil coultrecuidance les autres

contrees Boisines qui ne leur apper
tenoiẽt ledit ropains que autre cho
se en feist manda paisiblement par
auctorisez ãbapadeurs au duc de
lenclastre filz du rop edouart den
glenterre parlequel auec ses gens
estoit fait ledit oultrege que de ce se
Boulzist depporter et faire admen
de desgriefz et bõmages fais puis
ladite paip

¶De laquelle chose fut tel leffect
quop que sa responce fut assez gra
cieuse que se dit ambapadeurs fu
rent occis en icelle Bope

¶Pour ceste cause ledit roy Beu
par contraincte accordee sa deshon
norable paip laquelle sez angloiz
mesmes tenoient mauuaisment et
pour plusieurs autres raysons qui
trop longne chose seroit a les recom
pter assembla a paris a son parle
ment les quatre estatz dessusdit et
auec eulz tous les saige iuristes es
rangiers tant de Boulongne la gra
se comme dailleurs quil peut recou
urer A iceulz comme tressaige pro
posa ses raisons contre les angloiz
demandant leur aduis et se cause
auoit de la guerre en comencer car
sãs iuste cause le regard et delibera
cion dentre eulz et la consideraci
on. et Boulunte de ses bons sub
gectz nullement faire ne la Bou

soit auquel conseil par longne deli
beracion fut conclud que bonne et
iuste cause auoit de la recommencer
Et ainsi lentreprint le bon et saige
roy A laquelle chose dieu a tant este
fauourable a son bon droit loez en
soit il aueclla grant prudence de lui
que auecques layde de dieu toutes
les terres perdues ont puis este con
quises a lespec ainsi que encores y
pert.

¶ Cy deuise comment il nest
pas expedient que le roy ou sou
uerain prince viengne en ba
taille pour les perilz daduerse
fortune.

¶ Le sizielme chappitre

Doncques par sa Boye dessu
dicte determinera le sage
roy ou prince a ouurer en fait dem
prendre guerres et batailles et pour
ce ceste chose notoire que en tel fait
commencer et continner comment
quattuor principaulz choses Cest
assauoir chief hardement force cons
tance sans lesquelz tout proit a con
fusion Doyre se vne seulle y deffail
loit ¶ Il est licite a regarder sil est
bon que le roy ou souuerain prince
Boise en bataille en sa guerre Car

comme se fait lui Boyue toucher
plus que a nul autre parquoy sa
presence peut represeter ses quattre
choses dessu dictes Et auec ce quil
nest duobte que ses cheueliers et
gens darmes et tout lost en auroiet
meilleur cuer de combatre Boiant
leur seigneur en place prest de Bi
ure et mourir auec eulz Sans faulte
pour rendre reponce a ceste question
non obstant tout ce que dire on pour
roit du bien qui ensuiuir en pour
roit et qui plusieurs exemples en
trouueroit de roys princes au quelz
est bien prins destre en presence en
leurs batailles Sicomme du ray asi
pardie en ses conquestes et mesme
ment de plusieurs roys de france si
comme le roy clodoue charlemaine
et plusieurs autres Et mesmemet
charles qui a present regne estant
enfant en laage de quatorze ans
nouuel couronne fut en la botail
se de rosbecke contre les fiamens
ou il eut noble victoire Il nest pas
a deliberer de leger que le Roy ou
souuerain prince y Boyse en perso
ne. Et plus fait a escheuer que a
y aller reseruer pour aucun cas
cest assauoir contre ses proppres sub
gectz en cas que rebelles luy seroi
ent. La cause est pour ce q nature
met retraint offecer la mageste de

son souuerain seigneur par espal
en sa presence si ne pourroient nper
quelque peruerse voulunte quilz
eussent que cuers et membres neuf
sent ansicõme tous vaincus eulz
vopans coutre celsui auquel ayde
deussẽt estre cõtre tout hõe et p espe
cial est grande la confusion contre
eulz et se droit grent pour se seigner
quãt il seur est von et non cruel ne
tirant. mais non pourtant quelqz
soit la necessite quil y voit doit bie
estre regardee que si seurment soit
mis en bataille que le peril de male
fortune ne puist cheoir sur sa parsõ
ne. Mais la raison generalle pour
quop il nest droit que cõmunement
y voist est pour ce que nul ne peut
sauoir alaqnelle partie dieu donne
ra sa victoire parquop se la fortune
venoit contre se prince pestant en p
sonne par quop mort prinse ou fuite
sen suruenist alui Ce ne seroit pas
parditton ne desbouneur seulemẽt
a sa parsone mais aceulz de sõ sãg
et generasement a tous ses subgec-
tes terre et puys en perdition et infi
ny incõueniet sicõme on peut asses
sauoir par lep perience de cas sem-
blables en ce royanme? autre part
aduenus. Et pour ce nest pas a es-
lire que pour le regard daucune p-
ticuliere vtisite on metre enaduen

ture et peril se dont pouuent venir
infinitz maulz et incoueniens.
Et pour ce ne doit pas tel prince
estre si cauteleup ne si courageup
aius endoit estre descueu par sui
assigner ses causes et Raisons aue
cques epemples qui sui doiuent re
frener considerant se tresgrantpe-
ril non pas seulement de sa parsõ-
ne comme dist est mais de tous ses
siens. Et ad ce propos peut biens
seruir pour epemple se von et sapge
roy charses dessus nõme sequel nõ
soyt mouuãt de son trosne royal en
ses pasais toutes ses terres perdu-
es. Reconquist comme trescheua-
lereup si comme se vray en est ma-
niseste. Et quil soit vray acc pro-
pos que seus et diligence plus soit
ep pedient en fait de guerre que sa
present du prince Sembsement ap
pert per le premier dux de mesan pe
re de cestup qui est apresent. Le quel
non soy partant de ses pasais con-
quist par son e sens tant de terres
et seigneuries en sombardie et a sa
marche que a saseigneuries dune
cite attribua tãt daulstres seignen
ries quil en fist vne tresgrant et
notable duche

C Cy deuise quel connes-
stable doit estre esleu pour

estre maistre ꝺla cheualerie ꝺu
roy ou prīce et les condicions
quil doit auoir·vii·chappitre

OR auons oy conment le
Roy ou souuerain prince
pour le bien et la seurete
delachose publique ne doit pas
legierement deliberer de soy mes
me aller en bataille. Si est donc
ques a aduiser a quelz personnes
cōme vng seul ne soufise on pour
ra cōmectre le fais ꝺe si grans offi
ces cōme maistres et cōduiseurs
ꝺe sa cheualerie qui pour luy et en
son nom eycercent lefait ꝺe ses
guerres ꝺe laquelle chose sans
faulte adroit regarder nest nulle
autre besoingne ou plusgrant re
gard appartiēgne cōme lelectōn
diceulz Car de tant que leypcerci
te ꝺe leurs offices passent en pois
et en peril tous autre de tāt paise
rent plus cōuenables personnes
Et par espāl doit per grant ꝺeli
beracion aduis et regard estre es
leu celluy auquel sera cōmisola
pricipale charge sur tous lequel
office les anciens appelloient ꝺuc
ꝺes batailles ou souuerant mai
stre ꝺe la cheualerie que nous di
sons a present en france cōnesta
ble. Et apres en ensuiuant les
ꝺeux mareschaux selon lusaige

francois Sur lesquelz offices
principaulx sont oꝛdōnes plusie
eurs capitaines ꝺe certain nonbꝛe
et cantite dōmes darmes. Et en la
electōn p espāl du souuerain mai
stre ꝺe se cheualerie ꝺu prince doit
estre aduise quil soit persōne nota
ble espālment en tout ce quil cōui
ent es choses que armes requierēt
Cest assauoir que plōgue eyperi
ence il soit si vsagez que celui soit
cōme naturel maistre Et que le cō
tinuel eycercite lait rendu maistre
ꝺe tout ce quil y conuient cōme cel
lui qui p plusieurs fois se soit trou
uez en diuerses aduētes adueneus
en fais ꝺe guerres per diuers pays
et nacōns. Vegece Vegece dist qz
lōgueur daage ne grāt nōbre dās
ne dōne pas art ē manire de cōba
tre mais lusage si ne soit apprentif
ꝺes oꝛdꝛes et manieres quil cōuiēt
tenir en gens darmes traicter soit
en tēps ꝺe repos ou trauueil ꝺe gur
re les sache maintenit mener et con
ꝺuire en telle maniere. Que au
meulz faire appartient. Et est as
sauoir que en la dite electōn ꝺoit
estre plus Regarde ala parfection
ꝺes choses dictes auec les autres
bonnes meurs et condicions qui a
auec lui affierēt q̄ a la grādeur du
lignage ne hault sang ne la psōne

quoy que se tout pouoit ensemble
estre seroit moult expedient pource
que detant seroit plus noble de sang
tant plus seroit tenu en Reuerence
en son dit office. laquelle chose est ne
cessaire audit capitaine Valere Et
adce propos racompte Valere que
les anciens qui firent les gens con=
questes se augmetoiet deulz mesmes
pour estre plus doubtez en leurs ost
et se faignoiet estre parès des dieux
Ne autrnois ne souffist il pas ceste
seule couenablete sans les autres
pprietez pour ce doit estre le regard
des esliseurs plus a bien pourueoir
loffice non pas a sa persone Car
chose mon seroit arepredre quelque
fut la haultesse de sang de faire de
lignorat maistre Voire par espas en
office la ou subtilite sens et loing
Vsage a souuent plus grat besoing
q grat nombre de gens ou qcoque
autz vtus ne autz forces. Cathon
Cathon dist que de toutes autres
choses on peut ameder les faulte
Reserue celles qui sont faictes en
Bataille dr. laquelle lapeine en suit
tantost la faulte. Car mauuaise=
ment ceulz qui se sceuent mal deffe
dre et aup fuitifz a peine Reuient
cuer de combatre pour ce aussi auec
les choses dessudictes est necessaire
quil soit sage de bon sens naturel

come celui auql couiet auoir sa con
gnoissace de moult dechoses et qui
est come chief de iustice. Il couient
lieutest du price estre sage pour fai=
re droit a vng chacun de tous cas
qui peuuet aduenir acause darmes
et faiz de cheuasterie de tous ceulz
qui soubz lui sont et mesmemet de
estrangiers souuent et en diuerses
manieres et est assauoir q selon droit
degetillesse et haulteur de noblef
se et de courage appartient a capi=
taine quil Vse en leprecite darmes
en tous cas q aduenir lui peuuent
et tout ce que gentillesse Requiert
se droit honneur et los Veult acqre
cest assauoir q mesmes a ses enne=
mis soit droicturier et veritable en
fait et iugement ou il eschera Et
auec ce quil honnoure les bons et
ceulz qui le Vallet ainsi qui Voul=
droit estre deulz honnourez. Ceste
malere tenoit le Vaillat roy pirrus
de macedone dot grat los acquist
lequel pource que tant de Vaillace
auoit trouue aup Romains cobie
quil feussent ses ennemis mortelz
si les honoroit il moult grademet
quant ilz Venoient en ambapade
deuers lui Et mesmemet les occis
en ses batailles faisoit honorable=
met ensepuelir Et de la noblesse et
grant franchise de cestui roy est en

core eſcript q̃l les auoit en treſgrãt
pris/que meſmes leurs priſoniers
pris en ſes batailles ne voulut il
retenir ains les rendoit tout quit
tement ꝗ Les meurs et condiciõs
qui a bon conneſtable affierẽt ſõt
telles.ne ſoit tenu de chaudecole
ſel ne preux/mais a meſurez ⁊ at
trempez/droicturier et iuſtice be
nigne en ꝑuerſacion de hault mai
tien et pou de parolle raſſis en cõ
tenãce.non moqueur ne truffeur
veritable en parolle ⁊ pmeſſe har
diſeur diligent non couuoiteux/
fier aux ẽnemis.piteux aux vai
cus et a ſon deſſus.Ne ſe courouſ
ſe de legier/ne ſe meuue a pou doc
caſion Ne croie trop toſt ne a pou
dapparence.nadiouſte foy a pa
rolles qui nont couleur de verite
Ne curieux de mignotiſes ioliue
tez ne de iopaulx/habiſſie ſoit ri
chement en harnoys et montures
et fierement ſe contiẽgne/Ne ſcait
pareſſeux ſent ne endormy Ne cu
rieux en viandes et mengiers ne
vie delicatiue/engrant touſiours
de leſtat et cõuiſe des aduerſaires
ſubtil pourueu et caulſt a opr deſ
fẽdre deulz et ſagemẽt les enuayr
Aduiſe ſur leurs agais/ſache les
ſciens gouuerner et tenir en ordre
et cremeur/faire droit ou il doibt/

ne ſoit auſſi moult curieux de iou
et a nulz ieux/honneure ſes bons
et feaulx qui le vaſſẽt et apres de
ſoy les tiẽgne/bien gardõne ceulx
qui le deſſeruent.Et large ſoit es
cas qui le requierent.Son cõmũ
parler ſoit darmes es fais de che
ualerie/et des proeſſes des bons/
bien ſe garde de vantiſe.il ſoit rai
ſonnable.aime ſõ prince et feal lui
ſoit/ſoit ſecourable aux veſues et
aux orphenins et aux poures/il
ne tiengne grant compte de petit
meſfait fait a perſonne ne de petis
debas.pardonne legierement a
cellup qui ſe repent et par deſſus
tout.aime dieu et ſegliſe et ſouſtiẽ
gne droit.Icelles conditions dui
ſent a bon conneſtable aux mareſ
chaux ⁊ a ceulx doffices ſẽblables
¶ Cy alleguẽt au propos de
lexercite darmes aucuns ac
teurs qui de ce ont parle et les
manieres que tenoiẽt les vail
lãs cõquereurs qui auoiẽt re
nõmee en armes.   viii c.
Apres que auõs deuiſe quelz
doibuent eſtre eſſeuz/capi
taines et conduiſeurs de la cheua
lerie du roy ou prince.Dire nous
fault en quop leur exercite ſe ẽptẽ
dra/⁊ pource q̃ de ceſte matiere me
aprẽnẽt a parler acteurs qui en õt

escript produiray ou tesmoingrai
ge leurs ditz, et principasement de
ceulp qui au temps de Balentini?
en empereur notablement fist pro
pre liure de la discipline et art que
tenoient les tresgrãs conquereurs
du monde qui misrent a chief par
sens et par vertu darmes chose a
present sembleroient estre impos/
sible. ¶ Ceste chose bien afferma
le roy pirrus quant il eut esprou?
ue la vaillãce des rommains des/
quelz assez petite quantite conte/
stoit contre son ost qui tant estoit
grant que mons et baulp en estoi
ent couuers lors quil dist. O dieu
iupiter se iauoie telz cheualiers ie
conqrroie tout le monde. Et pour
ce est a presupposer que par grant
sens traueil et propre industrie a/
cheuoient si haultes entreprinses
côme conquerir le monde si que si
rent les rommains (z autres con/
quereurs du monde, desquelz les
manieres et les ordres quilz tenoi
ent enregistrerent plusieurs sages
Desquelles choses pour exemple
de se confermer a iceulz se bon sem
ble sont a opr propices (z expedic
Vegece. ¶ Car Vegece dit qui
veult paip appraingne qui aime
victoire doibt auoir sens darmes
(z le cheualier qui desire bonne .d/

uenture se combat par art/ cest as?
sauoir par sen non pas a la volee
et nul nose greuer ne couroucer cel
lui quon cuide qui seurmonteroit
son lassailloit. ¶ Il appert par ses
grans conquestes que iadis firent
les anciens que les gens ne sõt pl9
si vaillans côme ilz souloient/ et
de ce a quoy il tienrent la raison
Le premier allegue vegece qui dist
que la longue paip a rendu les hõ
mes qui par auant par soingz et
continuelz trauaulz se souloient
eperciter aup armes/ non challãs
dicelle occupation si se sont mys
au delit et repos et aup conuoiti?
ses de peccune/ dont les nobles an
ciens qui ne prisoient que honeur
ne faisoient compte/ (z aussy a este
mise cheualerie en negligence et
tellement que iusques en oubly (z
non chaloir. Et dist il les rõmais
mesmement qui ia plusieurs ter?
res auoient conquises delaisseret
vng têps tellement le percite dar
mes q par la desascoutumance ilz
furent par hanibal price dauffriq
desconfitz En la seconde bataille ilz
perdiret quasi toute leur seigneu
rie deuãt caues en puille/ q fut si
horrible q pres tous ceulp de rôme
y furent mors (z leurs cheuaulp
capitaines prins (z destruis/ (z de

notable cheualerie en si grant canti
te que apres la desconfiture hani=
bal qui fit chercer le champ en eut
trois muyps tous pfains daneaup
Boz de feurs Bois comme Bit liftoize
fe quelz if fit pozte en son payps en io
ye et en signe de Bictoire mais apzes
sa Bite epzercite repzinse ifz eurent
touſiours Bictoire Pour ce concluB
fe Bit acteur en fouant a constumance
Barmes que plus pzoffitable chofe
eſt au rop ou au prince que ſes siens
foient bien enſeignez et Buitz en icel
fui art quelque petite cantile qſl ait
Be gens que prendze foiſon de fouz
Boiers eſtranges quif ne cougnoiſt
Et nulle riens Bit if neſt plus fer
me ne plus bien eure ne qui plus ſa
ce a fouer que eſt contree ou foiſon
a de Bons hômes Barmes bié Buitz
et bié apzins en tout ce qui pappar
tient. Car oz ne argent ne pierres
pzecieuſes ne ſurmôtent pas fes en
nemis ne en paip ne font Biure fes
habitâs Laquelle choſe fait et peut
faire puiſſâce de cheualerie Baillât
et bié enſeignie et de tel ne Boit pas
eſtre iuge ſefon la folle ſentence Bu
rop Bzutus de gaule fe quel quant
if eut enuap fes romais a tout Ce
iiii pp mil hômes armes et if Bit q
contre fui Benoient a ſi petite canti
te illes deſpziſa et Bit quif np auoit

pas aſſes de gês pour raſſaBier fes
chiés de fon oſt mais neaufmenz if
en p ent aſſes pour deſtruire fui et
et fon grant oſt ſi quif en aBuint a=
pzes côme racompte liftoire·pour
icelles choſes conſermer apzes feBit
acteur Birons pzemierement de fa
Boctrine que Bonnoient fes nobles
a feurs enfâs ou temps de feur ieu
neſſe puis retournerons a fa matie
re Bu Bit capiteine ou chiefuetaine
de fa cheualerie. Begece. Begece
Bist au pzopos ou pzemier chappi
tre de fon pzemier fiure nous ne Be=
ons fa cite de rôme par nulle autre
choſe ſubmectre a elle fes terres de
ceſt monde ſi nô par Bſage Barmes
et par enſeignemens Boſt et de che
ualerie Car aſſes peut eſtre pzeſu=
me que ſi petite cantite de gens que
au pzemier furent euſt pou Balu cô
tre fes frâcois fe ſês deſ grecz et ma
licez fozce de ceulz Bauffricque ſe p
gens ſens et Bſage neuſt eſte et par
ce concluB de rechief ce que Bit eſt
Ceſt aſſauoir que mieulz Bault pe
tite quâtite de gens bien enſeignez
et Buicte Barmes par côtinuelle ep
cercite de tout ce quif peut aBuenir
en fa BoubteuſeaBuenture Bes ba
tailles que ne fait multituBe de gês
rudes et nô ſachans.if Bit que ſcien
ce de ſauoir ce que en ſait de guerre
b.i.

affiert croiſt nourriſt et dõne le har
demẽt de cõbatre cõme il ſoit aini
que nul ne doubte a faire ce dõt eſt
enſeigne eppert.et apꝛis et tous are
ſont ſceus et tout ſciences par cõti
nuel vſage et ſil eſt voir diſt il que
es petites choſes ainſi ſoit mieulz
affiert les garder es treſgrans. Ⓜ
quelle choſe eſt ce q̃ de gẽs duitz de
guerre et ſubtilz eŋ leꝑcercite dar
mes apeine ſilz peuuẽt eſtre vain
cus par ſuruenue dauẽture eſtran
ge et non acouſtumee ſicõme il ap
parut ſi toſt que les rõmains trou
uerõt maniere doccire les oliphãs
qui tant ſons diuerſes et eſponeu
taffles beſtes que hommes et cha
uaulz aſes veoir ſoŋ effrayoiẽt que
cõtre eulz menoiẽt les cartaginois
et ceulz de la partie doꝛient. Et les
ſaiges rõmais firẽt engine par leſ
quelz leur lancoient fers aguiſes et
bareaup de fer tous ardans et par
ce les deſtruiſoient. Et pour ce dit
lacteur que de tous les are le plus
aider eŋ pays ou eŋ cõtree eſt ſa
uoir cellui de combatre Car par lui
la franchiſe de lieu eſt gardee et la
dignite de cheualerie ſi que dit eſt
ſouuerainemẽt le garderẽt et pꝛe
mieremẽt les grecz ceulz de lacede
mõne Et puis de ceſte appꝛendꝛe et
ſauoir furẽt les rõmains aſſez curi

up et de ce quil leur eŋ enſuiuit ap
pert aſſez

¶ Cy deuiſe les manieres que
tenoiẽt les haulz et nobles che
ualereup duitz a duire et enſei
gnier leurs enfaus en la doc
trine des armes .ix. chappitre

Doncques les anciens noblcs
qui par haulteſſe de coura
ge deſiroiẽt que touſiours fut con
tinuee leꝑcercite des armes afiŋ q̃
la choſe publique de leurs ſeigne
uries et citez fut mieulz augmẽtee
et deffẽdue. Ne faiſoient il pas nou
rir leurs enfans aup cours des ſci
gneurs oyl mais noŋ pas pour ap
pꝛẽdꝛe oꝛgueil pompes ne veubans
ains afiŋ que eŋ parfait aage peuſ
ſẽt ſeruir le pꝛice ou la cõtree de lof
fice quil appartient aup nobles et
auoient de couſtume que de ſa age
de .piiii. ans faiſoiẽt eſeigner leurs
enfãs et duire eŋ toutes les choſes
qui a armes et fais de guerre et de
cheualerie appartiẽt et eſt aſſauoir
quil y auoit pꝛopꝛes eſcolcs et cer
tains lieup eſquelz oŋ les eſeignoit
des adõcqs a porter les haꝛnois et
a eulz eŋ ſauoir aider. Et pour ce
veult dire vegece ou il parle ace ꝑ
pos ou .iiii. chapitre de ſoŋ pꝛemier
liure que les nobles ſe doiuẽt pener
de enſeigner leurs enfans des leur

premiere ieuneſſe en lamour des ar
mes. Car ſe ieune enfant eſt habil
ſe a retenir ce que on ſui monſtre. et
naturellement ſe epercitent enſãs
Voulentiers et liement ſaillant et
iouant en mouuant leurs corps ſi
ſeur doibuent adõc eſtre enſeignes
ſes tours de iſneſſite de fraper des
bras et gueuchir contre ſes cc mps
qui de trauers peuent venir ſaillir
foſſez lãcer dars et lances eulp cou
urir de ſeſcu et toutes telles choſes
Et leur monſtroient comment en
gectant dars ou lances meiſſent ſe
ſeneſtre pic auant pource que en lã
cant ce que on veult ou en gectant
ſe corps en eſt plus ferme et ſa force
de gecter plus grande. Mais quãt
vient a põſer main a main des lã
ces ſe duiſoient a mettre ſe pic dep
tre auãt pource que ſa force de bou
ter eſt a la ſeneſtre partie. Et pour
mieulp ſes duire en toutes ces cho
ſes de aſſaillir et de combatre ſes
mettoient meſmement ſes maiſtres
aucuneſfois en bataille arrengez
afin que lordre de bataille ſceuſſẽt
par vſage. Et tous armez ſes fai/
ſoiẽt aller a pie cantite de pas pour
ſes duire a eulp tenir en ordonnan
ce ſerrez et ioinctz enſemble ſãs deſ
router/et de baſtons legiers au pie
mier afin que bleſſer ne ſe peuſſent

ſes faiſoient enuayr ſes vngs ſes
aultres. et afin que a celſe cauſe ne
peuſt eſtre nourrie aucune rancũe
ceulp qui auoient eſte vainqueurs
meccoiẽt a lautre fois compaignõs
auec ſes vaincus/puis ſes ordon
noient a garder certaines places ſi
q̃ ce ſe fuſſent chaſteaulp ſes vngs
contre ſes autres. Apres quant
ſeur force croiſſoit pour touſiours
continuer luſage de ſeuer ſes bras
en portãt/et ſouffrir traueil ſes fai
ſoiẽt auec eſpees hacʒes et tous ba
ſtons de guerre efforcer contre piez
ficheʒ en terre/Et cõtre ces pies cõ
me ſe ce fnſſẽt ſeurs ennemis ſeſſai
erent ſes apprentis darmes et aſ
ſailloient puis a ſa teſte puis aup
coſteʒ/puis a deptre et a ſeneſtre/
puis plus bas frappoient en aſſail
ſant legierement et ca/et ſa/cõme
cilʒ gueuchiſſẽt/et ẽ ceſte maniere
daſſault apprenoiẽt force et aſaine
daſſaiſſir et aſſait que force ſeur cro
iſſoit et aage ſeur eſtoit baiſſee plus
grant charge/et meſmement plus
peſãtes armeurez et baſtons quãt
en aage eſtoient que ceulp de guer
re afin que ceulp de guerre ſeur ſẽ
blaſſẽt apres plus legiers/Si ſes
apprenoiẽt a ferir deſtoc. Et furent
ſes rõmains ſes premiers qui miſ
rent ſur cellui vſage/car ilʒ ſe mo
b.ii.

quoient de ceulp qui frappoient de
taille:en difant que a peine pouoit
on occire pour caufe des os qui fōt
durs et retiennent le cop/mais de
ftoc eft la plaÿe mortelle fil être feu
lement au chiefou au corps deup
doigtz de parfont/et pour fa raifō
auffi q̃ le cōbatant de taille en hau
cant les bras fe defnue et defcueu
ure au deptre cofte:et ce ne fait pas
cellui qui fiert deftoc. Ainfi en frap
pant fe ferre et tiēt clos et peult ble
cer ains que lautre ait les bras fe
uez. Et auec ce les duifoiēt a por
ter tous armez fardeaulp pefans
pour mieulp aprēdre a porter grāt
charge a celle fin que ce befoig leur
fuft quilz peuffēt porter auec eulp
mefmemēt leur viure. Et pour ce
fte introductiō cōfermer/dit Uege
ce ad ce propos que riēs neft grief q̃
par long vfage fa aprins. Ne fi pe
fant fardel que par diuifiō ne fem
ble biē legier. ¶ Uirgille ¶ Et
femblablemēt cōferme Uirgille icel
lui vfage/ou il dit que les vaillās
rōmains portoiēt ce qui feur eftoit
neceffaire auec eulp a tout fa char
ge des armes ¶ Oultre ces chofes
y auoit cheuaulp de bois fur lefqlz
leur apprenoient a faillir tous ar
mez les lances au poing. rāper gra
uir a cordes legierement contre les

murs/eulp mefmes faire efchelles
legieres ou grās cordes noees et rā
per contremont.

¶ Ly deuife encore de ce mef=
me et les chofes en quoy ilz en
feignent les enfans du peuple
x.chapitre.

EN tous les deffufditz vfages
et plus encore fi biē introdui
foient les anciēs feurs enfās et par
lōgue main auec la bōne doctrine
des hōnorables paroles quilz leur
mectoient en couraige/ que quant
venoit au droit fait de bataille ilz
ftoient tous aprins et fi trefaigres
que a peine pouoiēt ilz eftre tenue
et q̃ tel doctrine fut bōne au temps
des grās conqeftes/biē y parut. Et
ēcore eppediēt feroit en france et en
tous pays ou fōt auculeffois les ar
mes licites a aprēdre ¶ Salufte
Et a ce propos dit falufte/Le che
ualier et hōme darmes fait a eflire
quāt.de fa ieuneffe a aprins le tra
ueil darmes et fcet lart de cheuale=
rie. Et Uault mieulp dit il que le
ieune hōme fe puift epcufer au pre=
mier q̃ ēcore nait aprins ce de quoy
on le reprēt q̃ ce quil fe deueille ē fa
vielleffe de ce q̃ riēs ne fcet/De la
qlle chofe les anciēs prifoiēt fi pou
les nobles qui ne fauoiēt riēs quilz
ne mettoiēt nulle differēce de eulp

auɣ beſtes paiſſans/maiſ ilʒ tenoi
ent grant cõpte dcs Vaiſſãcce diſt
Vegece. ¶ O hõmes a grãt mer/
ueilles ſoables qui ceſſui nobſe art
de cheualerie aues Voulu tantep/
cercer quelſe Vous eſt demouree ſi/
cõe natureſſe/eſtre deVuc s haulte/
mẽtepaucos/ſicõme ceulɣ ſeſquelʒ
ſes autres hões ne peuẽt Viure en
paiɣ ne eſtre deffendus/ Si eſt dõc
grant auãtaige au iouuẽceſ de bõ
ne Voulẽte qnãt ſieu pouoir ⁊ eſpa
ce a de aprendre ſart ⁊ ſciẽce dcs ar/
mes/ſaquelſe choſe nuſ ne doibt pẽ
ſer queſſe ſoit legiere/ Et a ceſſuɣ
diſt iſ que en teſ diſcipline eſt bien en
ſeignie ne doibt Venir paour de cõ
batre en nuſſe maniere/ contre qlʒ
conq aduerſaire Ains ſuɣ eſt droit
ſouſas et deſict/ Et auec ce adiou/
ſtent ſes acteurs en quoɣ ſe eɣcerci
toient ſe peupſe. ⁊ eſtaſſauoir trai
re de ſondes qui mouſt eſt grant ai
de qui biẽ ſen ſcet aider ⁊ mouſt en
Vſoient ſes anciẽs.¶Vegece. Et
en ſoant ceſt art Vegece diſt cõme
ſonde porter ſoit de nuſ poiɣ ẽ ſort
proffitaBſe⁊aduiẽt aucuneſſoɣs q
la Bataiſſe eſt en ſieuɣ pierreuɣ/ ou
quiſ cõuient deffendre aucune mõ/
taigne/⁊ meſmemẽt en aſſauſt ou
deffences de ſortreſſes ſont ſondes
mouſt cõuenabſes de quop ilʒ diẽt

que par ſi grãt cure iadis en Vſoiẽt
q en aucũes iſſes de grece ſes meres
ne donnoiẽt a mãger a ſeurs ẽfans
iuſqs a ce que ferir euſſẽt ſeur Viã/
de de coup de ſõde/Auec ce ſeur ap
prenoiẽt a tirer darca main et dar/
Baſeſtre/et ſes duiſoiẽt ſes maiſtres
a tenir ſarc a ſon droit/ceſtaſſauoir
a la ſeneſtre main /⁊ a la corde tirer
de deɣtre par grant force et ſoupſe/
ment cõduire ſa fſeſche iuſqs ẽuers
ſoreiſſe ⁊ que ſe cueur et ſueiſ euſſẽt
adreſſe adce q aſſener Vouſdroiẽt et
quɇ ententiuemẽt y Viſaſſẽt/ Et
ẽ ceſt arc ſe duiſẽt meſmemẽt ceulɣ
dẽgſeterre dcs ſeur ieuneſſe:⁊pour
ce ilʒ paſſent cõtinueſſemẽt ſes au/
tres archiers. Ilʒ faiſoiẽt ſeurs Bu
tes ou ilʒ tiroiẽt de Vi.cens pieʒ de
ſong ce dit Vegece/ Veuſt ceſt art
cõtinuer ⁊ ſouuẽt eɣercer meſme/
mẽt auɣ Bõs maiſtres/⁊ q ſuſaige
en ſoit neceſſaire iſ appt. ¶haton
¶Chaton dit en ſõ ſiure darmes
q mouſt proffitẽt bons archiers et
treſtous ceulɣ qui duitʒ eſtoient de
ſancer ⁊ traire dars ſeurmontoiẽt
en Bataiſſe pluſieurs foɣs ſeurs en
nemps a tout peu de gẽs. Et ainſi
ſe teſmoigne ſe Vaiſſant cõBateur
Scipion.¶Auec ce ſes duiſoient
a ſãcer pierres porter pauoiſ ⁊ euɣ
en ſauoir couutir/gecter ſances ⁊

B.iii.

toutes choses sēblables a icelluy et
dient que propres maistres y auoit
q̃ a la philosomie des iouuēceaulx
appartenoit se sque regardoient
ceulx qui estoient les plus habiles
a la discipline et enseignemēt dar-
mes: Sicomme ceulx qui auoient
les yeulx esueilles ⁊ legier esperit
la teste droicte les piez larges gros-
ses espaules et de bon tour ses braf
longs gros et bien faconnez ⁊ maif
ossues petit vētre et rains biē tour-
nez groses cuisses iābes droictes
bien tailfees seiches ⁊ menues lar-
ges piez ⁊ drois. Et quant auec
l'abilite du corps les veoient de bō
entendemēt les tenoient fort chiers
et iceulx duisoient aux choses qui
appartiennēt aux capitaics. Auec
ces choses leur apprenoiēt a nager
en riuiere ou en mer. Et vegece dit
que cest art est a tout hōme darmes
couuenable a sauoir cōme elle leur
soit aucunesfois necessaire sil quil
peult aduenir et aduient souuēt q̃
force les chasse a passer eaues et ri-
uieres pour euiter perilz ou pour a-
briger chemin ou es autres neces-
sitez ou peult estre pour attaindre
ailleurs ou aller doibuent ou pour
seurprendre leurs ennemps par cel
le garde qui iamais garde ne se dō-
nassent et tiroiēt apres eulx les an-

ciens leurs fardeaulx et harnoys
par subtil entendemēt sicōme par
pieces de bois et sur espines seichez
gectees en seaue q̃lz produisoiēt tout
ē nagāt. Aussi peult hōme darmes
p celle voye escheuer peril de mort
ainsi quil est escr. pt du preux Juli⁹
cesar que luy propre par nager ga-
rantit sa vie par nager trops cens
pas de mer. ¶ Semblablemēt ce-
na le tresuaillant cōbatant cheua-
lier rōmain luy seul durement na-
ure eschappa de sa giant multitu-
de de ses ennemis a nager en trauer-
sant vng grant fleuue. Et par cel-
le mesme voye furent secourus de
viure gēs assieges en vng chastel
par leurs amps qui nagerent sans
le sceu de leurs ennemis. Et pare-
illement les anciēs duisoiēt en cest
art leurs bestes et cheuaulx. Et
pour souldre la raison de ceulx qui
diroient que les choses dictes sont
legieres a dire mais fortes a apprē-
dre. Dit nostre acteur quoy q̃ tou-
tes choses sēblent difficiles au disci-
ple ains qui les sache se le maistre ē
biē ententif de biē monstrer il nest
art tant soit fort a retenir que par
lōgue coustume ne deuiēgne legier
Et encōtre en cōtinuāt les manie-
res que tenoient les rōmains vng
tel vsage entre les autres auoient

que les nobles portoiēt habit diffe-
rent aux nō nobles/z auec ce y a-
uoit propres robes de iope/z autres
de dueil qlz Vestoient selon les cas
de leur fortune/cestassauoir q̃ silz a
uoient perdu quelque grosse batail
le/ou que quelque pays se fust re-
belle contre eulx/Ou que aucune
iustice requerāt Vengāce leur fust
faicte. Adonc Vestoient la robe de
dueil sans autre habit Vestir. Jus
ques ad ce quilz sen fussent Vēgez
et Venus audessus. Et lors repre-
noient leurs habis de iope.

¶ Cy deuise les proprietes
que doibuent auoir gens dar
mes/et en quoy ilz doiuent e-
stre eduitz et enseignez. xi. c.

Deuise auōs assez les manie
res et introductiōs en fais
darmes que les anciēs dōnoiēt a
leurs enfās lesquelles choses pour
epēple sont bōnes a retenir. Si nos
affiert a retourner adce qui est dit
deuant/cestassauoir en quellez cho
ses sēploiera le bō et saige capitai
ne de la cheualerie ou ses lieutenā
¶ premierement il tira a luy tous
les plus esleuz hommes darmes/z
chiers les tiendra/Et puis que a
parler Viēt de bon hōme en armes
Racompte Vegece des proprietes

quil lui conuiēt/Et dit que auec
hardiesse sans laquelle ne pourroit
riēs Valoir ¶ Doibt estre duit et
tout maistre de soy aider en sū har-
nois et dp estre aise/affin que Viste
ment puist assaillir sō ēnemy/sail-
lir fossez legierement grauir sur ql
que hault empeschemēt sil lui Viēt
ētre pies soy ficher es loges des ad
uersaires par dessus haies et triefz
sil chiet apoint/gauchir aux coups
par souplesse de corps et ēuapr en
saillant sur sō aduersaire/se la ma
niere de la bataille se requiert/Et
dit que telles manieres dapperti-
ses esbahissent le couraige de lad-
uersaire et lespouentēt/z a auātai
ge souuent aduient/cōme il appert
sur plus fort de luy et plus tost se
blesse quil nest apareille de soy def
fendre/et de tours Vsoit ce dist il se
grant pōpee quāt il se cōbatoit. Et
se on me demāde en quelle part se-
rōt prins les meilleurs hōmes dar
mes Je te respōs que quoy quil soit
dit que es chaudes terres appro-
chās du soleil/les hōmes quoy qlz
soient sages cauls et malicieux ilz
ny sōt pas hardis pource quilz nōt
pas foison de sang/pour cause de
la challeur qui y habōde. Et aussi
par le cōtredient que ceulx des froi
des sont hardis et nō sages p quoy

oy ne doibt prēdie ne ꝺes vnges ne
des aultres/mais ceulp ꝺes terres
moyēnes ſōt a prēdie ¶ Quant a
moy ie tiēs que nulle autre rigle ne
doibt eſtre gardee. Et que lē doit
eſlire ceulp qui ont plus veu ⁊ qui
plus ſe ꝺelictent a leperciece ꝺarmes
a laꝗlle labeur ſoit leur gloire tou=
te affichee ne autre hōneur ne feli=
cite ne quierent en autre maniere ꝗ
par vertu de cheualereup fais leur
peut venir. Et iceulp ꝺe quelque
natiō quilz ſoiēt ſōt a recevoir et a
dōner ſauldees. Vray eſt que a=
uec ſes acteurs ſe ꝺoit tout bon ſēs
accoꝛder que ſe le capitaie a beſoiȝ
ꝺe gēs ꝺe cōmun ꝺoibt ſinguliere/
mēt eſlire ceulp ꝺe aucūs meſtiers
ſicōe bouchiers qui ont acouſtume
ꝺeſpādie ſāg a ferir ꝺe cugnie char
pētiers feures et tous autres ꝗ ep
cercēt leurs coꝛps en trauaup ⁊ eu
ures ꝺes bras/Auſſi gēs ꝺe villa=
ge a qui les ꝺures geſtes et peines
ꝺe labeur neſt eſtrāge ⁊ nourriz ꝺe
rude paſture/iceulp ſōt bōs a nou=
rir peine ⁊ traueil ſās laꝗlle choſe
fait ꝺe guerre neſt pas longuemēt
ꝺemene.

¶ Cy commēce a parler ꝺes
manieres qui au conneſtable
appartiennent ou au capitai
ne a tenir ſon office en lexer

ſant. xlii.chapittre.
Oꝛ eſt il ainſi que ſa guerre
eſt miſe ſus et ꝺeliberee par
le pꝛince ſouuerain receue ou ēuoiee
par ꝺeffiances ſelōy luſage/le ſage
capitaine a ce cōmis oꝛdōnera que
les frōtieres ſoiēt bien garnies tāt
ꝺe bonnes gēs/cōme ꝺartillerie ꝺe
tout trait et autres choſes neceſſai
res ꝺe ꝺeffēce et toute telle garni=
ſō ⁊ en telle quātite que bō leur ſē=
blera ſelō la qualite ꝺes aꝺuerſai=
res/les villes ⁊ les foꝛtereſſes ſi bien
garnies que riē ny cōuiēgne Il aꝺ
uiſera quel nōbꝛe ꝺe gēs lui ſera be
ſoing ſelō ſe quil pourra auoir a fai
re et ſelō ſō ēpꝛinſe ¶ Ledit capitai
ne eſlira les meilleurs ꝺe tous les
hōmes ꝺarmes et ſēblablement ꝺe
ceulp ꝺu trait canōniers ⁊ autres
iuſques a la quātite quil lui eſt ne=
ceſſaire.et pource ꝗ au tēpſe ꝺe ma
intentiō oy tient que la victoire
ꝺe bataille par raiſō ꝺoibt cheoir a
la ptie qui plus a ꝺe gēs. Degece.
¶ Cōtre ceſte oppiniō vegece ꝺit
quil ſouffiſt en vne bataille mener
vne legiō ꝺōmes armez auec leur
aide. ¶ Vne legiō eſt en nōbꝛe.vi.
mille v. cēs ⁊ lp vi.lances ou baci
nez/⁊ ſacoꝛdēt auec ledit vegece
tous aucteurs qui ꝺe ceſte matiere
ont eſcript en ꝺiſāt que comme en

trop grãt cãtite ait cõfusiõ souffist
au plus cõtre toute multitude dẽn
nemis deup legiõs sãs plus de bõ
nes gẽs darmes sãs presse/mais
quilz soient menez par souueraine
ordõnance. Si sõt en nombre. piiij
misse bacinez ou plus. Et treuue
sõ que plusieurs ost3 ont este descõ
fit3 plus par leur propre multitude
que par la force de leurs ennemps.
Et pour quoy certes bõne raison p
a/car la grãde multitude est plus
forte a tenir en ordre/est souuẽt a
grãt meschief pour sa pesãteur pl9
indigẽte de viures/plus de debas
y a plus a targe chemin. Et aduiẽt
souuẽt que les ennemis quoy quil3
soiẽt en moindre cãtite tendent a
les surprendre a passer destrois pas
sages et riuierce/et la gist le peril/
Car auantage ne sõt lun a lautre
mais empeschement a bataille arreṅ
gee/mesmes sẽpressent tellemẽt qil3
sẽtresoufflẽt et estaignẽt. Et pour
cesi que dit est les anciẽs q ses cho/
ses cõuenables en bataille auoiẽt
aprilses/ʒ les perilz par experience
plus prisoiẽt auoir ost enseignie et
duit que la grant multitude le
bõ capitaine establira sur tel3 gẽs
diuers capitaines soub3 lesqt3 com
metra certai nõbre de gẽs darmes
aup vngs plus aup autres mois

selon leur suffisãce/ʒ sẽblablemẽt
sera de ses canõniers ʒ gẽs de trait
vouldra lui et ses gens les veoir
en point aup chãps en diuers iourṡ
a mõstre les vngs apres les autreṡ
La sera biẽ pris garde q nul ne soit
receu sil nest passable/ car au tẽps
anciẽ estoiẽt les capitaies tresestroi
temẽt sermẽtez q loialmẽt seruiroi
ẽt se prince ou la contree ¶ Les cho
ses serõt deuemẽt faictes apres ce ql
aura bõne assignatiõ de sa pape ʒ
ses gẽs darmes/car nul ne se atteṅ
de dauoir bõs gẽs darmes mal pa
ies/ains leur fault courage si tost
que sa pape decline. Et prẽdra con
ge du prince apſ bonne assignaciõ et
paiemẽt sur les chãps se mettra a
tel effort de gẽs q le cas et la possi
bilite se requerra.

¶ Ly deuise la maniere qui af
fiert a tenir au connestable ou
capitaie en son office/ou fait
desloger son ost selon que diẽt
les liures darmes. riiij cha.

E t sil est ainsi que ledit ca
pitaine voise en intẽtiõ de
assẽbler aup ẽnemis a bataille des
quelz il attende la seruenue par
quop il luy soit besoing vne espace
tenir les chãps et y loger son ost/il
aduisera par bon regart selon se
spoir de la venue des aduersaires

ou felon quil percoiue loger fon oft
au mieulp/au premier prendre la
uātaige de la place fil peut et meil/
leurlieu pour foy/au grief de fes ē
nemis ¶ Titus liui⁹ ¶ Et dit ti
tus liui⁹ que au temps q̃ ceulp de
gaule et de germaine eftoiēt allez
en oft fur les rōmaīs. Jceulp adui
fez de leur venue leur furēt audc/
uāt/ɤ cōe ilz preuiffent premier la
uātage du chāp ɤ de la place adui
ferēt deulz loger ētre feurs ēnemis
ɤ la riuiere/que par celle cause ad/
uiferēt ɤ vaiquirēt feurs ennemis
plus par foif que par armes Et ne
fouffift pas prēdre bō lieu au chāp
mais tel que fe les ennemps appro
chent q̃lz ne puiffēt pour eulp meil
leur choifir. Si eftablira fon logis
en hault lieu pres de riuiere fil peut
et que mōtaigne ne les furbate ad/
uifera de prēdre efpace conuenable
en bon air et fain fil y peut eftre/ et
que lefpace des logis foit biē cōpaf
fee. Et felō Begece en lieu de paftu
rages deaue ɤ de bufchō/q̃ le chāp
ne foit acouftūe dc retenir goutz de
plupe ne dabōdās palus neq̃ les
aduerfaires y peuffēt faire couller
riuieres deaues rōpās eftās ou au
tres efclufes. Jl eft affauoir q̃ felon
la multitude et le nōbre des gēs ɤ
la plāte du charoy vagues et far/

deaup/doiuēt eftre prife lefpace def
logis en telle maniere q̃ grāt multi
tude ne foit trop a eftroit ne auffy
plus au large que befoing eft/ car
moins fors en feroiēt. Et doibt le
charoy eftre mis tout a lēuirō ioin
gnāt enfēble. Ōn tiēt le plus bel
logis/quāt lefpace eft prinfe fi que
tierch foit plus lōg que large. Au
millieu doibt eftre la place du lieu
plus fortiffiee/fi que droicte fortref
fe faite de mairiē fe on peut ɤ befoig
foit. De laqͥlle on fera la porte au
frōt des ēnemps/ɤ a lēuirō autres
portes par ou viures puiffēt venir
Et dit Begece q̃ es cōbles plufieurſ
banieres doiuēt eftre mifes/fe le ca
pitale y efpoire lōguemēt tenir loft
Jl fera ladicte place fortiffier au
tour des bōs foffez ɤ de pauaip a/
uec fermete de fuft Si que chafte/
aup efquelz fōt mifes les garnifōs
aufq̃lles difpēfer doit auāt bien et
fagemēt eftre pourueu. Ōme dit
Begece/q̃ plus griefue faing glaue
Car dift il maintes chofes peuent
eftre fouffertes ɤ portees en oft/
Et pource le bon et treffaige capi/
taine y doibt fi biē pourueoir que
viures ny faillent aucunement
aincops le deflogement du fiege/
lequel dure aucuneffois plus que
on ne cuyde/ Car quāt laduerfai/

re ſēt loſt neceſſiteux degiures:tāt
eſt il plus aigre cōtre ſui/car par ſa
fin les cuide legieremēt prendre/et
pour celle cauſe aduient moult de
incōueniēs ſe le ſage capitaine ne ſe
regarde.Gens doſt tant ſefforcent
de entretoſſir Biures a ſō aduerſai
re et par eſpecial ſen efforcent gens
qui tiennent ſiege deuant fortreſſe
Bien doibt par eſpecial eſtre prinſe
garde que les deſpenſeurs meſmes
ne ſoient larrons et deſrobent loſt
p pluſieurs mauuaiſtez quilz pour
roient faire/car par celle Bope ont
pluſieurs oſtz ſouffert/fain/grief/
meſaiſe/et pluſieurs perilz ſi p doit
on bien aduiſer.

¶Encore de ce meſme parle
cy enſuiuant comme vous or
rez   xliii.chapitre

Hec les choſes deſſuſdictes
deſſus toutes choſes le bon
capitaine ſe il Beult mener fait de
guerre ſelon droit et iuſtemēt Bers
dieu et la grace du monde/doibt ſp
bien ſes gēs paier que beſoing ne
leur ſoit de Biure de pillage ſur ter
re damie.Et par celle Boie ne pour
ra pas auoir loſt nul deffault.

¶Peril eſt en fait de guerre et en
oſt quāt couuoitiſe de pillage mai
ne les gēs darmes plus que ne fait

ſentente de garder le droit de ſeur
perte ou lonneur de cheualerie/et
pour los acquerre et telz gens ſoi
uent mieulx eſtre appellez pillars
et robeurs que gens darmes ne che
ualereux.Et de ce bō exemple mō
ſtrerent les gaules quant ilz eurēt
Balcus les rōmains a grant oſt et
a bataille ſur la riue de Roſne et
treſgrans propes ſur eulx gaignes
Mais en ſigne que de ce ne faiſoiēt
nul compte/et que ſa neſtoit pas
ſeur intention prindrent toutes les
proies ſuſt Deſtriers/riches har
nois/Baiſſelle/or argent/et tout
iecterēt en la riuiere/Laquelle cho
ſe moult eſpouēta les rommaiſ cō
me ceulx qui oncques mais ce na
uoient Beu faire.¶Doncques le
ſage capitaie bien pourueu es cho
ſes deſſuſdites ne ſe attēdra pas
du tout aux fourragiers pource q
ſouuent ne treuuent que prendre/
ſi ſera pourueu deuant ſon parte
mēt nō pas ſeulemēt de toute gar
niſō:mais de tous Biures que bon
charroy et fardeaulx aura fait por
ter auāt ſoy/bledz/farinez/ Bins/
chairs ſalees/ſeues ſel/Bin aigre
auec Bng peu deaue a boire quant
Bin fault/ τ toutes aultres cho
ſes cōuenables/que ſagement ſera
diſpenſer.¶Derechief dit le liure

darmes que se lost doibt demourer
grãt tẽps au lieu/ã grãt force den-
nemys a grãt nõbre actẽde. Le lieu
dõibt estre de tresbõs fossez fortiffie
de pii. piez de large et de ip. de par-
sont et que roides et droiz soiẽt faiz
du coste des ẽnemys ã broches de
fer ã autres choses encõbrans y soi
ent fiches aumoins sõ y souloit de
uaser· mais dist il se lost ny doibt
pas lõguemẽt demourer ã q grant
puissãce dẽnemis nattende il nest
nul besoing de si grãt fortiffiement
ais souffist assez se fossez on y veust
faire quilz soient de Biii. ou ip. piez
de large et de Bii. de parsont. Et
doibt se bon capitaine cõmettre bõ
nes gẽs darmes auec trait pour ses
ouuriers garder tãdiz q icelles clo
isons ã Bastilles se fõt ¶ Pour tou
tes telles choses faire se sage capi-
taine sera tresbiẽ pourueu de tous
hostilz conuenables/de pelles fer-
rees/de rateaulp de pics ã de tous
instrumẽs a bastir et tendre logis
tentes et pauillons et trefz necessai
res ã de ouuriers qui de ce se sceuẽt
entremettre ¶ Degece ¶ Non
pourtant dit Begece que gẽs dar-
mes doibuent eulp mesmes estre
tous maistres de copper bois faire
chemin par hayes et buissons/ba-
stir logis faire cloisons de merrien

et ramilles/dosser ais pour faire
põs/emplir fossez de ramilles pour
faire passaiges et faire eschelles et
toutes telles choses se besoing est/
Et selon sedit acteur les anciẽs cõ
quereurs menoient auec eulp for-
geurs qui forgoient heaulmes et
tous harnois cultifz a faire ars sai
ettes iauelines et toutes manieres
de harnois/et estoit leur souuerãe
cure que tout ce dõt on auoit besoig
on trouuast en lost cõme en Bne ci
te/car le retour ne stoit pas souuent
en leurs maisons. Ilz y menoient
aussi mineurs qui sauoiẽt miner la
terre pour seurprẽdre despourueue
ment les ennemis. Auec ce Begece
deuise les choses qui sont bõnes a
garder pour tenir lost en sante se cõ
guemẽt y doit seiourner et cinq cho
ses y assigne. Cestassauoir Lieu.
Eaue: temps: medicine· et epercite
Lieu q ne soit dẽprez pasuz ne ma-
rez fumeup. Eaue q ne soit malsai
ne ordre ne corrupue en fossc plase de
Bermies. Tẽps q en este ne soient
aup grãs chaleurs sãs Bmbre des
arbres ã pauillõs et que deffaulte
ilz naient de bonne eaue pour eulp
et seures bestes. Medecine que doi-
uent estre garnie de tous mires et
de bõs medecins et toutes choses
qui a malades cõuiennẽt tout aisi

que silz fussent en vne cite. E per-
cite cest que tant sacoustument a
suffrir peine et traueil et dures ge-
stes quãt vient a la necessite de ma
ladie par sa non acoustumance ne
leur courre sus. Si sont ceulx con-
uenables en bataille qui sont tous
duis:et aussi acoustumez de endu-
rer froit/chault/dure giste et aspre
vie/car nul riens ne leur peult ad-
uenir quilz naient parauant essaie
¶ Ainsi et par ceste guise selon ve
gece le sage capitaine fera bastir ses
logis esquelz par ordre establira ses
capitaines auec leurs gens soubz
diuers estandars et banieres ainsy
quil doibuent aller en bataille par
la forme quil leur aura ordonne/e
il au milieu auec ses siens sera a-
uec son estãdart dresse en hault.

¶ Cy deuise le soing que le ca-
pitaine doibt auoir a prendre
garde sur son ost   xv.cha.

Entre les autres vertus cõ-
uenables a capitaine dost
est necessaire quil soit preudõme et
de grant loyaute ainsi que par exẽ-
ple est escript du bon fabricius rom-
mai ducteur des ostz rõmains qui
pour sa tresgrant vaillance et bon-
te Le roy pirrus son aduersaire luy

voulut donner la quarte partie de
son royaume et de ses tresors/mais
que de sa partie se voulsist consen-
tir a estre son cõpaignon darmes.
Auquel il respõdit que trop faisoit
a despriser richesse acquise par trai-
sõ et mauuaistie. Et possible estoit
que par armez peust estre vaincu
mais par desloyaute nõ ¶ Auec ce
dist vegece que le capitaine auql e
cõmis,si grant ost et chose/cõme la
charge de noblesse de cheualerie.
Le fait du prince/ La chose publique
seurete des citez et la fortũe des ba-
tailles:doibt estre nõ pas sãs plus
en general sur tout lost/mais en p-
ticulier sur chascun/car se riẽs mes-
aduiẽt le cõmun dõmaige est attri-
bue a sa coulpe/Et pource se vail-
lant capitaine dost cõmis de par le
prince si que dit est/sera soingneux
de prẽdre garde sur ses gẽs que biẽ
se gouuernent es logis cõme de rai-
sõ appartiẽt. ¶ Le liure dit q quãt
ces ieunes escuiers sont a repos/ilz
doibuent eulx esbatre es forces dar-
mes ẽ demõstrãt q mieulx leur en
plaist lexercice q loisiuete. De la
qlle se meut souuẽt noise entre ieu-
nes gẽs. Et pource le capitaie doit
prẽdre garde quãt ilz sõt trop rio-
teulx de se deliurer par bel nõ pas p
les greuer/qlz nalaissẽt daut part/

ou quilz machinaſſēt aucũ mal/
mais par Belles doit on enuoier en
quelſ lieu faignãt aucũe occaſion
Et dit ouſtre q̃ ſe neceſſite cõtraict
mettre en telz gens medicine de fer
quilz ne doiuēt pas eſtre eſparguez
Car plus droicturiere choſe eſt en
vſer afin que les autres y prennēt
epēple, que ce q̃ on leur feuffre offe
cer et faire outrage a pluſieurs gēs
mais diſt il les capitaines ſot plus
a loer/deſquelz les gēs darmes ſot
a meſmes par rigle et bõne doctrie
que ceulp que la paour deſtre pu-
gnis les en retarde ¶Lacteur
¶Lacteur dit q̃ gēs aſſembles de
pluſieurs nations meuuēt voulē
tiers noiſes et tumulte/et auſſi au-
cuneſ fois aduiēt par aucũs qui õt
lache voulēte de cõbatre en la ba-
taille ſi faignēt eulp couroucer afi
que on noles y maine et leur viēt
pour lune des deup cauſeſ ou pour
toutes les deup/ Ceſt aſſauoir ou
pource que meilleur voulēte ont a
la partie cõtraire/ou pource que a-
couſtume ont a eſtre oiſeup ou peu
faire et viure delicieuſement. Et
pource la griefte du traueil nõ acou
ſtumé leur tourne a ēnup. Et diēt
les liureſ que grãt hõneur a le ca-
pitaine quãt en loſt ſes gens ſe mai
tiēnent cõuenaβlemēt ¶A ce pro-
pos eſt dit que quãt Thimoces ſe
meſſage du roy pirrus fut enuoye
en loſt des rõmains pour traicter
entre eulz, Il y trouua les cheuali-
ers de ſi noble et ſi haulte maniere
et de ſi gracieup maintiē quil rap-
porta a pirrus q̃ il auoit veu vng
oſt des roys/Ainſi le ſaige capitai-
ne ſera pourueu ē toutes choſeſ prē
dra grãt cure et ſoing q̃ riēs par ſa
faulte ne demeure i pourucu. Auſſi
ne dormira gaires/ et petit de repoſ
prēdra/car le cueur ardāten quop
que ce ſoit/vient de grant laβeur.
Si ſera curieup denuoier ſubtille-
mēt eſpies et eſcoutes ca et la pour
ſauoir et enquerre ſor dõnãce ē mai
tien de ſes ēnemys Si aduiſera cõ
βiē il a de gēs/et cõbien ſes enemis
en õt. Et laq̃lle ptie a les meilleuſ
cheuaulp/le plus de trait et de gēſ
de cõmune,/et de q̃lle naciõ quel ſe-
cours et dont il peuſt venir/Et ſur
ces choſeſ vouldra oyr loppiniõ de
pluſieurs cheualierſ bõs et ſaiges
capitaines pꝛeudõmes plains de
βon conſeil et en armes eppers Il
ne vouldra pas cuurer ſelõ laduis
de ſoy ſeul/mais par laduis de plu
ſieurs:ē par leur regard ſup auec
eulp deliβera le meilleur a faire/ſe
la βataille dõnera ou nõ/ou ſil at-
tēdra q̃ on laſſaille ſoy eſtant ſur

sagarde pour decepuoir par aucu-
ne cautelle ses ennemis mais sil pe
ut sauoir que ses ennemis actendēt
secours illes hastera de ses cōbatre
Ou sil actend secours il retardera
sil se sent le plus foible. Si fera ses
aprestes et se tiendra sur sa garde il
sera soingneux q̄ bon guet soit fait
afin que en mengant ne impourtue
uemēt ne puist estre surprins Car
dit le maistr q̄ en greigneur seurete
peult auoir greigneur peril et pour
ce doit le capitaine sil voit son pelt
assaillir ses ennemis quāt ilz men-
guent ou quan ilz dormēt ou quāt
ilz sont lassez de cheminer ou que
leurs cheuaulx paissēt ou mēguēt
lors que plus seurs cuidēt estre car
a ceulz dist il qui ainsi sont surprins
Vertu ou force ne leur a mestier ne
grant multitude ne leur peut aider
Car a celui qui est vaincu en plai
ne bataille ia soit ce que sauoir art
et vsage darmes ne lui a peu prouf
fiter neautmoins il se peut cōplain
dre en son couroup de fortune mais
celui q̄ est descōfit ou greue par cau
teleux agaist ne sen doit prēdre que
a soy mesmes Car il leust bien peu
escheuer sil eust este aussi soigneux
de soy garder cōme estoit son enne
my de le surprendre. Obien demon
stra stipiō laffricam qnil estoit mal

stre de sagement & aupr lors quil fist
tant q̄l trouua voye que le feu fust
boute es logis des ostz de ses enne
mis. Et puis tantost leur courust
sus p tel asperteq̄lz ne sauoiēt auq̄l
entendre et furent alors vaincus
plus par esbahissemētq̄ par armes
A ce propos dist vegece q̄ moult
proufitable chose est a vng ost de
sages espie sauoir q̄ biē sachēt trou
uer maniere de sauoir les affaires
et voulentez que les ennemis ont
et que pardōs ou grans promesses
sachent eulx ētremectre par voyes
cauteleuses de atraire aucū ou plu
sieurs et mesmement silz peuēt du
conseil de lautre partie tant sauoir
quilz sachent toute leur voulente
Et par ce peut sauoir le capiteine
ce qui lui est meilleur a faire et auec
ce dit encore vegece q̄ moult prouf
fitēt gēs qui peuent seruier discord
entre les aduersaires tellemēt q̄ obe
yr ne dapuēt a leur capiteine duq̄l
on se doit pener de sauoir les cōdici
ōs et se on le peut nullemēt prēdre
p ses mesmes taches et de ce doit es-
tre aduise le saige capiteine car nul
le naciō tant soit petite ne peut du
tout estre affacie p aduersaire se ce
nest p meslee ou cōtes des siēs mes
mes mais ausi peillmēt q̄ le dit capi
teie sera soigneux deuoier ses espies

auſi pͣdͥa il garde quil ne ſoit eſpi
es ne ſõ cõniue deſcouert ne meſme
mͤt lordõnãce de ſon oſt. Et que la
cantite des gͤs ne ſoit ſceue par
ſes ennemis pour ce que ſur ce pour
roiͤt pouruoier. Encoͤ y a autre
maniere q͂ pͣouffite a aucũs quãt
ilz ſe ſentͤt ſi grandemͤt foͤs et tãt
biͤ garnis de foiſon de gͤs darmes
que bien leur plaiſt que ſeurs enne-
mis ſachent la grant fierte de ſeur
oſt afin que deulz ſoiet plus redou
btez et cremus ſicõme il aduit loͤs
que le roy pirus de macedonne en-
uoia ſes eſpies pour ſauoir leſtre et
la cãtite de ſes ennemis leſquelz eſ-
pies pͤins et menez de Bãt le pͣice
de loſt rõmain ne Beult quilz euſ-
ſent mal ains ordõna quilz fuſſent
p tout menez affi quilz recoͤdaſſͤt
ſa grãtpuiſſãce de laqͤlle choſe ain
ſi faicte le roppirus loua moult les
rõmains et plus foͤt les redoubta
Et ſeblͤmͤt diſt on que le puiſſant
roy aſipandͤe le fit ou tͤps de ſes
cõqueſtes mais ſe de fait de ſon ad
uerſaire peut on tant appͤdͤe quil
ſache ſila plus de gens a pie plus
Bõmes darmes ou plus de gens de
trait ou mains que lui. Selon cela ſe
poutra ordonner pour la meilleur
Boye a ſon pͣouffit et dõmage de
ſes ennemis. Les acteurs qui de ce-

ſte matiere ont parle dient que des
ſe ſtemps ancien les capiteines des
oſtz auoiͤt propͤes enſeignes ſur
leurs heaulmes pour eſtre cõgneu
des ſeurs et auoiͤt cõfauons a certa
ines diuiſes ou ſeuregͤs ſe retrapo
iͤt. Et cheualiers eſtoient ſubgetz
a Bng capiteine ceſtaſſz. cͤt hõmes
darmes et iceulz capitͤnes appel-
loit on cͤturions et autres en auo
ient plus grant nonbͤe et autres
moins et Bailloit on les Banieres et
les eſtãdars a poͤter aup plus Bai
lans chaueliers aup plus feaulpͤ
aup plus ſeurs laquelle ordõnãce
eſt encoͤ auiourduy a Bon dͤoit te
nue pour ce que loſt au regard de
la Baniere ſe gouuerne il eſt eſcript
cõme par la faulte de Bng traytreq͂
tenoit leſtãdart fut Bne fois en gͤ
ce Bng grãt oſt de gͤs deſcõfit par
Bne petite cãtite de gͤs eu bataille

CLy deuiſe la manite que le
capiteine doit tenir au deſlogͤ
et dune place et par leſchemͤs
ou il mainͤe ſõ oſt. rͤi. chapit

Sil aduient que loſt partit ſe
doiue et changer place le ſa
ge capitene aduiſera bien cõment
Begece. Et dit Begece que ainco
ye que ſe duit ou capitene ſe meu
ue doit bien ſauoir la diſpoſiciõ
de ſes ͤnemis quil ſache eſlire leql

uault mieulx quil se parte de iour
ou de nupt/mais auant doibt biē
auoir aprins lestre des chemins a
fin quil soit pourueu de soy y con
tenir en maniere de son ost ny puist
estre seurprins/si cōme en trop de
strois passages ou il puist estre
guectez ou en fondrieres deaues
palus ⁊ marestages ou les autres
sachent mieulx les adresses du pa
is. Et pource tout ainsy que ceulx
qui vont par mer et les perilleux
passages et estroitz ne sceuent les
sōt paindre en vne carche pour les
escheuer ꝛ Semblablement il est
escrit que ainsy le fist le roy alixan
dre. Et aussi les capitaines ⁊ me
neurs dost doiuent sauoir les voi
es ⁊ passages. mōtaignes. forestz
bois/caues/ riuieres/ et destroitz
par ou passer doiuent/⁊ pourtant
que biē en sera informe/ le sage ca
pitaine de paour quil ne faille/prē
dra se besoing est cōduicte de ceulx
qui les sceuēt/ lesquelz gens pris
pour conduire les fera si bien gar
der quilz ne puisset eschapper/ afi
que espace ne puisset auoir de lost
trayr ou daucune mauuaistie fai
re. Si leur donnera argent ⁊ plus
mettra grāt guerdon se loyaumēt
les conduisent/ ⁊ aussi par grans
menaces les espouenterōt se ignes

urs et autres silz font le contrai
re ꝛ Le capitaine deffendra bien
expressemēt quilz ne reuelēt a per
sōne le chemin determine a tenir
ne quel part veult mener son ost
ne le propos quil a. Car a peine y
est vng ost sans traitres/ ⁊ fort se
roit que en telle quantite de gens
ou souuēt a faisō destrangiers ny
ait de faux courages/ mais il doit
sauoir que chose nest pas au mon
de qui moins face a souffrir a prin
ces seigneurs ou capitaines. dost
que ceulx qui le font si en appert/
⁊ doibt sauoir quilz deseruēt mau
uais guerdon cōbien que aucunes
fois le facēt pour cōplaire ꝛ Bie
le mō trerent les rōmains a ceulx
qui traiteusemēmet auoient occis
Sertorius leur seigneur pour cui
der complaire aux rōmains/ pour
ce que iasoit ce quil fust rommain
et leur seigneur toutesfoys auoit
il mene grāt guerre/ a ceulx de rō
me par le despit et enuie quil por
toit a aucuns seigneurs rōmains
Mais quāt les traiteurs vindrēt
pour auoir leur sallaire/ ilz receu
rent la mort/ ⁊ leur fut dit que tel
paiement appartenoit a traytteur
Semblablement est il escript que
ainsy le fist le fort roy alixandre a
ceulx qui pour lui cōplaire auoiēt

occisse roy daire leur seigneur.

Auec ce aura cōmis z cōman=
de a plusieurs des siens bōs z loy
aulx quilz soient montez sur bons
cheuaulx z cherchent ca z la pour
prendre garde que lost ne soit espie
Uegece. Et dit Vegece que es
pies doibuent estre enuoiez cōme
silz fussent pelleris ou laboureurs
affin que iour et nupt serchēt par
tout que quelq part embusche ny
ait. Et se les espies ne retournēt
le capitaine doibt prendre vne au
tre voye sil peult nullement/ car
cest signe quilz sont prins/si accu
sent telz gens par tourmens tout
ce quilz sceuēt. Si ne sera pas ap
prentis de auoir mis son ost en bel
le ordonnāce auant son departir

Le bon capitaie mettra les me
illeurs de ses gens auec plante de
trait du coste ou il pensera que se
plus grant peril soit et aura dōne
ordre que la plus seble partie obe
isse a la plus forte et bien ordonne
et cōmie aura aux autres capitai
nes ses subgectz que lauantgar
de voit par belle ordōnance iolctz
ensemble a pas apres tous prestz
de rencontrer leurs ennemis se be
soig est. Le corps de la bataille ve
nans apres serrez et ioinctz sicōme
vng mur/estandars banieres et

penonceaulx vosletans au ven
Et puis larriere garde par sebla
ble ordonnance Vegece Et
dit Vegece que le charroy et som
mage des prouisions doibt apres
lauantgarde venir pour plꝰ grāt
sceurete ou deuant larriere garde
Et pource que aucunessois on as
sault de coste par aucune embus
che on y mettra de celle part gens
darmes et asses trait. Et se les en
nemis de toutes pars sestendent
de toutes pars leur soit appareil
le secours/et selon les gēs quil au
ra/il sera aduise de prendre lauan
tage du chemin ou en plais chāps
ou par sur montaignes sil peult
pource que mieulx se deffendent
par boys ou sur montaignes ges
de pie que ceulx de cheual desqlz
vsent mieulx en lombardie ou au
tres contrees et les appellent bri
gans ou enfans de pie Vegece
Et dit Vegece que de ceulz se peut
on moult bien aider. mais quilz
soient bons cōme ilz soient conue
nables en chāps et villes en mōs
et en vaulx/car en plus de lieux
se peuent ficher que ceulx acheual
ilz sont appers et legiers pource q
legierement sont armes/et sōt les
bien vsages cōmunement i ard il
sien peult on tenir grāt nombre u

assez pou de coust. Et dit le liure
darmes que le capitaine doibt bié
prendre garde a la maniere de fal
ler de ses gens que areement/z par
egal facent leurs pas/car ost des
ordonné est en giant peril/ne rien
nest plus preiudiciable en fait de
bataille que desordannace Et dit
quilz doiuét aller p. mille pas au
temps deste ou cinq heures q̃ peu
ent monter cinq lieues. z se besoig
est peuent encor aller .iii. mille pas
et nō plus. Si doibt estre aduise
que par long chemin ne traueille
tant son ost/que necessite de repos
les puisse rendre malades pource
doibt aduiser de partir a heure cō
uenable si que loges puissent estre
aincops quil soit nupt. Et que es
cours iours diuer ne partét si tart
que par plupes neges ou geliees
leur conuiégne aller giant partie
de la nupt/z soit pourueu de haies
de buissons et de toute f̃ueille/car
riens nest plus necessaire en ost q̃
feu/et quilz ne usent de mauuai
ses eaues de doubte dengédrer pe
stillence/car en telle assemblee nont
malades mestier et est giant mes
chief quāt necess. te de bataise cha
se ceulx qui par maladie sont des
cōfitz a faire plus qui ne peuent

¶ Cy parle de passer ost par

fleuues ou par grās riuieres:
xviii. chapitre.

Il eschiet aucunesfois quil
conuiét a ost passer fleuues
et riuieres/qui est chose moult en
combreuse/z plaié de peril. Et les
remedes de les passer a mys Vege
ce qui dit que pmierement doibt e
stre bié aduise en quel lieu la riuie
re peut estre moins parfonde/z en
cellui édroit se doibt mettre au tra
uers Vne route de gés tresbié mō
tes/z vne autre route au dessoubz
z illec entre deux passera la giant
flote de lost. et dit que ceulx de en
hault retendront la roideur de le
aue/et ceulx de embas poriront
soustenir ceulx que la force de le
aue maistrieroit. Et se leaue é tāt
grande que cestui remede ny puist
seruir z que a toutes sins la cōuié
gne passer ou quil y ait giant prof
fit a estre de lautre part/le capitai
ne aura fait faire grās pōs porta
tifz quil fera en charroy deuant
soy mener dont les ancuns seront
faitz sur queues Vuides actachiez
par le trauers de bonnes cordes z
bonnes aisselles bien cheuillees
et bien serrees lune a lautre/Et se
peut on tout acop asseoir en leaue
sicomme vng pont leueiz. par en
gin des subtilz maistres desquelz
c.ii

era auant bien̄ pourueu ¶Au
tres y grans pieces de bois fichies
en leaue aufquelz ferōt cordes bie
atachees ꝯ ais pardessus. Autref
par auoir plusieurs bateaulx ata
chez ensemble ꝯ couuers dais par
dessus et de fiez ꝯ sont iceulx les
plus fors qui soient qui de tant de
bateaulz pourroit finer/ou sinō
auoir longues pieces de bois bien̄
cheuillees ensemble et mettre des
ais et des clopes pardessus/mais
que les pieces de bois soient bie es
quarrees/ꝯ puis tout couurir de
fiens et les encrer tresbie en leaue
affin̄ quilz soiēt plus fermes. Et
par telles voies peuent assez legie
rement passer/mais diuers reme:
des y trouua Cirus le roy de per:
se quant il alla pour prendre la ci
te de Babilone ꝯ il se trouua sur le
giant fleuue de eusrates tant lar:
ge ꝯ si parfont que impossible sem
bloit a passer/il le fist a force dom
mes par faire fossez ꝯ cauaines/la
terre partir ꝯ la riuiere en quatre
ces lx vi. riuieres ꝯ par celle voye
passa/car il nest riens que engin̄ dō
me nataigne quant sens et grant
voulente sen entremettēt. Auec
ce est recite par les ancienes histoi
res que les conquereurs de iadiz e
stoient si duis et si bons maistres

de nager quilz ne craindoient pas
a trauerser riuieres de grant lar:
gesse/et auoient grans pieces de
mairien cauez et creusez dedes les
quelles pieces ilz mectoient leurs
harnois/et les autres faispiet fais
seaulx de ramille et les mettoient
sus/et ainsi passoient/ꝯ se du pōt
ont mestier pour passer et rapasser
doibt estre fossoye et basty du coste
des ennemis et garde a bōnes gēs
darmes et foison trait/et quoy ces
tours sembleroiēt legiers a oyr et
fors a faire a ceulx qui apprins ne
les ont/qui dire pourroient que ce
seroit songe/touteffois ce nest pas
truffe/q quant les grans ostz des
rommains durant lespace de plus
de ppp. ans/alloient souuent en
auffrique et iusques a sa cite de
cartage/et mesmes en ꝑtrees trop
plus loingtaines leur conuenoit
passer plusieurs riuieres et grans
fleuues et fons/et semblablement
par toute la terre quilz conquirēt
ilz nauoient pas pontz faitz de pi
erres ne vaisseaulx au riuaiges
et ne trouuoient qui oultre les pas
sast/se leur conuenoit vser de telz
engins. Et sil aduient q par nupt
a la lune ou se en requoy puissent
passer que les ennemis riens nen
sachent/tatost se doibuent armer

en bonne ordonãce remettre que
surpriins ne soiẽt et aller leur voie
le beau petit pas en telle ordre q̃ se
les ennemys suruiennẽt soiẽt ap-
pareillez a plus souffrir de peril
que iceulx a leur dõner/mais silz
les peuent escheuer par montai-
gnes ⁊ mettre les autres par des-
soubz ce leur peut estre grant seu-
rete et auantage/ ⁊ sil est ainsi que
les voies treuuent estroictes par
empeschement de boys ou hapes/
vault mieulx dit vegece quilz les
oeuurent et eslargissent en faisant
chemis a la mai/ que ce quilz souf-
frissent periles larges et amples
chemins.

¶ Cy deuisent les manieres
qui affierẽt a capitaine dõlt
a tenir au temps quil espoire
auoir prochaine bataille.
xviii.chapitre.

Apres les choses dictes est
temps de venir a parler
de certains pointz aduis ⁊ rigles
qui au capitaine sont bons a tenir
au temps quil espoire auoir prou-
chaine bataille selon le liure dars-
mes/et les autres acteurs qui de
ceste matiere ont parle/ Et est as-
sauoir que quãt on sent que enne-
mis veullẽt courir sus/on ne doit

pas attendre quilz entrent en la
contree aincois leur doibt on aller
audeuãt a grant ost. Car mieulx
vault fouller la terre daultruy q̃
souffrir la science estre soullee Le
capitale doncques arriue au lieu
ou il se atent auoir en bref temps
auoir iour de bataille sentant ses
ennemis pres/se tiendra sur sa gar
de/mais il ne se hastera pas de les
assaillir en plaine bataille se a son
auantage nest/pource sera moult
curieux denquerre que on dist de
leur estre/quel conseil il a/ quelz
sont ses capitales duitz de guerre
ou non/de laquelle foy et loyaute
sont ses gens darmes comment le
cueur leur dit/de laquelle et q̃lle
voulẽte õt de cõbatet se õt viures
ou nõ/ car le faiŋ se combat par
dedens ⁊ peut vaincre sans fer
sil aura aduis et conseil auec les
siens assouoir se le meilleur est de
donner tost ou non la bataille ou
la retarder ou attendre que assail
ly soit/car se sauoir peult que par
faiŋ soient mal menez ou que la
pape leur faille/par quoy sen vois-
sent petit a petit/⁊ tous malcon-
tens laissent leur capitaine/et que
gens delicatifz nourriz a court et
es aises et mignotises y ait/ quoy
quilz soient foison/mais que plus
aiii.

ne puiſſent ſouffrir la durete du
champ et la merueilleuſe et aſpre
vie doſt Ains deſirēt le repos ne
ſe haſtera pas en quelque maniere
de donner la bataille/Ains ſe tiē
dra paiſiblement comme ſe riens
nen ſceuſt ⁊ le plus ſecretement q̄l
pourra enuoiera mettre ēbuſches
aux paſſages/et par ce ſil peult il
les ſurprendra ¶ Que grāt prof
fit ſoit a capitaine doſt ſauoir ſa/
gement mettre embuſches et ſur/
prēdre ſes ennemys ſoit y parut
ſois que heſdrubal menoit au ſe/
cours de hanibal prince de cartai/
ge ſõ frere/a tout merueilleux oſt
contre ſes rommains/leſquelz de
ce aduiſez ſēbuſcherent au pie des
mointaignes/et la luy couturent
ſus y telle vigueur que l'. mil hō/
mes et plus y occirent ⁊ prindrent
a tout grans richeſſes Nonobſtāt
la foiſon des elephans quilz ame/
noient dont moult bien ſe ſauoiēt
aider en bataille.¶ Vegece
¶ Et ceſte voie tenir afferme ve
gece diſant que on doibt eſpier ſõ
aduerſaire tant que ſon oſt eſt di/
uiſe au paſſer grans fleuues/ou q̄
las ſoient de cheminer/ou entre/
prins de palus/ou daucũs eſtroiz
paſſages/ſi que eulx occupez dēn
peſchement dēpeſchemens ſoient

auant occis que ozdõnez/mais ſe
ſe capitaine ſcet que ſes ennemys
ſoient fors et de grant couraige cō
tre lui et deſtreup de combatre/ſē
blablement ſe doibt pener deſtre
contre eulx ¶ Sil aduient q̄ iuſ
ques au logis viennēt loſt aſſail/
lir/a ſeure quilz ne cuidēt pas q̄
on les doiue aſſaillir/il ſe deffēdra
ſans plus faiſant ſemblant de nõ
vouloir yſſir/mais quant iceulx
auront les dos tournez/ſil aduiſe
que aucunement ſoient deſfrontez
ou amuſez a prēdre quelque proie
adonc ſe ſon point voit/ſauldra
hors en treſbel arroy et hardiemēt
leur courra ſus en portant leur dõ
maige a ſon pouoir/mais il doibt
bien regarder de non faire ſaillir
hors ſes gens en tant quilz ſoient
laſſes par eſtre delongue voie
ou grant iournee/car gens laſſez
ſont demy vaincus.Et par celle
voie aſſaillirent les treſſages rõ
mains le treſpuiſſāt roy daſſirie
daiſe/et deurope.Anthiocus
ceſt aſſauoir par nupt que ſon oſt
eſtoit trauaille et auoit treſgrant
beſoing dereposer ne garde ne ſen
prenoient ou les rommains eſtās
en aſſez petite quantite occirent
pluſieurs des gēs au roy Anthio
cus plus de lx miſſe/ſi que liſtoire

¶ Degete. ¶ Et dit Ve-
gece que comme bataille soit fince
en deux ou en trois heures Apres
laquelle toute esperance est cheue
a sa partie desconfite. Et pource
que la victoire ne peult pas estre
congneue auant le commencemēt
Le saige capitaine ne se doibt pas
doulctiers ne de legier mettre en
bataille planiere se son grant auā
tage ne doit. ¶ Que iournee de
bataille soit et face a redoubter
comme chose trop aduentureuse
bien se prouuerent les rommains
sois que leur grant ost eurent en-
uoye en bataille que contre eulx
se stoit rebellee/ou de la bataille q̄
trouuerent tost preste ne demoura
deulx persone qui a romme peust
rapporter les nouuelles. Ains le
sceurent apres longue espace par
autres estrāgiers. pource le sage
capitaine se doibt souuēt pener de
greuer ses ennemys en belles es-
charmouches par agais et embus-
ches/et par ses voies les diminu-
er par chascun iour le plus quil
peult. ¶ Item dist aussi que quāt
il aduient que on prent prisoniers
durant la guerre soit en escarmou-
ches ou autremēt/que on ne doit
iceulx traicter si durement que on
les rende desesperez de leur vie-

ou cas que on attende bataille
Car de tant que moins aurolent
desperance de trouuer pitie silz e-
stoient vaincus/de tant se deffen
droient ilz plus aigrement. Car
mointesfois a este veu que petite
quantite de gens desesperez vain
quoient grant et puissant ost/par
ce que mieulx aimoient a mourir
que cheoir es cruelles mains de se
urs ennemis/si est grant peril de
telz gens combatre/car par leur
grant apr force leur croist a dou-
ble/si doibt il biē sauoir congnoi-
stre et iuger/si que se droicturier/
iuge aussi bien la force de lauan-
eage de son aduersaire et de quoy/
et comment il le peult greuer com
me son fait propre/et par ce se peut
saigement cōseiller en fait dagait
Et par celle voye ont plusieurs
fois petit nombre de gens cōduitz
par bon et sage capitaine vaincu
grant multitude si que dit est
¶ Degete ¶ Mais sil aduient
ce dit Vegece ennemy te presse de
prendre iour de bataille et quil te
gaste de combatre/prens garde ce
cesta ton auantage et a ton grief/
si nen fais riens se ton meilleur ny-
voye.

¶ Cy deuise les manieres

que capitaine doibt tenir se il
aduient quil se vueille partir
du champ sans attédre ne dő
ner la bataille ꝯ xix·cha·

Mais posős que le cas aduiē
ne que le prince mãde au ca
pitaine quil sen retourne sans li
urer la bataille ne que plus en fa
ce/ou ꝗ le capitaine doulsist pour
certaines causes laisser le champ/
est a regarder quelle maniere il ti
tiendra sans effraier ses gens nul
lement ne ꝗ ses ēnemis lappercoi
uent Car dit Begece/que il nest
plus giant villenye que soy par/
tir du champ present ses ennemis
ais que on assemble se ce nest pour
auoir accord prins entre eulx/car
en ce apperēt deux choses mal hő
norablee/lune quil ait paour et ꝗ
couardie le meut.lautre ꝗ petite fi
ãce a en ses gēs/ et auec ce donne
hardemēt aux ennemis. Et pour
ce que le cas aduient aucunesfois
que les deux ostz sentreuoiēt sans
assēbler est bon de toucher la meil
leur voie puys que partir côuient
sicomme Begece lenseigne qui dit
ainsy ꝯ puys que partir te deux
garde biē que les tiens ne sachent
en ꝗlque facon que ce soit pour es
cheuer lassemblee/mais fais cou

tir la voie ētre eulx que cest pour
aucune cautelle trouuee pour gre
uer en autre lieu et rataindre mi
eulx ses ennemys quilz ne sen dő
nent garde/et ses autres par cer/
tains agaitz ꝯ Begece ꝯ Car
Begece dit se tes gens sauoiēt que
partir voulsissez sans en plus fai
re/tantost petit apetit seueroient
le champ/pource quilz penseroiēt
que tu fusses espouente de donner
la bataille si pourroit estre a toy
giant honte ꝯ Apres dist il tu
doibs garder que tes ennemis ne
lappercoiuent/car tantost te pour
roient courir sus.Et pource aucū
en tel cas aucunesfois ont fait as/
sēbler vne flotte de gēe acheual ꝯ
courir ca et la pour faire vmbre a
ceulx de pie qui en demētiers pas
soient oultre ꝯ Aultres se sont
partis de nupt qui est vne maniẽ
re merueilleusement honteuse/
car cest appert estre droicte fuite.
Et autres en belle bataille arren
gee sen partent plainement/mais
ses manieres de partir ce dist il ne
sont pas a louer se giant necessite
pour lost sauuer ne se fait faire/
Mais meilleur maniere est dist il
que ceulx de pie legieremēt armez
se partent tout coiement et voisēt
prendre vng certain champ dont

se lieu soit a leur auantage et la se·
treuue tout tost. Et se les ēnemys
se mettent a chasser les premiere
Benus leur soient aubeuant tant
que lost sassemblera. Abonc be la
uantaige be la place auec leur for
ce se pourront aider a eulp contre
ster et Benbre chier leur suite/ car
bist il nulse riens nest plus perils
seuse a ceulp qui follemēt chussēt
que eulp embatre sur agait ou en
lieu qui au choie soit pourpris bes
aduersaires Quant on se part
be la place/ Bne partie be lost Boi
se parle giant chemin bien orbon
neement/ou cas que les ennemys
tenbent a ses supuir/et les autres
soient enuoiez secretement par au
trescostiant leurs compaignons.
Sp abuient cōmunement que ce
ulp qui chassent parle giant che
min pource que entour eulp peust
Beoir se belaiēt ca et la et puys sen
partent/mais quant cuibeut estre
Beilurez et que la chasse ont laissee
et ne leur chault plus bordonnan
ce cōme ceulp qui cuibent estre as
seur. Abont les embusches lez qlt
terre leur courent sus par giant
Bigueur/et par celle Bope moult
abommaiger. Et comment quil
soit cellup qui part be son ennemy
boist en toutes guises pourueoir

sil est chasse que les chasseurs aiēt
aucun meschief au retourner ou
par Bastir agait ou par pas enfor
cer ou en quelque autre maniere.
Sil abuient que a iceulp chas
sans conuiengne passer aucu sleu
ue ou riuieres sap ton agait pour
courir sus aup premiers passez/ et
orbonne autre partie be tes gens
se tu peulp par berriere ceulp qui
encores attenbēt a passer. Et sil
te conuient mesmes passer par au
cunes Bops au bestroitz enuope be
uant personnes seables et saiges
qui te sachent rapporter se pas/et
se embusches p a/car moins hon
teuse chose seroit a receuoir bom
maige en combatant a son enne
my appertement que auoir encō
Brier par Bng agait/bont on ne se
roit bōner garbe par grande ne
gligence.

Cy beuise se le capitaine
bost chiet en traictie be paix
ou be trienes auecque ses ad
uersaires ou enuemys. Et cō
ment il se peult preseruer et
garder bes merueilleux et tres
grans perilz ausquelz il peut
estre beceu. Chapitre xx·

Ffin que riens qui cōuena
ble soit eppebient a mettre

en noſtre ſiure ne ſoit oubſye des
cas qui en armes ſouuent aduien
nent et aduenir peuſt eſt bon de
parler dune choſe qui trop durez
mët peuſt grieuer ſoſt et plus ſai
cre que fer ne quelconques autres
choſe/et qui ſouuerainemët fait
a eſcheuer et ſen garder quop que
mout forte choſe ſoit a deſtourner
quant enoſt ceſt embatue ſi que de
claire ſera cy apres ¶ Deuiſe a
uons comment vng oſt ſe peult
partir le plus ſeuremët du chãp
en cas que meilleur conſeil ſui diſt
de non combatre. ¶ Or ſuppoſerôs
autrement. Ceſt aſſauoir que en
champ ſoient les deux oſtz a grãt
effort dune part et dautre appare
illes de prendre iournee de batail
le/mais par certaine moiens en
trent en tractie de paix/ſi eſt aſſa
uoir que en ce cas eſt neceſſaire ce
que deuantauôs tant dit: ceſt que
le capitaine ſoit ſage. Affin que en
toutes choſes ce ſache tenir au mi
eulx/et pour enſuyuir la voye q
ſageſſe peult enſeigner premiere
ment aduiſera/a deux principal)
les choſes ¶ La premiere eſt quil
conſiderera q ſont les perſonnes
qui traictët et de quel mouuemët
leur peut venir ¶ La ſecôde quel
et ſur quelz poins eſt fonde cellup

traictie/quelle eſt la demãde q on
ſup fait ou quelle eſt ſoffre ¶ A la
premiere des deup fait a/ aduiſer
ſe ceulp qui traictent ſôt ſes amis
ou ſil les repute/ou ſilz ſont gens
moyens nõ adherens dun coſte
ne dautre/ou ſe ſimplement ſont
deceuz de ſautre partie/ſil eſt aiſy
quil viengne ſimplement de ſau
tre partie moult ſimpoſera de bõ
ſigne ſe fraude ny a car ou dieu ſes
a inſpire/ou il appert quilz doub
tent reſoingnent la bataille. Nea
autmoins doit bien aduiſer la ma
niere de ſa demande ⁊ auſſy ſoffre
¶ Et pourcë que quant ſe viët
grant poip porte/la choſe ſe côſeil
lera auec les ſages de ſon conſeil
et bien aduiſera ſur tous les poi
tant que au reſpondre ne ſe mon
ſtre ignorant et quil ny ait riës ou
blie. En laquelle reſponce gar
dent ſonneur et preu de leur prin
ce et auſſi ſe leur ¶ Sſ ne ſera trou
ue reffuſant de la voye daccord a
ſes bons poins raiſonnablement
ſequel accord ou appointement
en quelque maniere ne doibt eſtre
acheue ſans la ſicencë du prince
ſequel eſt en eſcript tout par or
dre la demande et ſoffre demãdee
Car bien doit eſtre aduiſe de ſop
garder de agreer qlconqs côuenã

ces aux ennemys fans licence et
doulente de luy de fon confeil, par
lexemple de ung tresbon condui-
feur de loft romain qui auoit efte
enuoye deuant la cite de magence
dont il fut defconfit auec quaran-
te mille de fes gens. Et pource q
apres la defcofiture il agrea paix
aux magenciens fans la licence de
ceulx de romme ilz ne la tindzent
pas Ains enuoierent ledit condui
feur de loft romain prins et lye a
magence et rompirent faccord Et
icy fait a regarder, car fe tu peux
apperceuoir que on fe tiengne en
parolles par loing traig trouuat
aucunes chofes fans neceffite po2
alonger temps, faches de vray q
tout eft decepuance et cautelle, en
attendant aucun fecours delayer
fans plus la bataille, ou affin que
tes garnifons foient tandiz diffi-
pees et que tes gens fe ennuyent
du long feiour et fe partet pou ou
pour quelque autre caufe Item
fe ledit traictie vient de ung au
tre moyen fi que fe le pappe y a-
uoit enuoie ung legat pour met-
tre paix, ou ung autre prince ou
feigneur meu par bonne voulen-
te, quoy que deuers fe prince deuft
eftre alle premierement ou fuppo-
fe que toy mefmes foyes le prince

doibs a celluy moien bien declarer
loccafion, la caufe le bon droit et
la iufte querelle que as de mener
guerre contre lautre partie affin
que ledit traicteur qui veult fans
fang efpandre mettre fin en cefte
guerre foit aduife de ce faire telle
admende et fatiffacio quil appar-
tient monftrant aux enemys leur
grant tort. et auffy fe les enemis
dient auoir meilleur droit ne foies
aueugle q voulente te deftourne
a toy fubmettre a raifo, z fe tu fees
que en aucunes chofes apes droit
et es autres non, tu te doibs plus
legierement condefcendre a trai-
tie et accorder partie du voulloir
des autres fans ton deffhonneur
fe mieulx ne peulx faire et que laif
fe aller aucune chofe de ton droit.
Posons encore que loft des en-
nemys fuft amoindry en quantite
z que la tienne fuft multipliee de
gens et puiffance et le leur amoin
dry par aucune puifface autre ou
quelque fortune par quoy redoub
tant la bataille bien voulfiffent
traicter et faire paix toy faifat bo
nes offres pour eulx mieulx met
tre en leur deuoir, et efcheuer effu
fion de fang, ou quilz fuffent in-
fpires de voulloir faire paix ettref
bon et loyal accord, combien que

leur puiſſance fut a la tienne aſſez
egale/que doibz tu faire/te doibz
tu enorgueillir/pourtant les cuiz
dant auoir ſi que dauantage ſe a
la bataille venoit/par quoy nulle
ment ne vouſſiſſe venir/a accord
Ains plus te ſeroit on dofficz et
plus ſeroies trouue rebelle et dur
Certes nennp/car a peine ſeroit
trouue que oncques adueniſt que
les reffuſans iuſtes offres quel=
que droit quilz euſſent ne quelque
grant quantite de gens quilz fuſ=
ſent contre petite/que mal ne leur
en adueniſt au derrenier. Et ſem=
ble que en tel fait dieu pugniſſe ẛ
ceulx reffuſans. mais Tecy ou tu
doibz regarder ⁊ la eſt le peril ceſt
que par traiſon ne puiſſe eſtre de=
ceu par deſloyaulx moiens ſoubz
vmbre de traicter paix/et a quoy
ſe pourras tu congnoiſtre/certai=
nement par ſes raiſons pourras a
uoir couleur de toy douter ⁊ eſtre
ſur ta garde/par quoy ſil eſt ainſi
que ſe mouuement dentrer en trai
cte/ſoit venu daucuns des tiens
par la condition de luy pourras
penſer quelles pourroiẽt eſtre ſes
cauſes qui ſont meu a vouloir fai
re traicte/car ſe ſage eſt et preudõ
me et de iuſte conſcience et que tu
le ſaches bien/tu ne te dois eſmer=

ueiller ſe tel hõme vouldroit vou
lentiers trouuer voye pour eſche=
uer effuſiõ de ſaug par aucun bõ
et honnorable traicte et que paix
fuſt/mais ſil eſt homme non acou
ſtume de ſoy trouuer en telz cas et
laſche de courage quap quil puiſt
eſtre malicieux et biẽ parlant tu
peus bien pencer que de laſchette
et de couardiſe luy peult venir/
Mais non pourtant ne doibz tu
du tout debouter ſes raiſõs/mais
aduiſer ſe elles ſont bonnes ⁊ a tõ
honneur et proffit (Vne aultre
choſe fait a conſiderer ceſt que en
bien eſcoutant celluy qui ſa voye
daccord ⁊ de traictie te cõſeille ad
uiſe ſe la paix peult mieulx eſtre ⁊
venir a ſon proffit que la guerre ⁊
ſe en parlãt il ſe efforce de toy met
tre en couraige de faire paix laql
ſe pour ſe grant deſir quil a ne te
ſoit pas bien honnorable. Ou ſe
ceſt homme couuoiteux auquel
par dõs on promeſſes on luy euſt
p auenture fait dire/a ceulx icy ſe
ſauoir ne peulx tu ne dois adiou=
ſter en aucnne maniere nulle foy/
mais les bouter arriere tant que
tu pourras ſe ſouffiſamment en
es informe. Car le treſmanuais
et deſloyal cõſeilleur ne chaſſe touſ
ioure foꝛs a ſon proffit/⁊ ſe loyal

Dise plus au bien publicque que au sien propie ⸿ Or est necessai/re que durant le traictie que ainsy cōme les ambassadeurs viennent vers toy de dela, que tu y rēuoies des tiens. Si doibs en ceste chose estre si biē aduise que nen soyez de ceu/car moult y peult auoir grāt peril se preudōmes ne sōt/car par telz moyēs et ambassadeurs plusieurs citez pays et royaumes si/cōme Troyes iadiz et autres plusieurs ont estre deceuz par faulx et traytres ambassadeurs eulx monstrans estre loyaulx et bōs Ne il nest pas de pareil peril a ce/stuy pource que tant est couuert q̄ a peine nul tāt soit sage ne se peut de trayteur garder se par traisō a entrepprise a le greuer ⸿ Contre ce peril ya meilleur remede que de y enuoier des plus prochais de sō sang se auec soy en a qui grant cō/pte facent de sa mort et destructiō et des meilleurs amis/nō pas par aduentureˍde ceulx en qui pl⁹ te fies/car par iceulx ōt plusieurs este deceuz/mais de ceulx que tu auras mis en hault degre et qui pderoiēt se tu nestoiesˍcautise de q̄ tu sentiras la vie et cōscience bō ne honneste et loyale/et de loyaute vser en tours de guerres et batail

les et que de traisō ne soiēt repro/uez selon la sentence des bons. Biē le demōstra le tresuaillant fabri cius dont tant auons parle/Lors quil estoit ost cōtre le roy pirus/qui moult grieuoit par ses batail/les les rōmains. Et le medicin di cestuy roy pirus vint a fabricius et luy offrit emprisōner sō maistre mais que biē le voulsist guerdō ner. Le vaillant homme luy respō dit que ce nestoit pas lusage des rommains vaincre par traisō/si le fist renuoier a sō maistre le quel quant il sceut le cas dist a haulte voix. O̧ tant tourne/roit le soleil de son cours que fabri cius se partist de loyaute. Si sen partist le roy pirus sans donner ceste fois la bataille pour la cause de ceste grant bonte.

⸿ Cy deuise les manieres que le capitaine doit doibt te nir le tour quil espoir pour certain auoir bataille. xxi. c

Apres ces choses pour venir au point que fait de guerre pclud/cest assauoir asseblee de ba taile cōe ce soit le fait principal di sōs ausi/t sil aduiēt a toutes fins q̄ necessite de cōbatre ptrait lost de

assembler a certain iour aux enne
mis adonc ne doibt pas estre des/
pourueu le sage capitaine de tout
ce quil luy côuient faire et aduiser
au mieulx ꝗ sont aucunes choses
qui ne sont pas a oublier/que fera
il doncques il naura pas pou a pẽ
ser/car plus grãt fait entre les hõ
mes ne peut estre fait qne cellui ou
gist le plain fais de toute sa côtree
lestat du prince et sa vie de infini=
es personnes/lonneur ou deshon=
neur du seigneur ou de la cheuale
rie et de tous nobles. ꞇ Adonc as
semblera il tous les capitaines de
lost deuant soy et vouldra en au=
dience parler a eulx presens tous
ceulx qui estre y pourroiẽt dire en
telle ou semblable maniere. Tres
chiers freres compaignõs et amis
nous sômes icy assemblez si que
vous sauez par le cômandement
de nostre bon prince pour garder
et tenir sa place ceste part côme ces
lieutenans pour maintenir a le/
spee la iuste querelle de sõ bõ droit
ꝗ ses nobles predicesseurs ont par
long temps soustenue/ou quil a
a bonne cause entreprise côtre tel
roy ou seigneur duquel a receu
plusieurs griefz/cest chose vraye
sicôme nous en sômes bien infor=
mez Si sommez teunz côme loy=

aulx subgetz ou ses aduoez pre/
nans de luy gaiges et souldees de
garder ꞇ soustenir sa bõe cause en
epposant corps et biẽs sicõe pmis
lauons par nos sermẽs biẽ ꞇ loy=
aumẽt sãs deguerpir la place pour
paour de mort. ꝙ faisons donc
tant et de ce vous supplic tous et
requiers/sicõe a cheualiers freres
amps et compaignons que par
nous et lessfort de noz corps ꞇ ver=
de hardy couraige a nostre predit
bon prince rapportons la victoire
de ceste bataille si ꝗl en ait lõneur
ꞇ pteu et nous auec luy en soyons
tousiours hõnorez et prisez et que
sa bonne grace nous puissons des
seruir. Si auõs bõe cause beaulx
seigneurs dassaillir de fier ccurai
ge et enuayr de grãt voulente ses
ẽnemis/biẽ le vo9 scay a dire/car
ilz ont tort et nous droit. Si est
dieu deuers nous lequel sãs faul
te nous aidera a les vaincre se en
nous ne tient. ꝙ vueilles donc
mes chiers amis chascun en droit
soy si biẽ le faire que ie aye cause de
rapporter de vous telle relatiõ ꝗ
a tousiours mais il vo9 en soit mi
eulx. Et quãt est de moy ie vous
iure sur ma foy ꝗ qui biẽ se portera
a ceste besoigne ie le pourueray
sa vie en honneur et grant pfsit.

Or allons hardiement mes
enfans contre ces gens nos enne=
mis en nous commandant a dieu et
lui priant quil nous en doit la vi=
ctoire si comme nous le desirons/
Telz manieres de parlers dira le
saige capitaine aux siens et q̃ ainsy
doit estre fait se accordent tous ac=
teurs qui en ce cas ont parle/ et di
ent que ces manieres tenoient Sci
pion/ Julius cesar/ pompee et les
autres conquereurs Auec ce affer
ment que le capitaine doibt estre
large et habandonne/et est assa
uoir que les liures de cheualerie
ne appreuuent quelconques cu
uoitises en capitaine auoir prins
en honneur darmes/et certes ce de
monstra bien le tresuaillant fabri
cius lequel pour le peuple de sa bon
te replicquons tant de fois en ce li
ure quant le roy pyrrus son enne=
my q̃ moult le desiroit a traire de
sa partie pour sa grant vaillance
luy enuoya grant quatite de vais
selle de doi et dargent/pource quil a
uoit entendu que si poure estoit q̃
a sa taible nestoit seruy que en va
isselle de bois/mais il la refusa en
disant quil aimoit mieulx menger
a honneur en vaisselle de boys q̃
a honte et reproche en vaisselle dar
gent. Il affiert aussi que le ca=

pitaine soit doulx et bening entre
ses gens/autrement nest digne de
de tel office/car ilz dient que par le
moien de sa largesse et benignite il
peut plus attraire les cueurs des
siens que par nulle autre chose/et
sa benignite doibt donner hardies=
se mesmes aux petis et de simple
estat de lui oser dire et signifier au
cune chose se bonne leur semble ou
fait des armes ainsi quil peut ad
uenir que aucuns petis peuent a
uoir des bons amps Si que dieu
donne ses graces aucuesfois quilz
ne doiuent pas estre deboutez pour
leur simple et poure estat. Et est
escript que les vaillans conque=
reurs preteritz departoient les con
questes et propes largement aux
gens darmes/et pour eulx leur suf
fisoit seulement auoir loneur des
batailles/et pource faisoient leurs
gens tout ce quilz vouloient. Et
que auec ce parolles attrapans so
ient bonnes ce dit vegece que le
bon admonnestement du vaillat
duc croist a ost hardement et cou
rage/et pource doibt souuent ad
monnester en demonstrat aux siens
droit qilz ont/et le tort des enemys
et comment sont tenus au prince et a la
contree/les admonnester de bie faire
et promettre offices aceulx bie serot

Et de fait pour dõner epẽple aup autres doibt hõnourer ceulp qui aultreffois se seront bien portez et leur faire du bien/affin que meilleur cueur en apent. Et par telles parolles peult aussi croistre lire et maltalent des siens cõtre leurs ennemis et lamour en bon vouloir deuers le prince.

¶ Cy deuise la maniere de prendre lauantage du chãp selon vegece. ¶ xxii.cha.

Vegece dit que le capitaine doibt regarder au iour ql veult donner la bataille qlle tou lente ses gens ont/car il peult apperceuoir silz ont paour/par le visaire par les parolles et le mouuement du corps/mais il dist que ce nest pas a entẽdre de ceulp qui ne sont aprins/car ce nest pas merueilles silz la ressoingnent/mais se des exercitez darmes fõt doub te/doit delaier sil peult a vng au tre iour Et sil a gens daucun pais ieunez et nõ vsages ⁊ quil dou te de leur loyaute: commettre les doibt a bons et loyaulp capitaines ⁊ qui bien les sachẽt embesoigner ⁊ mettre en lieu ou fuir ne puissẽt Car par leffroy de telz gẽs peult

estre la bataille en peril/⁊ les biẽ introduire que obeissans soient/ Car nulle riens ne proffite plus en ost que obeyr aup capitaines/ et pource dist il que pour vne seule voip ceulp qui seront loing de leur capitaine ne peuẽt sauoir les soudaines necessitez qui peuẽt venir en bataille/trouuerent les anciens de vser de certains signes p lesquelz hastiuement faisoient sauoir en lost ce que faire deuoient. ou par sõ de trompes par differẽt chant ou par buisines ou autrement/mais affin que par oyr plusieurs fois celiemesme maniere de son ses ennemis ne si entendissent par foys se differoient,⁊ se leur estoit auant le coup biẽ notiffie/ et des leur enfance on leur mõstroit lusage darmes. Ces manieres leur estoiẽt aprinses affin que par necessite des batailles en fussent duitz/⁊ pour celle cause furẽt trouees les trompettes qui diuersifiẽt leurs sons selon les cas qui aduiennent. Or vient apoint darrẽ ger les batailles selõ vegece Si aduisera le sage capitaine que dit est de prendre premier lauanta ge du champ en quoy troys princi paulp poins sont a regarder. Le premier est de prendre le hault de

la place ⸿ Le second que a seure q̃
la bataille durera ses ennemys ai
ent le soleil en soeil. Et le tiers que
le vent leur soit contraire. Et se a
ses trois choses peut aduenir luy
sera prouffit en tant quil nest pas
doubte q̃ cestuy qui est en la haul-
te place a auantage de force côtre
cestuy qui est en bas. ⸿ Item le so
leil en soeil fait grant encombrier
et pareillement le vent qui les em
plit de pouldre/et aussi le trait por
te par le vent en a plus grant for-
ce/⁊ aussi a loposite oste ⁊ destour
ne la force et la partie contraire/et
assauoir que par deux cautelles
vainquirent les rommains en ba
taille ceulx de cycambre et les ty-
ars/ce fut p aduiser de les enuaÿr
de tel coste que iceulx eussent le so
leil au deuant/⁊ lautre fust par si
fort les haster que loisir ne eurent
de eulx mettre en ordonnance.

⸿ Cy deuise en bref la ma-
niere selon lusaige du temps
pour arrenger ost en champ
pour combatre. xxiii.c.

Comme vegece mette plu-
sieurs manieres darenger
ost en bataille si que dit sera cy a-
pres lesq̃lles peuent estre sôt en au
cunes choses differentes des ordõ
nances du temps present.la cause
est parauenture pource que a dõc
se combatoient les gẽs plus ache-
ual que apie/et aussy comme il ne
soit quelcõque chose ces ordres des
humains qui par espace de chãp
de temps ne se mue et change me
semble bon toucher en bref aucu-
nement en termes plus entẽdibles
des ordonnances communes du
temps present/sicomme asses est
sceu de ceulx qui ses armes exer-
cent, cestassauoir faire son auant
garde a longue estandue des gẽs
darmes arrengez ouniement ser-
rez ensẽble et que lun ne passe lau
tre/les meilleurs⁊ les plus esleuz
au premier front/les mareschaux
empres eulx auec les estandare⁊
banieres et fait on eles aux costes
deuant esquelles est le trait canõ/
niers arbalestriers/⁊ archiers sem
blablement arengez ⸿ Apres la
premiere bataille que on dit auãt
garde vient la grosse bataille ou
toute la flote des gens darmes est
mise arengez tous par ordonnan
ce de leurs capitaines qui sont en
tre eulx/leurs banieres et ensei-
gnes leuees sont p plusieurs rẽgz
les vngs apres les aultres ouniē-
ment mis. Si fait le connestable

crier sur la hart que nul ne se des/
route. Et dict aucuns que se quã
tite de gẽs de cõnune y a on doibt
de icelles gẽs efforcer les eles des
costez par beaulx renges par derrie
re le trait et que cõmis soient a bõs
capitaines et aussi les mettre au
deuant de la grosse bataille si que
se fuyr souloient que les gẽs dar
mes dappres les en gardassent.
Au millieu de ceste grosse bataille
est mis le prince de lost/sa principa
le baniere deuãt soy a laquelle est
le regard de la bataille/ et a ceste
cause est baillee a tenir a luy des
meilleurs et esprouuez hommes
darmes pour la seurete tant du
prince comme de la baniere deuãt
soy a laquelle est le regard de ba-
taille/vient la tierce que on dit ar
riere garde. Laquelle est ordonnee
pour aider a conforter ceulx de de-
uant/qui semblablement sont mis
par belle ordre/et par derriere icel
le sont les vaslletz acheual qui ai-
dent les autres se besoing est et y
sont bons e les cheuaulx de leurs
maistres la tiennent et estachent
que par derriere on ne vienne en-
uapr la bataille/de laquelle chose
se assez y a de gens darmes et on se
doubte que par la venissent les en
nemps/ceulx qui sagement veul-

lent combatre font vne autre ba/
taille qui tourne le dos vers la di
cte bataille toute preste de receuoir
ceulx qui viendront auãt/e auec
toutes ces choses communement
est ordonnee vne quantite dõmes
duitz du mestier monstez sur bõs
destriers tous prestz a costez de ve
nir rompre e desrenger la bataille
des ennemis a course de cheuaulx
quant assemblez seront/et pource
est souuent la bataille gaignee de
la partie de ceulx qui mieulx sen
sceuent aider/et conseillent aucũ
cppers darmes quoy que ceste ma
niere dartrenger ost soit la plus cõ
munc/que quãt il aduient que on
na pas trop grant quantite de cõ-
mune/mais plus de bonnes gens
darmes que toute lassemblee soit
mise deuant si que dit est. Et dict
que plus seurement on si combat
Et ceste maniere de combatre fut
bien tenue en la bataille de Rosbe
tre ou le roy de france charles six-
iesme de ce nom eut victoire con-
tre quarante mille flamãs. Et se-
blablement fut fait na pas long
temps en la bataille du siege ou
Jehan duc de bourgõgne qui fut
filz de philippe filz du roy de fran-
ce a tout ases petite quãtite de bõ/
nes gens darmes fut victorieux

cõme vaillant prince cõtre xxxv
mille liegois.

¶ Cy deuise selon vegece et les anciens lordre de arrēger bataille xxiiii.chapitre.

Our quil soit cy deuant dit
et apres des manieres de cõ
batre et arrenger ost Dient les
anciens qui de ceste matiere / ont
parle que la meilleur maniere de
ordonner bataille est en rõdeur et
que on mette plusieurs batailles
ou front deuant et du coste ou les
ennemps doibuent venir soient
mps les meilleurs et les plus es
prouuez/et se serrez se tiennent en
semble apeine pourrant estre des
consitz pose que les autres soient
plus/ ʒ sil aduient que les aduer-
saires soient moins de gens, la ba
taille doibt estre ordonnce en ma
niere dun fer de cheual. Et par ce
ste maniere dist il les enclorras se
tu y donnes bonne ordre. Et se les
autres sont foison ordonne ta ba
taille sicõme ague deuãt pour par
tir/mais bien enseigne vegece le
capitale que a leure que la batail
le assemble ne se aduise de chãger
autre ordre ʒ mener ailleurs aucũ
nõbre de gens quil face partir de
lordõnance:car ce seroit pour tout

honnir et mettre trouble en ses ba
tailles/ne riens dist il ne prouffite
plus que garder lordre qui doibt
estre tenue et lespace qui entreses
rens doibt estre. Car on doibt re-
garder par grant cure que trop ne
sepressent ne amoncessent/ne aus
si quilz ne se laschent/mais soient
conuenablement serrez/car autre
ment perdroient la fiance de cõm
batre et empescheroiẽt lun lautre
et trop cler entresuisant Et don
neroiẽt entree aux ennemis/aussi
en peril seroient destre rompus et
esparpillez dont la paour de eulx
mesmes les rendroit tous espõuz
Jcelluy vegece dit que par belle
ordre doiuent yssir a champ auql
le capitaine ia par plusieurs foys
les ait mis en ordõnance pour mõ
strer cõment quanta la bataille
viendra se deuerõt maintenir.La
premiere bataille estandue ainsy
quelle doibt/et puis la seconde ba
taille et les autres. si q lordre soit
gardee entre eulx si que dit est.

¶ Aucũs capitaine dist il ont eu
maniere de faire tourner leurs ba
tailles en esquerre/et puis en triã
gle que on appelloit lois berfueil
Et ceste maniere dordonnãce a
a plusieurs proffite en bataille/et
quant force dennemps leur cour-

roit fus fe mettoiẽt en rondeur les
meilleurs au premier reng tout de/
uant fi gardoient les leurs deux
tourner en fuite et que trop de dõ/
maige ne leur furuenift Et auo/
ient les anciens maniere q iamais
tout leur oft ne mettoient en vne
affemblee/ains faifoiẽt plufieurs
batailles affin que les nouueaux
veniffent fecourir aux laffez Et
par celle voye a peine peuẽt eftre
defconfitz du tout/car ce que fune
bataille perdoit fautre recouuroit
Neantmoins font faitz de batail/
les aduentureux par quoy nul ne
fy doibt fier/car aucunesfois adui
ent tout le contraire de ce que par
auant on penfoit. Exemple qui
euft pense/que des tresgrans oftz
affemblez des cartaginois aux rõ
mains deuft eftre focafion fi ega
le en la bataille q vne fois en ad/
uient/car il nen demoura hõe nul
dune part ne dautre ¶ Il dift auf
fi que le iour que la bataille doibt
eftre eft conuenable de pou mãger
affin dauoir plus longue alaine
et eftre plus mouuables et plus le
giers/mais bon vin doibt on boi
re qui peut pource que aux mem/
bres donne grant vigueur et efio
ift lefperit de celluy qui en prent
conuenablemẽt et fans trop   Il

aduient dift il q aucques tous les
couraiges des hõmes fe troublẽt
quant aller doibuent en la batail
le/mais a ceulx qui fõt aprez leur
croift force et hardement et oubli/
ent tout peril/et pource fe fage ca
pitaine pour dõner caufe a fes gẽs
deftre aprez et plus fiers les doibt
auoir/ains la bataille fait plufie/
urs efcharmoucher aux ennemis
affin que par receuoir coups τ ble
cheures deulx foient plus afelon/
nie contre eulx. Et dit q fes mois
fages et fes moins hardiz feufent
leuer le cry ains que la bataille cõ
mence/laquelle chofe ne fe doibt
faire/car les corps doibuent ve/
nir auec le cry τ les anciẽs auoi
ent regard en laffemblee de leurs
batailles que les hõmes darmes
ne fuffent pas efpouentez pour le
cry que font aucunesfois les gens
de commune quãt loft affemble/
ou que font ceulx qui ont paour/
τ pource les aduifoient par certai
fon de trompettes ¶ Auffy ceulx
doubtent la bataille q nont apris
lexercite/et pource dit lefiure telz
gẽs font a occupper en autres cho
fez que en armee Car ceulx qui
ne veirent oncques occir homme
ne efpandre fang en ont frayeur/
et pource quantilz y font penfent

plus de fupt que de ccmbatre/ſp
peuct plus empeſcher que Valoir
a taut le moins ſilʒ ne ſont mpe
ſoubʒ bon capitaine. Aucuns diĉt
quilʒ doibuent eſtre mis tous en/
ſemble et autres dient que non/ꝛ
qui doibuent eſtre meſſeʒ auec les
bons. ꝗ Dereĉhlef pour dire en
bref et recapituler ce qui eſt cõue;
nable a gaider en ordonnance de
bataille enſeigne ſept choſes ou le
capitaine doit regarder   La pre;
miere quil ait pris place a ſon ad/
uantage ſil peut ſi que dit eſt/ ou
il ait mis les ſiens en bonne ordõ;
nance. ꝗ La ſeconde quilʒ ſoient
dun coſte targeʒ de montaigne a
fin quon ne luy puiſſe nupie/ꝛ par
deuant eulp vne belle riuiere ſi ꝗ
on ne puiſſe a eulp venir. La iii.
quilʒ naient pouldie ne ſoleil qui
a loeil puiſſent nupie. La iiii. qui
mout leur peut valloir eſt ſilʒ ſõt
aduiſeʒ de leſtat de leurs ennemiſ
et bien informeʒ quátilʒ font leur
ordonnance/ et par ou ilʒ viennẽt
Car ſeſon ce ſe peuent ordonner
et les attendie a leur aduantage
La v. quilʒ ne ſoient ſouleʒ ne af
foiblis par fain. La vi. quilʒ ſoiẽt
tous dun couraige a tenir place ꝛ
mieulp aimer mourir que fupi/ ſp
ne ſeront pas telʒ gens legiers a

deſconfire. La vii. que leurs ẽne/
mis ne ſachent pas leur intention
ne ſe quilʒ tendent a faire et de ꝗẛ
tours ſont aduiſeʒ. Neantmoins
ſi que deſſus eſt dit merueilleuſes
ſont les aduentures des batailleſ
Il aduient aucuneſſois telſemẽt
quil ſemble que dieu vueille aider
alune des parties et point a lau;
tre. Si quil adult lois que les rõ;
mains ſe combatoient aup deup
roys doient de giant puiſſáce iu/
gurta/ et boctius. Adonc comme
lardeur du ſoleil fuſt ſp giande ou
champ que a pou ilʒ ny attaignoi
ent/ ſouuent ſi ſe leua vng vent
ſigiant que le traict des arcs dõt
iceulp roys auoient giant plante
neut ſicõme point de puiſſáce. Et
apies vint vne groſſe pluye qui
tout rafreſchit les rõmains/ꝛ fut
aup autres choſes merueilleuſe;
ment contraires/ car les coides de
leurs arcs ſe laſchoient Et les o/
liphans dont foiſon y auoit/ qui
ſont giandes beſtes qui ne peuent
ſouffrir eaue ne ſe pondient mou/
uoir et les chaingles qui ſouſteno
iẽt les chaſteaulp charges deaue.
Si ne leur fut pas encombiier/et
par celle voye deſia reſuigoureʒ
pour la freſcheur ſi aſpiement les
enuapient que ia ſoit ce quilʒ feuſ

sent plus petite quantite de gens si eurent ilz la victoire.

Cy deuise selon vegece de vii. manieres darrenger ost et de combatre xxv.c.

Derechief selon vegece sont vii. manieres de batailles ordonneez et de combatre a ost en champ en son iii. liure au ppi. cha pitre/ lesquelles quoy quil les bail le assez obscurement et quelles ne soient a entendre du tout fors a ce ulp qui maistres sont en lepercite et office des armes ay mises ty en suiuant ¶ La premiere maniere darrenger ost en champ dit vegece est celle qui se fait au long frot ai sy que on fait maintenant/ mais ceste maniere sy quil dist nest pas tresbonne pource quil conuient q lespace soit longue et que lost soit tout estandu et quil ne chiet pas/ touslours chap propice a ce faire. Et quant il y a fossez ou vallees ou mauuais pas/ par la est legie rement la bataille rompue/ Auec ce se les aduersaires ont grat mul titude de gens/ il y ra au coste dep stre ou au senestre/ et enscaindra la bataille ou grant peril y a Si dist ainsy lacteur ou cas dist il que tu

nayes plus grant foison de gesq soient ordonnez et mis contre les ennemys se adce tu es venu pres tes meilleurs homes et enchain tes enemis se peup au chain de ton ost

La seconde maniere est meilleu re et se par icelle tu ordonnez vng pou de gens vaillans et bien es prouuez en lieu propre tu pourras auoir victoire pose que ton aduer saire eust plus de gens/ et est de cel le telle la maniere de cobatre que quant les batailles viennet pour assembler. Lors changeras ta se nestre ele/ de son lieu en autre affi que tu voyes loing au deptre cor de ton ennemy et que on ny puisse traire ne lancer/ et ta deptre ele/ ioings a la senestre Et illec par les meilleurs de tes gens comence la bataille aspre et forte et par grant vigueur acheual et apie soit telle ment euaye ladicte senestre ele ou tu es ioint q tu voises en boutat et courant sus par telle maniere que tu viengnes au doz de tes enne mys/ et se tu en peup vne fois par tir les aduersaires approchas tes gens sans doubte tu auras victo re/ et ceste partie de ton ost que tu auras substraicte des autres de mourra seure Ceste maniere de bataille est ordonnee en maniere

de ung a de lettre Et se tes ad/
uersaires sordonnent ainsy pmier
dont isse des tiens grāt rengee de
gens venans de front et les asse/
ble a ton senestre cor et en telle ma
niere contresteras a ton ennemy
par force quil ne te boutera arrie/
re par art de combatre. ¶ La iii.
maniere de combatre est sembla/
ble a la secōde et ne differe fors en
ce que ton senestre cor commencea
combatre au deptre cor de ton ad/
uersaire/ & se tu as ta senestre ele
meilleur que sa deptre/fors adiou
ste auec tresfors combateurs ache
ual et a pie/et a lassembler ioings
premierement ta senestre ele a la
deptre ele de ton ennemy/& tāt cō
me tu pourras bouter arriere sa se
nestre ele de ton ennemy et te haste
denchaindre Et lautre de ton ost
ou tu scez quilz ne sont pas si fors
desqueuure tant que tu pourras
de lele senestre des autres/si que
glaues ne dars ny puissent paue
nir/et icy tu doibs garder que tes
ennemys ne facēt beruell de leurs
gens pour rompre ta bataille au
trauers. et en ceste maniere se com
bat on proffitablement/& en espe
cial se le cas aduient que ton ad/
uersaire ait son senestre cor moins
fort assez que ton cor senestre La

iiii.maniere de combatre est telle
que quant tu auras ordonne tes
batailles auec iiii.ou v. cens com
batans aincois que tu approches
tes ennemys qui de ce riens ne sce
uet/tu esmouueras soudainemēt
ambedeup tes eles si que de sun &
lautre cor tes ennemys non pour/
ueup seront contrains de trouuer
les dos/et se isnellemēt peuz ce fai
re tu auras victoire/ mais ceste
maniere iasoit ce que tu ayes tres/
fors et epercitez gens darmes ie le
tiens a perilleuse/car se la moictie
de la bataille est contrainte a di/
uiser et descourir ton cor en deup
parties et ton ennemy nest vain/
cu a la premiere emprainte/ilz ont
occasion denuayr tes gēs darmez
diuisez/& le milieu qui seroit depar
ti de tes eles ¶ La v. maniere de
combatre est semblable a la quar/
te/mais sil ya plus que les archi/
ers et les legierement armez/arre
ge les deuant la premiere bataille
affin que ceulp ne puissēt estre de
rompuz/car aussy bien de ton dep
tre cor euaps et assaulp le senestre
cor de ton ennemy et du senestre le
deptre/et se aisp le peup chastoier
tantost sera vaincu/mais la ba/
taille du milieu nest pas en peril
pource quelle est deffendue des le

gierement armez et des archiers

¶ La vi. maniere de combatre est
tresbonne et quasi semblable a la
seconde/τ de ceste se ont acoustu
me aider les soings combateurs
en esperance de victoire/ posons
que pou de gens soient/ par bie or=
donner seurs batailles/la batail=
le arrengee aup ennemis ioings
ton deptre cor/a iautre senestre/et
illec comence la bataille auecques
les meilleurs que tu as acheual τ
a pie. Et iautre partie de to ost sui
ue de ioinge la bataille de ton en=
nemp et estende icelle patie tout
droit/et se tu peus venir au coste
de la senestre ele de tes ennem:ps il
conuient quilz tournent se doz/τ
ne peust iaduersaire estre secouru
de sa deptre ele/ne de so milieu ne
ne peut aider aup autres τ az la
queue de lost est estandue au sem=
blant de la plus longue lettre que
on appelle.l.et logue se depart de
ton ennemp.

¶ Cy parle encore de mes=
mes propos en poursuiuant
la matiere du precedent cha=
pitre.　　xxvi.chapitre.

La vii.maniere de combatre
est quant le lieu et la place
sont propices a cestuy qui pret pre=
mier champ Cestassauoir se tu as
dune part empeschement/par se=
quel tes ennemps ne puissent ve=
nir si que dit est/come maretz fleu
ue ou montaigne ou autre empes=
chement posons que pou de gens
ayez/lesquelz par tresbonne ordo=
nance soient arrengez en bataille
et de sa partie ou nest sedit empes=
chement metteras tes gens ache=
ual et lors te combas seurement
se tu es enuay/car dune part sem
peschement te garde et de iautre
part sa force de ceusp acheual Si
est a regarder de quelque partie q
tu vouldras combatre que tous=
iours tu mettes deuant lee plus
vaillans et quelque pou de gens
que tu ayes ne tesbahis/car victo
re a bien acoustume destre eue par
pou de combatans/mais que le sa
ge duc les ordonne sa ou proffit et
raison requiert. Et est assauoir q
mesmes en icelluy tempe se aidoi=
ent en leurs batailles de plusieurs
manieres dengins τ cautelles po
rompre les batailles si que dit est
par deuant des beufz a tout le
feu soubz les queues chassez vers
la partie aduerse. Et mesmement
vsoient des adonc des auques se
blables engins a ceusp que on ap

pelle ribaudequie. Car tout ain-
si et en telle maniere estoient assis
sur roes vng homme dedens/ si
comme en vng petit chastel de fer
et tiroit de canon ou darbalestre et
y auoit a chascun coste vng Ar-
chier et fers argus/ pardeuant y
auoit comme lances. et a force de
gens ou de cheuaulx les faisoient
plusieurs de vng front aller heur-
ter ensemble par grant vigueur aux
ennemys.

Cy deuise lordre et la ma-
niere que le capitaie doibt te-
nir quant bonnes fortunes
sont pour luy de la bataille.
xxvii. chapitre.

Aulcuns qui ne congnoissent
pas bien les tours des ar-
mes se cuident moult aider en ba-
taille par enclorre en certain lieu
leurs aduersaires et ennemys ou
par bien les enchaindre tellement
que par multitude de gens ne pu-
issent issir/mais ce fait est moult
a doubter/car aux enclos croist le
hardement pource que de tant qilz
se tiennent plus pour mors et quil
leur semble quilz nont pouoir de is-
sir ne deschapper/de tant plus chi-
er se vendent/et pource fut loee la
sentence de Scipion laffrican q dit
q on doibt faire voye aux enemis
par ou ilz puissent fuir et mettre
embusche par ou ilz doibuent pas-
ser/car quant ilz sont fort oppres-
sez et ilz voient lissue par laquelle
ilz se cuident sauuer en fuyant.
Adont peuent mieulx estre occis
en fuyant que en eulx deffendant
Car plusieurs gettent ius leurs
armes pour plus legierement fuyr
Si sont par les chassans occis co-
me bestes Et plus sont grant nom-
bre et plus est leur confusion/Car
ca ne doibt on regarder nul nom-
bre ou les couragee sont ia descon-
fitz par force de paour/dont dient
les sages darmes que quant bon-
ne fortue vient a lune des parties
si quelque vainque lautre en ba-
taille doibt poursuiuir ce du tout
iusques en fin de sa bonne fortune
tant quelle dure/iusques adce que
tous soient destruis endemetiers
quilz sont effrayez et non pas sy
fort esioyr ne enorguillir au com-
mencement que on laisse tout pour
y cuider recouurer come plusieurs
qui en ont este deceuz/qui oncques
puis aduenir ny peurent. Tes-
moing par vng nomme hanibal
lequel se apresla bataille de caues

fuſt alle tout droit a rõme il ſeuſt
prinſe de legier ſans contredit/car
tant eſtoient les rommains plais
de doulleur et deſſroy pour leur
grant perte que a leure ny euſſent
ſceu contredire/mais luy qui adce
cuida retournez a ſon bon plaiſir/
entendãt touſiours a deſpouiller
de ce ne fiſt compte A laquelle cho
ſe ilz oncques puys pour toute ſa
puiſſance tant ſen efforcaſt luy et
tout ſon oſt ny peut aduenir.

¶ Cy deuiſe lordre et la ma
niere que le capitaie doibt te
nir quant la fortune de la ba
taille luy vient coutraire
xxviii.chapitre.

OR y a autre point ceſtaſſa
uoir q̃ ce partie deſoſt ſaict
et laurre ſenſuit/le bout q̃ demeu
re bien encores eſperoit ſa victoire
Et pluſieurs fois eſtaduenu/que
ceulx quon tenoit audeſſoubz ont
gaigne la bataille/ ſi ſe doibuent
iceulx eſleuer par cry et par ſõs de
trompettes et parce eſpouetes les
aduerſaires et conforter ſes ſiens
cõme ſilz feuſſent vainqueurs de
toutes pars. Et ſil aduient que le
meſchief aduiengne en tout tõ oſt

Neantmoins tu doibſ querir le
remede car fortune a aucuneſſois
des fuitifz pluſieurs recouurez/c
les ſages darmes dient que en fait
de planiere bataille le bõ capitai
ne doibt eſtre poutueu de raſſem/
bler ſes ſiens Cõme le bõ paſteur
ſes oailles/poſe quilz ſen ſupent/
doibt de tout ſon pouoir eſtre entẽ
tif a ſauuer les vaincus et les re
traire ou aucun deſtour ou ſur mõ
taigne et eſe en derriere luy ou en
aultre ſeure place/c ſil peult raſ
ſẽbler aucun pou de ſes gens vail
lans c hardis et les mettre en bon
controy/encores pourront greuer
leurs ennemys/car cõmunement
aduient que les deſroutez ca et la
cõme ceulx qui chaſſent follemẽt
ſe les aduerſaires ſont ſaiges/ſõt
remis en fuite et ainſy ſont occis
ceulx qui premierement eſtoient
chaſſeurs Si ne leur peult adues
nir plus merueilleuſe confuſion
que quant leur fierte leur change
en paour. ¶ Pource quelle que
ſoit laduenture on doibt radres/
ſer par conuenables eportatiõs
les vaincus et raſſembler et gar
nir ſon oſt de hommes nouueaux
leſquelz ſoient hardis et vaillans
c fournis de harnois les peult tro
uer/et conuient adonc pourpẽſer

ſoubbaiɲ aiƌe et ſa ſoubbaine aƌ-
uenture ceſtaſſauoir aƌuiſer com
ment ſagait fait Si que ſes enne-
mys qui longuemeut ſes ſont ſui-
uis ſoient rencontres eɲ quelque
lieu ƌe repos ou eɲ pluſieurs pars
Et ainſy par ſe bon capitaine ſoit
ſa paour ƌes fuitifz couertie ê har
ƌement ƌe attenƌre et pourſuiuir
ſe beſoing eſt Et pourtant ne ſe
ƌoibt ſe bon capitaine ƌſeſperer q̃
que fortune quil ait contre ſuy ſil
eſt ſage/Car ſouuent aƌuient q̃
par bonne eſcheance et propice for
tune ceulx qui cuiƌẽt tous auoir
gaigne ſeſſieuent eɲ arrogance et
par ce moins ſagement/ quilz ne
cuiƌent ſembatent ſur ſeurs enne
mys. Leſquelz bien aƌuiſez ſes re-
cueiſſent par giant accueiſſie (r ſes
ruent ius/(r pource ƌoibt eſtre aƌ-
uiſe ſe ſage capitaine ƌe ce que ƌit
eſt que ſes baincus eſtoient a ſeur
retour baincqueurs et chaſſoient
ſes autres ¶ Et que ainſy ſoit ſe
ƌemonſtre ſe cas ƌes romains ƌe
ſaƌuenture qui ſeur aƌuint apres
ſa giant ƌeſconfiture ƌe caues/ou
eulx tous ƌeſeſperez ƌe iamais
pouoir recouurer nul bon eur ne
nuſſe bonne proſperite bauſurẽt
ƌeguerpir ſeur cite et autre parteſ
ſire habitatiõ/maiƌe ſe ſes gar-

ƌa bng baillant prince ƌes ſeurs
qui ƌiſt que a eulx ſe combattroit
ſilz ſeɲ alloient Siſ ſeur ƌõna eſ
perance ƌe meiſſeur fortune et ſes
remiſt enſemble/et ƌe gens cõcue-
iſſie fiſt cheualiers et a teſſe puiſ-
ſance que auoir peuſt/alla aſſail
ſir bng nomme banibal/qui aƌ
ce riens ne penſoit et ſe ſurprint cõ
me tout ƌeſpourueu· Si fut aƌõ
ques a teſſe heure ƌeſconfit que
oncques ƌepuis neut bictoire ſur
eulx et iſſec ſe ƌeſtruirent ſes rom
mains

¶ Cy recapitule en brief au-
cunes choſes ƌes orƌres ƌe-
uãt ƌictes   xxix. chapitre

POur replicquer eɲ brief tou
te ſa ſubſtance que begece
beuſt ƌire ê ſõ ſi. Il ſe epilogue eɲ
ſa fiɲ ainſy que a manieres ƌe pro
uerbes ƌiſant. ¶ Toy qui ƌeup
auoit honneur ƌarmes fay que ſa
maniere ƌe ta ieuneſſe et toɲ acou
ſtumance te apprẽgne a eſtre mai
ſtre eſ tours ƌe cheuaſerie eɲ par
fait aage/car trop plus beſſe cho-
ſe eſt que tu puiſſes ƌire ie ſcay q̃
ſe que tu ƌis/ha pour quoy nay
ie apriɲe.

¶ Tousiours fay a ton pouoir
chose qui puisse nupre a ton enne=
my et a toy proffiter/car de ce que
tu le delaissez a greuer tu te renoie
mesmes/faye que tu congnoisses
le cheualier ains que tu le mai=
nes en bataille/ et sil y est dauen=
ture ne ty fie/Car mieulx vault
doubter son ennemy en soy tenant
sur sa garde que en bataille soy fi
er en gens que on ne congnoist.

¶ Grant seurete est actraire son
ennemy fuitif qui peut/ car plus
peuent greuer aux enemis les fui
tifz que les occie/t cellui est a pei=
ne vaincu qui des sienez de son ad
uersaire se peut aider.¶ Mieulx
vault laisser apres arengie de ba
taille assez daibes que trop ample
Bataille faire/car aulx lassez les
nouueaux venus aydent/car pl9
aide vertu que multitude/t sou=
uët vault mieulx en bataille lieu
que force:lome proffite par labour
et aneantit pour estre oyseux.

¶ Ne maine iamais cheualier en
bataille sil nespoire la victoire/
car sil a petite esperäce il est demy
vaincu/les soudaines choses es=
pouentent les ennemys Qui son
aduersaire chasse follement la vi
ctoire quil auoit eue luy conuoicte
a donner Qui nappareille la ba=

taille en lost il est vaincu sans fer
¶ Tenir ordre de bataille selon le
droit donne victoire aux febles t
aux fors ¶ Quät tu scez que les
espies de ton ennemy si sont tap
pissans enuiron ton ost/ faye tes
gens retraire es logis Se tu as
soupecon que ton conseil soit reue=
le aux ennemys change ton ordö
nance. Nulz consaulz ne sont me=
illeurs que ceulx de quoy ses ene=
mys nont congnoissance iusques
ad ce quen oeuure soient mys A
uenture donne souuent victoire
plus que force impossible est iuger
au vray la fin de la bataille Sont
fortune dispose ¶ Tout le cötrai
re de tes ennemys doibs traicter
auec plusieurs/mais ton propos
doibs dire a pou de gens Attrais
les cueurs des estranges par dös
et par promesses/t chastie les tiës
par menasses pource que bons
capitaines redoubtent la fortune
de la bataille/combatent enuis a
ost assemble Grant sens est son en
nemy contraindre plus par fain/
que par fer.

¶ A tant fine la premiere partie
de ce liure Et en apres cömëce la
seconde partie ou il parle de cau=
telles darmes

℃ Ly commence le premier
chapître de la seconde partie
de ce present liure Auǫl il par
le de Scipiõ laffrican. i:cha.

On ceste seconde partie a/
pres ce que auons diuise
selon Begece principale=
ment les manieres que iadiz teno
ient les Baillans conquereurs du
monde en fait darmes en seures cõ
questes.Pource que iceulp se seu
rent biẽ aider de plus dune manis
te de guerroier mé sẽble aſſi de cro
istre nostre matiere tousioure au

proffit des poursuiuãs cheuaserie
que adioustons en ceste partie/ses
manieres des cautesses et subtili=
tes quilz tenoiẽt en seurs fais.Les
ǫlles cautesses et subtilitez de che
uaserie appesserẽt les acteurs qui
en ont parse stratagenes darmes
Desquelz stratagenes fist Ɓng
propre liure Ɓng baillant hõme
que on nõma frontin/ou il deuise
ses propres faitz des dessus ditz tres
nobles et baillans conquereurs
Lesquelz a opi peuent estre de bon
epemple a semblaslement ouurer
se bõn semble a ceulp qui en telz

cas se treuuent selon les aduersi/
tez des aduentures darmes/duql
liure auōs a nostre proffit extrait
aucunes choses. ¶ Ledit acteur
dit aisi au premier que le vaillāt
conquereur prince des rommains
Scipion laffrican qui toute espai
gne/auffricque/et quartaige/con
quist a lespee vne fois ētre les au
tres cōme il fust atout grant ost te
nant les champs contre le roy Ci
phas/qui semblablement a tout
moult grāt nombre de gens estoit
contre scipion/enuoya vers ledit
roy si comme pour certaine amba/
xade faire vng de ses cheualiers
nōme Lelius Auec lequel cōmist
aller de ses plus sages capitaines
en armes/en maniere de valletz
ou de petis seruiteurs affi que biē
en toutes guises aduisassēt lordre
la maniere et la quātite dudit roy
Ciphas Lesquelz la venue si tres
biē en firent leur debuoir que ri/
ens ny oubblierent/et pour mieulx
choisir lost en lōg et en le/laisserēt
aller leurs cheuaulx faintement
cōme silz leurs fussent eschappez
et eulx apres courans ca et la/ad/
uindrent adce quilz queroiēt cest
assaucir a tout/en bref temps ad/
uiser cōme treseppers (? apmis en
tel mestier. par quoy eulx retour/

nez et leur rapport fait a leur duc
Scipion/cōme il sceust par iceulx
que plante de ramisses y auoit en
lost dudit roy ciphas/trouua ma
niere de subtillemēt par nupt y fai
re bouter le feu en plusieurs lieux
Et ce fa t ainsi cōme ilz entendoi
ent a secourir leurs cheuaulx et le
urs logis. Le vaillant duc Sci
pion leur courut sus en tresbonne
ordonnance/et parce les descōfist
du tout.

¶ Cy parle du duc marius
de Certorius de Duelius et
de pericles. ¶ ii. chapitre

MArius trescheualereux duc
de lost des rommains: quāt
il se debuoit combatre. Contre si
eres gens que on disoit les cōbres
et les cetonicques auoit en son ost
plusieurs cheualiers de gaule.
Adonc pour ensuiuir leseignemēt
du sage qui dist/espreiue lomme
ains que moult ty frez. voulut es
prouuer la loyaute et obeissāce di/
ceulx gaules si leur ēuoya lettres
lesquelles entre les autres choses
disoiēt quil leur deffēdoit que biē
se gardassent de ouurir vnes pe/
tites lres/lesqlles estoiēt en loses
es grādes lettres qui leur ēuoioit

iusques a certaiɳ iour qui nõme y
estoit/ mais aincops que icellup
iour fust venu/ il les renuopa que
rit auec les ouuertes/et cõc iceulp
eussent passe soɳ cõmandement/
congneut bien quilz ne leur estoi/
ent pas feaulx/sp ne sy fia plus eɳ
grant chose ¶ Item vng vaillãt
hõme nõme Certoriꝰ conduiseur
de grant ost vint en espaigne au/
quel lieu eut a passer vne riuiere/
et cõme ses ennemps les suiuisset
de moult pres/affiɳ de seur courir
sus au destroit du passage ꝫc ad
uisa adonc de vne cautelle/il sar/
resta sur le riuaige et fist soɳ legie
en maniere deɳng demy circle as/
sez loing de la riuiere q̃ tout estoit
fait de ramisse et de bops ꝫ y fist
bouter le feu et endementiere quil
ardoit passa soɳ ost seuremet oul
tre le gre de ses ennemys qui ne se
pouoient approcher sãs passer au
trauers du grant feu ¶ Item du
elius duc de vng grant ost rõmai
vue fois trop hardiement cestoit
embatu au port de sa cite de cira/
cuse soɳ enempe/auquel lieu pour
senclorre fut leuee la chapne/ ꝫ la
poppe qui est la partie de derriere
demoura deuers terre,et pups in
continent fist tirer toutes ses gẽs
a la poppe/et ainsp par le pesant

de sa poppe/la proue qui estoit se/
giere selleua/et ainsp par force de
rimes passa la nef par dessus la
chapne/ et par ce moyeɳ eschap/
pa de ce peril le bõ hõme duelius
¶ Item pericles qui fut duc de a
thenes fut vne fois par tresgrãt
force de gens de sa cite de polope/
nese qui se chassoient moult mer/
ueilleusement et de grant courai/
ge tant quil se bouta eɳ vng lieu
clor de tresmerueilleuses ꝫ haul/
tes montaignes ou ny auoit eɳ
tout le circuitu de senclor q̃ deup
pssues. Et quant il veit ce incon
tinent apres sans grant tardemẽt
il fist faire vng merueilleup
grãt et parfont fosse,ainsp que sil
le feist/affiɳ que ses faulp et des/
loyaup ennempe ne peussent par
quelque facoɳ ou maniere venir
a lui par cellup lieu. Et de lautre
part mena ses gens ainsp que se
par force voulsist tendre a pssir
Dont quant les faulp ennempe
veirent et apperceurent ce/pource
quilz ne cuidoient pas que par le
fosse seɳ peust ou deust aller se mif
rent tous a regarder icelle issue cõ
me a siege/mais pericles qui ma/
licieusement le faisoit fist tantost
mettre bons pons de bops que il
auoit pmãdezfait faire par dessuf

ta fosse/et par ce moyen franche-
ment sen saillit sauf: sans le sceu de
ses ennemys.

¶ Cy parle de la cité de voi-
aulx/de hanibal et de denis le
tirant.   iii.chapitre

AU temps des conquestes de
rôme aduint vne foys que
lost des rommains deut passer p
la forest latine pour aller sur la ci-
té de voyaulx. Et quant les ha-
bitans le sceurent ilz allerent en la
forest et sperent tous les grans ar
bres par ou passer deuoient tant
quilz ne tenoient que vng pou/ si
sembuscherent pres de illec en la
fueillie de la forest. Et quât ledit
ost fut dedens entre ceulx qui em-
buschez y estoient saillirent sus et
bouterent tous ces arbres spez sur
lost rômain. tant que la plus grât
partie en agrauenterent/ et par ce
furent dicelluy ost desiurez/ et pa-
reillement a autresfois este fait.

¶ Item hanibal prince et empe-
reur de cartage et auffriq auoit
de coustume mener oliphâs en ba
taille. Aduint vne fois que a pas-
ser eut vne grande riuiere sy ny a-
uoit voie pour faire entrer dedês
esditz oliphâs/ mais de telle cau

telle se aduisa Jl auoit en sa com-
paignie vng tressouuerainement
bon nageur qui de grât hardiesse
estoit. par icelluy fist naurer bles-
cher et mehaigner vng desditz oli
phans qui/ tous les auoit faitz me
ner sur la riue. Et quant la beste
eut bien arguee/ comme se ficha ha
stiuement en leaue apres luy pour
soy venger/ et pareillement si mis-
rent tous les autres/ et ainsy passe
rent ilz oultre. ¶ Item denis le ti
rât prïce de ciracuse en secile sceut
que ceulx de cartage deuoient ve
nir en cecile contre luy a tresgiant
ost et multitude de gens. Si fist
tresbien garnir les villes de gens
et aussy ses chasteaux et loings et
pres/ par ou passer deuoient et dô
na ordonnance que quant les en-
nemys pres seroient q iceulx lais-
sassent les chasteaux cômes e pa-
our eussent et sen feruissent a luy
a ciracuse/ laquelle chose faite les
cartaginois qui tout cuidoient a-
uoir gaignie saisirent les placces et
tresbiê les garnirent de leurs gês
et dautant fut amoindry leur ost
et creut ceulx de denis/ et cellui de
denis multiplia tant quil se veit
pareil aux ennemis. Si leur don
na bataille ou ilz furent vaincus
et ceulx des forteressez valcs p sai

Une fois les espagnolz se deu rent combatre cõtre Amul car/ ducteur dun ost cartaginois ou moult auoit grans gens ꝛ biẽ ordonnez. se aduiserẽt de telle cau telle pour rompre la bataille de le urs ennemys. Jlz prindrent plu sieurs beufz tirans a la charue et oindirent de foulkre et de poyx vng basto courue quilz portoiẽt soubz la queue et bien se couurirent des touppes temprees en huyle/ꝛ ice ulx beufz misrent au frõt de la ba taille quant assembler deurent et le feu boute soubz la queue chasse rent les beufs deuers leurs enne mis/si allerent fuiant tellement quilz rompirẽt toutes les batail les/pour laquelle chose amulcar fut desconfit. ¶ Jtem alixan dre prince de pirre auoit guerre contre vne maniere de gens que on disoit psiriens qui portoiẽt ha bitz differens des autres. Si prit ledit alixandre de ses gens vne grant quantite et leur bailla ha bis de hiliriens/quil auoit euz de ceulx qui autresfoys auoient este prins es batailles/et ainsy vestus

leur commanda quant les psiriẽs seroient pres si que veoir les peus sent quilz se meissẽt a bouter le feu en leurs mesmes bledz ainsi que silz fussent bien embesoingnez de tout gastez De laquelle chose ad uint que ledit commandement a comply/ses ennemys qui veirent se cuiderẽt q ce fust de leurs gẽs et suiuirent ceulx la qui alloient deuant eulx tout gastant/ iusqz a tant quilz furẽt en vng destroit auquel alixandre auoit mys son embusche/et la furent les psiriens tous mors et prins. ¶ Jtem pare illement fist leptenes prince de si racuse/a ceulx de cartaige qui sur luy venus estoiẽt en bataille/car il fist de ses gens mesmes en ses p pres villes et chasteaux bouter le feu par quoy les cartaginois qui cuiderent que ce fussẽt leurs gens qui alloient gastant/voulurent venir celle part pour eulx aider/ mais leptenes auoit fait embus cher par ou passer deuoiẽt qui to9 les occirẽt ¶ Jtem hanibal de car tage dont parle ay cy dessus/le sa ge guerroieur se deult vne foys cõ batre cõtre ceulx dauffricque qui sestoient rebelles si sauoit bien q iceulx affricans estoient moult gloup apres le vin/ si en fist pren

bre grant cantite et messer dedens
de la mandegloire qui enpure ⁊ en
dort et apres ce fist ordonner vne
petite bataille de la quelle coman
da a ses gés quilz sen fupssét ainsi
que par paour de leurs ennemis
et quant ses autres vindret pres
deulz a la mynuit q̃ tout cuidoiét
auoir gaignie hanibal faindi que
actredre ne les osoit ⁊ quil sen fuie
roit ⁊ laissa só logis garny de tous
biens et de ce bon vin quil auoit
ainsi fait ordonner et mixctionner
dót au matin tout pilleret a grát
ioye et cóme gens qui la estoiét af
famez mengerent gloutement et
burent de ces vins mixctionnez ⁊
mal appareillies pour eulz. Car
tous en furét apesantis endormis
et enpurez dót ilz gisoient comme
mors sans nul sens ne entédemét
si retourna hanibal quant aduert
ty en fut par ses espies et tous les
mist a lespee. Item ceulz qui se có
batoiét cótre vne maniere de gés
que on nómoit heritees prindrent
les espies et leur firent recongnoi
stre leur cóuine si prindrent leurs
robes et en vestirent de leur gens
qui estoient quasi de leur grádeur
et les firent aller sur vne montai
gne ou on les pouoit choisir ⁊ elost
et pour ce q̃ ses dix ennemis auoiét

aux espics commáde que se loy ce
quilz trouueroient leur feissent si
gnes leurs faisoient signe quilz ve
nissent plus auant et ainsi le firét
pour ce quilz cuidoient que ce fus
sent leurs espies tant que embatu
se furent es embusches de leurs en
nemis ou ilz furent tous mors et
detrenchez a deul et aßasquie.

¶Cy deuise de menole de stipi
on de certonis de hanibal. Et
puis apres du fort lautalus.
v.chapitre.

Menole roy des rodz estoit a
ost cótre ses énemis si auoit
plus de gens et de meilleurs ache
ual que ses aduersaires lesquelz se
tenoient es montaignes affin que
menole ne les peust cóbatre si ad
uisa de telle cautelle pour ses faire
descendre. Il print vng de ses che
ualliers preup ⁊ hardie ⁊ liu char
ga quil se maintenist cóme fuitif
de lost et cóme mal content de lui
et de sa paye se tournast de lautre
partie. Et il ainsi le fist et auec les
autes maulz q̃l dist de menole leur
fist acroire que par sa mauuaise or
donnéce auoit moult grát discen
cion en lost et que pour celle cause
sen deppartoient plusieurs. Et af

fin quilz creuffét mieulp cefte cho
fe menofe fift deptir mouft de fes
gens, fi que ceulp des mótaignes
les Deiffent en aller/mais mettre
les faifoit en çz la en embuffches.
pat cefte decepuance defcendirét
ilz des montaignes quant loft de
irent fi petif que bié en cuiderent
Denir achief/mais tantoft furent
aduitonnez de toutes pars çz en
clos de ceulp de cheual qui tous
les occirent ¶Jtem quant fcipió
deut aller a grant armee fur les ef
pagnotz et auffricquains/le roy
ciphas lui énuoya meffages difás
grans menaffes parolles de grát
efpouentement/tant de fa durete
du pays/comme des gés çz de leur
force et quantite/de faquelle ne fe
fraioit riens le Daillant fcipion/
mais affin que entre fes gens les
ambaffadeurs neftendiffent cefte
chofe fi que efpouentez en fuffent
les renuoya tátoft çz fift femer pat
tout fon oft que cefluy roy cóme a
amy luy auoit mande que tantoft
y allaft fans longuement feiour
ner.¶Jtem Certorius Dne fois
fe combatoit en Dne bataille en la
quelle on luy Dint dire que fon có
neftable eftoit mort/mais pareil
lement affin q̃ fes gens ne fe fceuf
fent et que de ce ne fuffent efpoué/

tez. Jl occift le meffage qui luy a
uoit dit/de Dne lance quil tenoit.
¶Jtem au temps que hanibal
defcendit en ptalie pour combatre
les rommains iii. mifle charpen
tiers quil tenoit fen fuirét en Dne
nupt/et quant il lefceut/adonc af
fin que fes gens nen fuffent efba
his Jl fift courir Dne Doip quilz
fen eftoient par fon cómandemét
aliez/çz affin de mieulp trouuer ce
fte parolle Deritable Jl en rénoia
encore de ceulz taillez de pou fai
re et mal armez ¶Jtem Dne fois
que lenfalus auoit affemble grát
oft pour combatre fes ennemys a
uoit pims et acompaigne Dne co
herte de macedonnes pour luy ai
der. Dne coherte font Di.cés lp Di
hómes/mais quant il fe cuida ai
der deulz/ilz fauiferent tout acop
et de loft fe partirent pour eulp al
ler mettre a lautre partie/çz quát
lautalus qui affez de touré dar
mes fcauoit Deit ce il ne fut pas ef
Bähy. Aine fceut bien prendre pat
leur mefme barat/et auffy affin q̃
fon oft ne fefpouétaft deftre de tát
de gens amoindrp/fift courir Dne
Doip qui les enuoioit tout de fait
apenfe deuant pour affembler pre
mier aup ennemis/çz pour mieulp
donner foy a cefte chofe partit tan

tost et les suiuy par quoy aduint
en effect ce pour quoy il se faisoit/
car les enemys qui veirent venir
les macedonnois cuiderent veri-
tablement quilz venissent con-
tre pour auoir la premiere batail-
se: tournerent incontinent vers
eulx (et) fort prindrent a lancer et a
courir sus/si fut force aux macedõ
nois voulsissent ou non. Et tau-
talus atout ses ciens fut dautre
part qui enuayt ses ennemys/(et) p
celle voie furent a luy ses macedo
nois voulsissent ou non

¶ Cy deuise des rommains de
fuluius nobilius/de pemma
das/de fabius maximus Et
de scipion le secõd affriquãt
de certorius et de pemmadal
vi.chapitre.

Au temps que les rommais
estoient en discencion les
vngs contre les autres.(et) que la
guerre durant cõme plusieurs na
tions depuis ce temps de leur p(ro)
sperite.eurent grant enuye contre
eulx/silz veoient leur bel demon-
strer.Sembla par especial a ceulx
de dace que temps estoit adonc de
leur courir sus. Et comme de ce ia
par plusieurs foys eussent admõ

neste seur duc Acariose qui pas ne
estoit daccord à la parfin pource
que trop sempressoient pour leur
donner congnoissance par cest exe
ple fist admener deuant soy sur la
place deuant le palais plusieurs
chiens et harer les vnges contre
ses autres tãt que fort se prindrẽt
a entrecõbatre/mais au plus fort
de la bataille/lors quil sembloit q
tant fussent affelonnis que riens
ne les peust departir.Il fist saillir
emprès eulx vng loup duquel il
sestoit pourueu. et si tost que les
chiens se veirent laisserent la ba-
taille dentre eulx/et tous dun ac-
cord coururent sus au loup/(et) par
cest exemple monstra le duc aux
siens que quelque chose que ceulx
dune nation eussent entre eulx ne
se laissent iamais fouler par nulz
estrangiers qui se ambatẽt. Ains
feroient adonc accord pour faire
grief a leur ennemy ¶ Item ful-
uius nobilius duc et capitaine de
vng ost rommain se trouua vne
fois si pres prins de ceulx de cha-
mois/que necessite et force lui esto
it de attendre la bataille/de laqlle
chose pource quil sauoit bien que
ses gens sen espouentoient moult
pource que plus estoient ses gens
en petite quantite que leurs enne

mpe/se aduisa pour leur oster œl
le paour de telle cautelle. Jl dist a
ses gens et par tout son ost le fist
publier quil auoit corrumpu par
argent vne legion de samites/la
qlle se tourneroit deuers luy quat
la bataille seroit commencee. Et
pour mieulp faire entendre celle
chose. Jl emprunta/a ses gés tout
sor et tout largent quilz pouoient
auoir aisi q ce fust pour paier ladi
cte legion de samites. Vne legion
de gens est en nombre vi. mille.
vi. cens et lv vi. hommes. Si ad
uint que par la fiance de ce rōmai
eurent si grant hardement quilz
en enuayrent baudement leurs
ennemys/ quilz trouuerent assez
despoirueuz pource que si pou les
cragnoient veu que si pou de gés
estoient enuers eulp/ si les vain
quirent. ¶ Jtem paminades se
vaillant duc de tebes se debuoit
vne fois combatre cōtre ceulp de
lacedemonne/si se aduisa de telle
cautelle pour croistre a ses gé seur
force hardement et couraige. To9
les fist venir deuāt soy et leur dist
haultement en audience/quil se
vouloit aduiser de ce qui luy esta
it venu pour verite a congnoissā
ce/cestoit que les lacedemoniens a
uoient ordōnne affermeemēt que

si auoient la victoire ilz occiroiēt
tous les hommes et femmes de te
bes/la cite destruiroient/et les pe
tis enfans mis en seruage perpe/
tuel. pour ceste anonciation ceulp
de thebes meus de grāt ire se com/
batirent comme forsenez et vain/
qrent les lacedemoniens qui trop
plus estoient de gens que eulp
¶ Jtem fabius maximus se deut
combatre contre ses ennemis si e/
stoit son ost moult efforce et fortif/
fie de palis et de fort logie pour ce
doubta que ses gens se combatis/
sent moins aigrement pour la fiā
ce des lieup ou ilz auoient leur re
traicte et reffuge/et pour ce les fist
ardoir aincois quilz se combatis/
sent. ¶ Jtem quiant scipion le se
cond affriquant mena son ost en
auffrique. Aduit que quāt il deut
issir de la nef il cheut a terre/tan
tost il regarda ses gés et veit que
a mauuais signe se preuoiēt. Et q
ia en estoient ainsy que desconfor
tez. Adōt le sage guerroieur se ad/
uisa de sage parolle pour rendre a
ses gens seurete de leur doubte.
Jl se printa rire en disant. Baude/
ment. O loue en soit dieu cest icy
bon signe desia suis ie saisi de la ter
re dauffricque elle est nostre sans
quelque faulte/ς aisy par telle pa

rolle tourna la malle esperance de
ses gens en bonne/laquelle eppo?
sition cauteleuse vint apẽ selõ bõ
desir ¶ Item comme certoriue se
deult vne foie combatre apparut
en son ost vng merueilleup signe
car les escus des gens de cheual/z
ses poictrines des cheuaulp deul
drent soudainement tous ensan/
glantez. Laquelle chose leur sut
giant espouentement/mais de ce?
ste chose les asseura leur vaillant
duc/disant a chiere ioieuse que ce?
stoit tresbon signe et que par ce de
uoient entendre quilz auroient la
victoire/car cestoient les parties
qui souuẽt sont ensanglantees du
sãg de seurs ẽnemis ¶ Item dere
chiesse deult combatre peminabes
a ceulp de lacedemonne/z sicom)
me le cas aduenist daucune disa/
tiõ on lup apporta sa chaiere pour
sop seoir vng petit en aclendant/
mais par cas dauenture ceste cha
yere tomba soubz lup/dõt ses gẽs
moult sesbahirent et se prindient
a male signifiance. Adont le sage
duc qui lapperceut se leua viste?
ment et dist a chiere hardie. ¶ Or
sus sus tost mes cheualiers/les
vieup nous deffendẽt se seoir/car
par ce signe nous ont admonne?
ste de aller tost ala bataille ¶ Car

nostre en sera la victoire

¶ La seconde partie du liure
de frontin parle des lacede/
moniens/de iulius cesar/de
papirius cursoz et de pompee
vii.chapitre:

Au temps que les lacedemo
niens auoient guerre contre
ceulp de la cite de mezine. Jlz sceu
rent vne fops que les meziniens
estoient de si giant ire meuz con/
tre eulp quilz deuoient mener a la
bataille leurs femmes contre eup
et seurs enfans pour auoir meil/
seur couraige de vaincre/ou pour
tous ẽsemble mourir/pour laqlle
chose se retrairent z differerent la
bataille ¶ Jtẽ iulius cesar auoit
vne fois mene ses ennemps que
eulp partant mouroient de soif p
quoy estoient en desesperance de
leur vie/z cõme tous forsenez ps?
sirent pour eulp combatre a lup/
mais il ne voulut a celle heure et
retint ses gens/car il ne lup sem/
bla pas bon de combatre au tẽps
queire et desesperance gouuernoi
ent ses ennemps ¶ Jtẽ comme
papirius cursoz se deut combatre
contre les samites/ et il sceut par
ses espies que plus de gens estoiẽt

par quoy ses siens doubtoient las
sembler/tantost il print de ses gês
en q plus se fioit/ celeement leur
comanda a prêdre grât quâtite de
ramille des boys la trainnaffêt
apres eulp pour esmouuoir la poul
dre/ venissent le péndant dune
montaigne en faisant le plus grât
tumulte quilz pourroient/laqlle
chose faite si tost que papirius les
 eit il sescria hault auecques plu
sieurs tant que ses gens et ses en
nemps soyrêt que cestoit son com
paignon darmes quil auoit lais
se en ambusche qui auoit descon
fit vne partie de ses enemys qlz
feissent tant que son compaignon
neust pas la gloire de la victoire
sans eulp. Si aduint de ce côme
il pensoit/car les siens en furent en
hardie/ et perdirent paour/ et les
samites qui pour la grant poul
drière cuidrent que ce fust plus
fauourable a ses ennemys que a
luy et que moult grant secours et
aide leur fist Item aduint vne
foys que pompee requist aup ha
bitans dune cite/aincois que onc
ques signe feist de les vouloir
prendre quilz vouzissent garder
plusieurs malades, qui ne pouoi
ent suiuir son ost iusques a son re
tour pour eulp aiser et guerir/et

que or argent et biens assez porte
roiêt auec eulp pour guerdonner
les biens qui a eulp stroient faitz.
Et quant pompee eut ceste chose
octroyee a sa voulente/il fist met
tre en littieres de ses meilleurs et
plus hardis lpes bendez ainsy se
griefment fussent malades/ en
males et fardeaup firent porter
leurs harnoys comme se robes ou
grant auoir fust. pour laquelle
chose quant iceulp veirent leur
plus bel armerêt en leurs hostelz
coiement/ puis a certaine heure
determinee saillirent sus/et firent
tant quilz subiuguerent tous les
cytoiens.

Cy parle de alixandre le
grant/de cesar augustus et de
crates duc dathenes viii c.

Quant alipandre le grant eut
subiuge la tierce partie dai
se pource quil doubta que apres sô
departement ilz ne rebellassent il
mena auec lui/ainsi que sil le fist
pour les honnorer tous les roys
princes du pays ceulp qui luy se
bloiêt estre plus dolês destre vaî
cus et subiuguez/ au peuple qui
demoura ordonna capitaines po

de tant viennent de plus hault/
de tant plus blescent/ausquelles
choses se grant vertu y est adiou-
stee nulle garentise ne peut deffen
dre les combateurs de ce attains
que fouldre ne les crauentet. pre-
mierement peuent ceulx de dedens
estre secourus par leur seigneur
sil nest en la place/seql a tresgrat
force de gens darmes pourra ve-
nir lever le siege/(et leur venir don
ner secours/ou par aide daucuns
de leurs amps ausquelz mande et
requis lauront.(Quaut le duc
Pantalus capitaine dost romanie
estoit a ost contre le roy mitrida-
tes/il manda a ses gens lesquelz
estoient en la cite de Mitleme qui
si forte estoit que la mer y battoit
dune part et deux paires de murs
la sulronnoient/quilz ne se esmay
assent pour la grant aliance (et pu
issance du roy mitridates/(et que
tost secours auroient/(et fut grant
chose au message passer par tant
de gens et y aller/mais ce fut par
nuyt a nager ou il mist deux gros
ses bouteilles soubz ses aisselles/
(et naga vi.mille pas de mer/(et par
celle voye entra en la cite/(et tan-
tost apres fut le roy mitridates co
tresiege/ou a tresgrant meschief
fut son ost par faulte de viures q

nir ne luy pouoient. Eulx mes-
mes ou partie deulx se assez fors
se sentent peuent assaillir les aul-
tres despourueux se leur point vo
ient/(et ainsy les assaillir come ilz
sont assailliz/car par celle manie-
re et voye a este plusieurs foys af
sailli et vaincu. Et est chose tres-
fort necessaire que toutes gens qui
en bataille vont pour la deffence
du pais et cite/aient bonne espera
ce enuers dieu dauoir la victoire
pour le bon droit quilz ont autre-
ment ilz ne pourroient hardie-
ment ne vaillamment combatre/
et que ceste esperance doibuent a-
uoir est apparu trop de foys par
leffect qui en aduenoit que dieu e
fauourable a telz combateurs/si
come mesmemet sembla quil fust
a la cite de romme/lors que entre
les aultres foys vng nomme ha-
nibal venu auecque merueilleux
(et grant ost deuant la cite pour la
destruire/ mais comme les rom-
mains feussent yssus contre luy
par grant et merueilleux harde-
ment pose quilz feussent le tiers
moins de gens. Nostreseigneur q
ne voulut la ville ou il vouloit
le temps aduenir ediffier son egli
se estre destruite/enuoya vne si tres
grosse et merueilleuse pluye droit

a feure que affembler vouloient
que tant furêt chargez leurs har/
noys beaue que aider ne fe peurêt
ce a force ces conuint retraire/et p
troys foys enfuiuant ainfy leur
en aduint comme fe droit miracle
fuft. Hanibal dift que pas ne leu
foit prêdre guerre aux dieux/ car
bien droit quilz eftoient faueura
bles a romme.

¶ Item par paix et conuenan/
ces qui fe peuêt faire et que on fait
fouuent aduient aucunesfoie que
ceft plus le proffit de ceulz de de/
dens que de ceulx de dehors/mais
fe a toutes fins les conuient la de
dens deffêdre par vertu de leurs
corps fans autre remede/bon cou
raige leur eft befoing. A lexemple
des cartaginois lefquelz ainc que
rendre vouffiffent leur cite aux
rommains pour deftruire mieulz
aimerent mourir/lors que en pa/
rolles les tindrent lefditz cartagi
nois que forge euffent armeurcs
dor/dargent/de cuiure/ê de plufi
eurs autres metaulz pource que
fer et acier leurs eftoient faillie/
ê auecques icelles fe deffendirent
iufques a la mort ¶ Sy conuiêt
que telz gens faident dengins feu
et pierres par trefgrant force/Il
eft de neceffite que ilz aient appa/

reille pos huiffe et fouffre eftoup
pes a grans touppilons que fou/
uent traient aux engins de leurs
aduerfaires et ennemys tant que
en quelque maniere ou façô le feu
y boutent/ê peut on bien trouuer
la maniere et habillite de faire ba
ftons de fec boys cauez dedens et
plaine de feu conuient et auoir e/
ftouppes ê tirer aufditz engins fe
mieulz quon peuft. Et femblable
ment les peut on bien deftruire
par vng engin duquel on gecte
vne fonde laquelle fonde eft de
fer a aneaulz/et empres fe deffuf/
dit engin foit vne forge laquelle
ait vng grant fer bien rouge et bi
en embrafe fi foit incontinent ce
fer iecte en lengin de dehors quel
quil foit/et contre ce fer ne peut a
uoir deffence cuir cru ne mefme/
ment platines de fer.

¶ Item on peut p nuyt auallier
certains hommes en corbeilles a
tout bô feu tout alumant fi le fi/
chent en engins.

¶ Item on a veu plufieurs fois
faillir hors ceulz de dedens et de/
ftruire par fer et par feu leurs en/
nemis. Auec ces chofes dit q ceulz
de dedês do uêt aduifer que de la
partie ou ceft engin appelle tour
eft affis /et foit de nuyt fuhauffe

Ly deuise de amulcar duc de cartage de haymo lempereur dauffricque, de hanibal et de valesius ᵡᶜ cha.

Amulcar duc de cartage sa/
uoit bien que les rommains
auoient acoustume de receuoir be
nignement leurs ennemis quant
ilz se tournoient de leur partie/ et
que en grant honneur les tenoiēt
ꝗ par especial les saulaiers de
gaule. Et pource affin de les prē/
dre par telle cautelle ordonna vne
grant quātite de ceulx quil auoit
en son ost plus feaulx a luy/ꝗ les
fist aller vers lost des rommains
ainsi que se rebelles fussent cōtre
luy et tournez vers ses rommais
Si sen ensuiuyt que quant iceulx
veirent leur bel occirent les rom/
mais si salut au duc doublemēt
ceste cautelle. cestassauoir en tant
que ses ennemys occis en furent ꝗ
que plus noserent receuoir ceulx
qui de luy se vouloient partir

¶ Item haymo empereur de car
tage auoit vng tresgrant ost en ce
cille contre les rōmains. Si sceut
certainement que entre les autres
auoit en sa compaignie bien, qua
tre mille gaulz qui determine a/
uoient deulx en aller vers les rō/

mains pour estre de leur partie/
pource quilz nestoiēt pas bien pa
ies/ haymo qui ne les osoit pugnir
pour paour de rebelliō y pourueit
par telle cautelle. Il appella a soy
les capitaies diceulx gaulz ꝗ par
la bel a eulx, et promesse leur fist
que dedens certain iour quil des/
clara leur feroit satiffacion, mais
le iour deuant la promesse escheue
laquelle ne vouloit ne pouoit acō
plir par quoy bien sauoit quilz sen
partiroient enuoya deuers le duc
de lost des rōmains vng feal che
ualier cōme fuitif de son ost, et re/
belle qui luy dist quil se gardast
bien ꝗ que en la nuyt prochaie ve
nante, quatre mille gaulz se deuo
ient ferir en son ost, dont le duc rō
mai, soy doubtāt du peril, qui en
pouoit aduenir mist en agaicteᵣ
le nnpt la plus giāt partie, ses gē
lesquelz coururent sus aux gauᵖ
quant venir les veirent/ ꝗ ainsᵖ
en aduint biē a haymo/ car les rō
mains y perdirent moult de leurs
gens ꝗ si fut venge des gaulz qui
lauoient rele qui/ car tous y furent
a duel piteusement mors et detrā
chez. ¶ Item par semblable ma
niere se venga hanibal de plusie
urs saulaiers quil sceut que par
nuyt sessoient emblez et departis

de son ost pour aller aux rōmains
car il fist publier par tout son ost
que nul ne tenist pour fuitifz ne
mauuais les vaillans cheualiers
qui sestoient departis de son ost/
car cestoit par son congie et ordon
nance affin quilz sceussent le con
seil et conuiue de leurs ennemys
et pour certaines choses quil leur
auoit commis Et se fist hanibal
pource quil scauoit bien quil y a
uoit en son ost des espies rōmains
qui tantost dire leur iroient. Et ce
firent ilz par quoy les rommains
prindrent les cheualiers fuitifz de
lost de hanibal et leur copperent
les mains et aussy les renuoierēt

¶ Item Valesius capitaine de
gens rōmains tenoit la cite de ta
rente enuoya message a hisdru=
bal qui assegez les tenoit/quil lui
rendroit la cite/mais que sain et
sauf len laissast aller. Tādis que
cestuy parlement duroit/parleql
hisdrubal se tenoit aucques tout
asseure et mal se gaictoit Valesius
q̄ son aduantage veit saillit hors
auec tout son effort si sagement q̄
ses ennemys desconfist et occist his
drubal. Quel chose vous diroye
ge plus des astrategenies de frō
tin assez de beaulx en y a loinge se
roient a reciter/mais a tant suffi=

se exceptē aucūs beaulx notables
ad ce propos comprins en son iiii.
liure cy apres comme vous orrez

¶ Frontin en sō quart liure
parle de cesar/ de domicius/
de emilius. de scipion laffri
quant/de valus et de scipion
xi.chapitre.

Cesar disoit que on deuuoit
contre son ennemy vser de
conseil que les medicins donnent
contre maladie/cestassauoir vser
de sobriete et de sain auant que de
fer ¶ Item domicius corbulo/di
soit que on deuuoit aincois greuer
son ennemy de toutes manieres de
cautelles darmes que on y emplo
yast son corps ¶ Itē emilius pau
lus dist q̄l appartenoit a tout bon
capitaine dost estre vieil de bōnes
meurs et de sens ¶ Item scipion
laffricquant respondit a vng qui
lui reprochoit de ce quil faisoit pou
de sa main en bataille. Ma mere
dist il menfanta empereur et nō
pas cōbateur qui estoit a dire quil
deuuoit suffrir a prince ou capitai
ne dost bien ordonner les siens sas
exposer q̄ quelq̄ facon ou maniere

son corps a ferir. ¶ Item gayus
mapimus respondit a vng asse/
mant qui lappelloit de combatre
corps a corps Sil mennoiast dist
il de viure pieca eusse trouue ma/
niere destre occis. ¶ Item scipio
disoit que on ne debuoit pas seule
ment donner voye a son ennemy de
fuyr/mais aider a la faire et trou
uer. Au propos de ses choses com
me il me semble peut bien seruir ce
q disoit le sage roy de france Char
les quint de ce nom/quant on luy
disoit que grant estoit la honte de
recouurer ses forteresses par peccu
ne que les anglois a tort tenoient
Come il eust puissance assez pour
les rauoir par force. Il me semble
disoit il que ce que on peult auoir
par deniers ne doit pas estre ache
te ne venge par sang dommes.

¶ Au liure de valere est con-
tenu de hanibal/de vng roy
de grece/de vng autre en sem
blablecas/des romains qui
eurent a faire de saudoyers.
xii. chapitre.

¶ Valere parle en son vii. liure
a ce propos et dit que ha-

nibal dot ple auos cy dessus hap/
oit moult le treuaillant duc/fabi
us mapimus/pource que moult
vigoureusement lui cotrestoit en
bataille/e assez de griefz luy auo
it faitz/mais hanibal ne luy sa
uoit comme par force nupre. pour
ce se voulut de telle cautelle adui
ser. Il gasta toutes les manoirs et
champs denuiron comme excepte
ceulx du vaillant cheualier fabi9
mapimus ou il ne toucha ne mes-
fist/affin quil donnast soupecon
entreeulz daucune aliance ou tra
ctie/par quoy comme il veit que
pou lui vauisist ceste cautele vou
lut plus fort faire/car il escripuit
lettres et secretement les enuoya
a rome adressantes audit fabius
lesquelles paroient et diuisoient
comme sil y eust entre eulx certai/
ne conuenace quil deust cometre
traison contre ses rommains. Et
tellement ordona laffaire que au
senat de rome vindret entremais
Mais iceulx congnoissans la tres
bonne loyaute de fabius et la ma
lice de hanibal ney firent force
¶ Item vng roy de grece portoit
trop grande et merueilleuse en-
uie contre ceulx du pays romain
¶ Pour laquelle cause sans quel
qautre occasion merueilleusemet

lcs ḥeoit/et se neuft este la doubte
de seur giant puissance voulen=
tiers les gieuast/si ny sceut trou=
uer autre voye que par cautelle et
fausse simulation/dont il faindit
que moult chierement les aimoit
et par plusieurs fois tres de mout
giant amistie leur escriuit/en fin
leur manda que fort desiroit a ve=
oir sa cite de rōme et la noble ordō
nance qui y estoit/et lui venu a rō
me/cōme cestuy que on reputoit
pour amy y fut grandement receu
mais tant plus y veoit de felicite
et de tāt plus croissoit la douceur
de lenuicuse pointure quil tenoit
en luy tappie et couuerte/dont il
sourdit tel effect:ains quil partist
de la cite et tant fist par son mali=
ce quil mist tresgiant discord ētre
les barons/et par ce luy sembla q̄
mieux ne pouoit nuyre a la cite.

¶ Item par semblable cas ung
autre ḥayneux de rōme quant il
eut basti cedicion et contens entre
les princes rommains tant que en
bataille se misrent les unges con=
tre les autres.enuopa secours de
ses gens a la partie plus forte non
pas pour aider a nul/ mais affin
que tant plus y eust deulx giande
destruction a leur dommaige.

Item les rommains aiās as=
faite de secours pilndrent sauldo=
iers estranges/mais quant vint
a lassembler de la bataille sembla
a iceulx sauldoiers q̄ les rōmains
en deuoient auoir du pite/et pour/
ce se departirēt de lost et allerēt au
coste dile mōtagne por eulx mettre
auec les plus fors quant la descō
fiture verroient/mais ad ce pour=
ueit sagement le sage capitaine rō
main qui veit que ses gens sen es=
p.uentoient/car il alla par tous
les rencs.disant que icelle partie
estoit de son psentement pour cou
rir sus aux ennemps par derriere
quant assemblez seroient/et par ce
asseura toutes ses gens et si en eut
la victoire ¶ Item sen departirēt
une autrefois sauldoiers de lost
des rōmains pour eulx aller met=
tre auec laduerse partie/mais le sa
ge capitaine y pourueit sagement
Car il les suiuit auecques tout
sō ost en belle ordōnance par quoy
les ennemps quant ilz veitētlses
premiers cuiderent deulx receuoir
la premiere enuaye/si leur couru=
rent sus et furentles premiers oc
cis/mais aincops en occirent asso
lerent et detrencherent plusieurs
et par ce furent ilz en apde des rō
mains quelques bons corps quilz
eussent malgie eulx

¶ Cy sensuit aucunes cau／
telles des rommains assegez
de rommains en ost／de quin
tus metellus／de vng roy de
cecille et de hanibal. xiiij.c.

A v temps que rôme fut prin
se les gaulx assiegerent le ca
pitole qui estoit forteresse côme im
prenable si nô par famine／⁊ pour
ce les cuidoient ilz affamer／mais
les rommaîs subtilz en tous faitz
de guerre pour oster a leurs enne
mis ceste esperance／prindrent de
telz viures quilz auoiêt ⁊ en firêt
reliefz des oz du menu pain／⁊ dau
tres telles choses et les iectoiêt de
hors aux indigês／par quoy quât
les gaulx veirent ce moult sage
ment sen esmerueillerent／cuidâs
que de viures fussent moult bien
garniz／⁊ pource eurent voulête
de faire paix. ¶ Item quant ha
nibal et hisdrubal princes cartagi
noîs estoient en italie les rômaîs
y enuoierent deux ducz côduiseurs
de deux grâs ostz qui si sagement
si maintindrent que les deux ostz
cartaginois ne peurent assembler
ensemble／car silz eussent assemble
tout eussent gaste／mais ilz firent
tant que les deux cartaginois fu
rêt du tout destruiz. ¶ Item qui

tus metellus estant en ost en espa
gne ne pouoit par force aduenir a
vne cite ou il tendoit. Il se partit
et cômenca a pourmener son ost p
assez lôg temps de lieu en lautre
tant que les siens mesmes sen es
merueilloient et ses ennemis sen
truffoient et a sol se tencient Si
alla tant ainsy faisant que en sa st
veit son point／lors que tous en
nupez estoient destre sur leur gar
de si les print despourueuz ¶ Itê
vng roy de cecile fut assailli par
les cartaginoîs／mais quant il ve
it que tout son pays luy auoiêt oc
cuppe et q remede ny pouoit met
tre／il se partit a tant de gens com
me il peut assembler et sen alla en
auffricque／⁊ pareillement com
mêca a tout mettre en feu et en flâ
be Et pource furent iceulx tous
ioyeux de faire paix a lui ⁊ rendre
les dômaiges ¶ Item quant ha
nibal se deut combatre contre les
rommains en la bataille de caues
qui tant leur fut dommageuse. Il
se aduisa de trois cautelles／lune
quil print premier place／lautre ql
aduisa dauoir le vêt et le soleil au
doz／car la iournee estoit chaulde
⁊ grâde estoit la pouldiere Apres
ordôna q̃ la bataille pmencee vne
ptie de gês ql auoit feisset côe silz

fen fuyffent par vng deftour ou il
auoit comife vne embufche pour
courir fus aux romains qui fuiuo
ient les fuitifz. Tierceme̅t ordon-
na que.iiii.cens hommes darmes
fe̅blaßement deuers les romains
fen fuyffent comme doubteux et
paoureux de fa bataille et a eulz
fe rediffent Cefte ordonne̅ce mife
a effecte et la bataille co̅mencee fu
rent les romains deftourbez par
le foleil et la pouldre q̃ leur tolloit
fa veue auffi par fembufche qui
leur courrut fus ou mo̅lt e̅ y eut
doccis et mal menez et apres par
ceulz qui a eulz fe ftoie̅t re̅duz les
quelz furent felon la couftue̅ de
adont tous defarmez et mis der-
riere la bataille mais ilz auoient
couuerteme̅t fur leurs petis pour
poins comme rafoirs defquelz cop
poient les guerrez aux romains
qui fe combatoient et ainfi dit va
fere que par la malice dauffricque
plus que par bataille fut vaincue
la force romaine. Item vne autre
fois pour rompre vne bataille fu
rent pr̃ns beufz auec ce courues
baftons mis foubz la queue enuo
lepez deftoupes mouillies en hui-
fe et le feu boute dedens chaffez
vers les ennemis tous les efpars
pillere̅t (ro̅pire̅t p̃ grãt vigueur

¶Cy co̅me̅ce aparler du fait
de combatre villes et chafte-
aux mais premiereme̅t par
le de les edifier .xiiii.cha-

Apres ce que deuife auo̅s fe-
lon les liures darmes et au
tres plus nouuelles co̅ftumes les
manieres bonnes a te̅nir en icelles
en fait de batailles arrengees en
champ et fais de cheualerie. Di-
rons enfuiua̅t felo̅ vegece et au
tres acteurs ainfi quilz fenfeigne̅t
des manieres propices a te̅nir tãt
en fait de combatre villes chafte-
aulx et forterefses co̅me afces deffe̅
dre fe̅blaßeme̅t et puis parleto̅s
des batailles qui fe font en mer ou
en fleuues diuerfeme̅t. Si deuife
lacteur premierement la maniere
comment pour plus grant feure-
te les ancie̅s batiffoie̅t en cloftures
de murs et de foffez leurs forteref-
fes et par la forme que fenfuit len-
feigne ainfi difant. cellui qui veut
ediffier forte place et durable doit
finguliereme̅t auoir regard a cinq
chofes. ¶ Item la premiere eft
quil doit auoir regard que le lieu
fil peut eftre foit hault. ¶ Ceft
affauoir fur aucun mont bie̅ affis
et en bon pays. Mais fe la difpo
ficion de tel terroy qui y a ny eft

propice aduise se aduironner pour
ta son edifice atout le moins de lu
ne de ses faces de mer ou daucun
fleuue portant nauire. Et sil ad/
uient que place ait tant conue/
nable q̃ mer puist auoir dune part
et de lautre le fleuue douch q̃ par
la ville voist courant/ cest chose
moult propice et de giant secours
se nauire peult porter ¶ Item la
seconde quil soit en bon air et saig
loigs de palus et de mareschages
¶ Item la iii. que le terroy du pa
is soit fertile et habondant de tou
tes choses necessaires a vie hu/
maine. ¶ Item la iiii. que montai
gne ne soit si prochaine que aucun
trait luy peust greuer ¶ Item la
v. que la cituatiõ du lieu soit frãc
et non pas en seruage/ ⁊ dist icel/
luy que les anciẽs bien aduisez ne
faisoiẽt pas les enchais des murs
de leurs citez ou forteresses tous
droitz cõme on fait maintenant/
car ilz disoient que ainsy faitz
estoient plus acre a receuoir les
coups des engins plus aussy di/
sposez a estre eschelez et pource les
faisoient par courbees et saillies
biẽ maconnees et fort serrez le piet
rez a bon bethupn ⁊ forte chaussee
et par creneaulx les compassoient
affin que par plus de lieux se peus

sent deffendre/ ou droit par subtili
te estoient assises fortes et deffen/
sables tours alenuiron/ et ce en/
seigne ledit acteur cõment murs
se peuent doublement fortiffier cõ
tre tous engins ¶ Cest assauoir
que entre deux paroitz de fort ma
connage soit faicte distance sicom
me de pp.piez et que la terre qui se
ra faicte et tracte tant des fonde/
mens lesquelz bien parfont doib/
uent estre faitz/comme des fossez
qui seront faitz autour/ soit mise
entre ces deux paroitz/sa soit ba/
tue et entassee a bons mailletz le
plus fort que on pourra et soit le
mur premier aualle pardessus se/
quel soit moult espez tant que al/
lees y soient faictes esquelles ait
pertuis et archiens a passer pier/
res traictes dengins de quennõs
et de tous traictz/⁊ en chascũe fa
ce y ait ppre place establie et mas
connee pour asseoir engins a trai
re dehors se besoing est/mãteaup
de barbazenne de bops soient ata
chez aulx creneaulx pour targer du
trait/⁊ faisoient les anciẽs met/
tre ⁊ atacher a bonnes cheuilles
et a cordes grandes clopes et lece
en temps de guerre par dehors les
murs qui brãdissoient/ et icelles
rompoient les coups des pierres

traictes des engins si que nupre
aup murs ne poupient/ou ilz fai
soient hourdis despines et de ra/
mille bien espessement et les sinto
ient de terre et de fiens contre ses
murs/ se pouoit garantir se mur
destre rompu des grosses pierres
Les portes qui estoient faictes de
gros boys faisoient couurir de la
mes de fer ou clouer de cuir sans
conteer: par dessus en teps de guer
re affin que feu ny peust estre bou
te/ y auoit vng pertuis fait au
mur ou une porte coulisse auoit
pendat a chaines et a anneaux de
fer/si que se ses ennemis la semba
toient y fussent surprins enclos
par celle porte sur eulp deualant
et autres pertuis y auoit par les/
quelz on leur pouoit lacer grosses
pierres eaue boulant cendree/ et
toutes choses de deffencee. Des
quelles choses de deffence au teps
present on vse assez ¶ Item fos
sez doibuent estre faitz de grat lar
gesse/ si parfons en cas que riuie
re ny court que par soubz terre ny
puist estre la forteresse minee se sur
roche mesmemet estoit assise/mais
de cest inconuenient bien gardoient
les anciens leurs forteresses/ car
a bon bethuin et bon ciment si fort
serroient leurs maconnages et par

especial les fondemes de leurs for
teresses que gardenauoiet destre
percees Si doibuent doncques es
stre les fossez de tel largeur et de
tel parfondeur estre tellemet que
par les ennemis ne puissent estre
remplis/ anciennement les faiso
ient maconer ainsy que vng droie
mur du coste de dehors si que per
sonne ny pense deualler/ auec ce
y atachoient bien drus crochez de
fer/ crampons ague que on dit
chaucetrappes tout cotreual qui
trop font dempeschement aup de
ualans/ lesquelles choses sauoir
ie crop que assez sont comunes et
semblablement plusieurs autres
clostures et garnisons de deffence
Pour laquelle chose il me semble
quil nest pas grat besoing den pl9
reciter comme tous duitz enseig
gnes en soient les maistres de telz
ouurages au temps present.

¶ Cy deuise les garnisons
qui appartiennent a villes
chasteaulx ou forteresses en
temps de guerre · · · xv.c.

DOu fault force de murail
le a chastel tat soit bie gar
ny de toutes choses de defece quat

f.i.

Biures y faillent/sil est assiege si
quil parut a la forte place de pier
rememin qui sept paires de murs
de marbre auoit assiz sur vne ro/
che a tout grosses toures a senuirõ
bien garnie de bonnes gens dar/
mes qui par long siege et famine
fut conquise/z pource que comu/
nement ennemys assiegez seffor/
cent deulx garder doit estre adui/
se que au batissement du mur se ri
uiere ny court sy habondante q ne
puisse estre tollue/que bõs puith
deaue doulce si parfons que eaue
y affluey soient faitz que les enne
mys tollir ne se puissent/car sans
ce tout ne vauldroit riens ledifice
z la ou leaue va dens par cõduiz
le lieu ne peult estre de grant force
pource que de legier on la peut tol
lir/et par ceste voye comme deaue
on ne se puist passer ses pourroit
on tantost vaincre. ¶ Item auec
ce se doibuet ceulx de dedens pour
ueoir si tost que on murmure de
guerre/z mesmement en tous teps
ceulx qui sont en frontiere/ble/fa
rine/bescuit/vin/vinaigre/ver/
ius/sel/huille/beure sale/pois sal
lez frõmaiges angloys z descoce
ce/pois/feues/orge/auoines/ oy/
seaulx qui se gardent/assez bois
cherbon buefz moutons/poisson
</br>
sale/aux oingnõs/poiure moline
abras et a vent/poulaille/espices
amandes et choses bonnes a ma
lades/pour cuisine/potz de terre/
et a mettre vin gobeleths de terre
escuelles de bois grandes et peti/
tes a foison/sieu chandelles/lan
ternes/faloz/tourteaux a y met/
tre/sitz/linge couuertoires/cuuel
les seaulx a puiser eaue/chaudie
res et grãdes cuues a mettre eaue
a grant foison aiz grossez et menu
es choies/cordes fil/aguille/z tou
tes telles choses ¶ Item il est as
sauoir que la ou sel faulx droit et q
vin seroit habundant toute chair
cuicte en vin/et mesmement sãs
sel se garde sans iamais corrũpre.
Et se iardinages y a dedens la clo
ture soient diligemment cultiuez a
uec ce si que dit est/doibt bien estre
prins garde que bien soient les p
uisions par iuste mesure et ppor/
cions dispensees/car on ne peult
sauoir combien de temps durera
le siege/ne quelle suruenue de gés
pourront auoir/ne qlle chose pour
ront auoir/et pource a toutes fis
doibuent en tous temps estre gar
nie/car souuerainement tant de
leur seurete comme de leur estat
peuent ilz et doibuet bien vouloir
q leurs ennemis le sachent/voire

que mesmement cuidassent quilz
fussent bien pourueue:posons q̃ ri
ens neu fust. Car par ce seroieut
plus tost meus de partir de la/sy
ne doibt pas estre mis en oubly q̃
de riens dōt leurs ēnemys se peu
sent aider soit laisse dehors Ains
soit tout retrait aux forteresses a
uant leur venue. Et plus vous
seroit de pffit dit Vegece y bouter
le feu se aucunement ne leur pou
iez follir que laisser/car tout ce q̃l
leur pourroit aider le nuyroit

¶ Si il aduenoit dist il q̃ viures
eussez a trop grant chierte/z̃q̃ eus
sies doubte que faillir peussent en
la fin du siege ou auant/les anci
ens et impotens hommes les fem
mes et enfans non habiles a deffē
re doibuent enuoier en autres vil
les chasteaulx ou citez/affin que
les viures puissent plus durer es
deffendeurs. ¶ Item pour garni
son de la deffence conuient canōs
et pouldre a foison et plusieurs pi
erres et tampons arbalestres vi
retons filtois/baudriers/fil q̃ on
dit de ners/arcs/flesches/cordes
darcs/pauais/lances/z̃ tous har
nois haches gouges z̃ mailletz de
plonc et pour les engis cuir blāc
z̃tane vne forge garnie fer et acier
charbon souffres et bacinez a pies

et la queue pour alumēr le feu aup
gens. ¶ Item pour contreminer
se besoing est instrumēs de fer fai
a maniere de piez de chieure. mar
teaux hotes/peses/souches/croce
de fer/eschelles /z̃ est bon dappre
ster contre les engins/affin de les
ardoir/bethupy/ciment/pos huil
le et estouppes a grant foison. fer
et acier pour rappareiller le har
nois aux hōmes darmes et le mai
stre pour ce faire fut a faire anses
saiettes dondaines et viretons se
le traity failloit/z̃ doit estre cueil
ly grant quantite de bōs chaloup
cornus pource que plus dures et
plus pesans sont que les autres/
et plus propices a getter a la fon
de ou a la main/si en doibt auoir
grāt garnisō sur les murs/et mes
mement les tresgrans vaisseaulx
tous plains de toutes manieres
de chailloup pour tout en vng
mont lancer aual se besoing est
pour trebuscher pierres de fais de
dessus les tours. ¶ Item a brief
dire tous engins propices et coue
nables a lancer dehors bombar
des et grosses pierres doiuēt estre
appareillees/et auec ce grosse gar
nison de la pouldre quil y conuiēt
z̃ aussy se doit on pourueoir de tō
neaux z̃ certais vaisseaulx plais

f.ii

de chaulz affin que se les ēnemys
approchoient si pres/ que on leur
ietast contreual si que au briser en
eussent les yeulz ⁊ la bouche tous
plains et que les plus hardis en
fussēt agrauentez ⁋ Item assiert
a telle garnison grant qnantite de
clopes/de tables et daiz cloup che
uilles de bois et de fer a grant foi
son pour faire entablemēs contre
les engins se besoing est qui pour
roient estre aliques aup murs
⁋ Item conuient estre garny de
chaulp sablon de pierres plates
pour faire cloisons et contremurs
se besoing est macons et charpen
tiers pource faire au mieulp selō
leur aduis ⁋ Item grant garni
son y affiert de cordes pour arcs
a main ⁊ arbalestres et de nerfs
pour les faire. Et sil aduenoit q̄
nerfz faillissent sont bons au be
soing pour faire cordes gringnes
de cheuaulp et mesmement che
ueup de fēmes y peuent seruir. Et
de ce dit Uegece se aiderent moult
bien les rommains quant uint a
leur grant besoiug/quāt hanibal
les menoit si mal que par force de
eulp deffendre cordes ⁊ nefz leur
furent faillis. Adonc les uaillās
dames de la cite dōt tousiours en
serōt loees qui beaulp longtz che

ueup auoient eurent plus chier e
stre enlaidies et desnuez de leurs
blons chiefz/et secourir a la cite
que ce que parces de leurs blondz
chiefz fussent prinses en chetiuete
⁊ seruage de leurs ēnemys/⁊ souf
frirent leurs cheueup degaster es
traieurs/et par ce fut romme ga
rantie. ⁋ Item doibuent aussy
estre garniz de foison de cornes de
bestes pour rapareiller leurs ar
balestres/ pareillement de cuirs
sans conteer pour couurir leurs
engins et autres edifices. Affin q̄
le feu nypuisse estre boute/⁊ aussi
conuient estre garny de tresbon
nes gēs darmes et de trait eppeis
et aprins de tout ce qui y apparti
ent en assault de deffence en telle
cautelle que besoing est selō le lieu
et affaire/car ainsy que dit le pro
uerbe la muraille ne fait pas le
fort chastel/mais la deffence des
bonnes gens darmes qui se font i
prenable/et ne fait pas a oublier
que du coste ou la place est la plus
feble soit mise la plus grāt deffen
ce car celle part ont les assaillans
acoustume de plus fort enuayr

⁋ Dy parle de ce quil conui
ent en particulier a garnir

forteresses tant de viures cõ/
nie dabillemens de guerre
xx vi chapitre.

Apres ce que deusse auons
assez en general des choses
conuenables tant pour viure cõ
me pour deffences qui a garnison
affierent contre les ennemys Nous
semble eppedient pour la perfecti
on de nostre euure dire plus e per
ticulier la iuste estimation ou en
uiton qui pourroit suffire a pour
ueoir certain nombre et cantite de
gens Si est a supposer deux cẽs
hommes darmes auec leurs val
letz/cestassauoir deux valletz po[ur]
vng hõme darmes/garnir pour
vi. moys/conuiendroit. sp. mille
de ble a la mesure de paris dont le
tiers sera mis en bescuit et laultre
en farine ¶ Item quatre mille de
feues. ii. muys de pois. vi. vigte
queues de vin/deux queues de vi
aigre. vne queue de verius/vne
queue dhuille/vng muy de sel. li
ures despices/deux liure de saf
fren demy septier de seneul pour la
moustarde et le molin a ce faire.
¶ Item chairs sallees et chairs
fresches. Cestassauoir cẽt grosses
bestes sallees que en vie qui a pla

ce pour les garder et assez fourra
ge. cent ou six vinge porcs salles
viii. vinge moutons qui peut et
a place pour les garder. poullail
le en garnison tant que on peut et
veult ¶ Item poisson salle sileest
liaresme/ce est toure que on ne mã
gue pas chair vng millier dẽ guil
les pp s. siarques de harenc mã
lues saumons a grãt foison/vne
queue de burre salle. pl. liures da
mandes. caue rese et aultres telles
choses que animales des appartien
nent tant en mer giers cõme en
oingt... et aultre medicine
¶ Item douze douzaine de go
beletz pour boire/dix seillee de cu
ir pour titer eaue. ii. cens toises de
cordes de tille/deux douzaine de
seilles de boys a puiser eaue se ffeu
ne ou riuiere y a ¶ Item pour cui
sine en tous temps/mais par espe
cial se cest en yuer. ii. cens charetes
de charbon. iii. milliers de petis fa
gotz de busche. pp. douzaine de
glans potz de terre a potager et
cuire chair. vi. grandes chaudie
res. deux douzaine de coulbes
grans moyens et petis. iiii. ou vi.
douzaines de cueillieres de boys.
deux milliers descuelles de bois
et aultant de trenchoirs/ cuuiers
cuues franes. pp ou ppp. soufflez

f.iiii.

lāternes et autres choses necessai
res dont on se peut aduiser cōme
qrellz/t ramōs que on dist Balletz
¶ Or reuenons a parler de la pꝛo
uision sur le fait de la deffence du
dit lieu ¶Premierement atout le
moine pii. canons gectans pierres
dont les deux seront plus gros q̄
les autres pour rōpꝛe engins mā/
teaulx et aultres habillemens sil
est besoing ¶Item deux bricoles
et deux couillares chascun garny
de quatre fondes/et corbages t pi
erres a grant foison. deux ou trois
espꝛingales garnies du traict qui
y appartient.¶Item son ne sent
que trop souuent conuiengne fai
re gecter les canons suffist mille li
ures de pouldꝛe et mille liures de
plonc. a faire plōmetz. Vi. douzai
nes de lances ferrees ꝑꝑiiii. arba
lestres a paßes. Vi. auitre a tour
six grosses douzaines de fil dan
uers dont la grosse douzaine en
vault pii. ꝑꝑiiii. arbalestres a croc
pii. testules deux toute a tēdꝛe.
p Viii. Baudriers t ꝑꝑ. arcs a mai
cent douzaines de flesches. ꝑꝑiiii.
douzaines de cordes darcs. iꝑ. cu
quatre vinge pauais. ꝑꝑiiii. mil
liers de Viretons. pii. milliers de
gros traict.ii.cens pierres arron
dies pour les canons et daultres

grant foison pour en faire quatre
cens tāpons pour en faire du Bois
Vng charpentier/ trois macons
pour faire pierres a canons et au
tres choses necessaires a la garni
son. ¶Item deux molins a che
uaulx deux fours. Vne forge gar
nie/iii. milliers de fer: Demy millier
dacier quatre milliers de charbon
iiii. Bacinez a pie et a queue pour a
sumer le feu pour les canōs Viii.
soufflez. ¶Item pour contermi
ner. ꝑꝑiiii. piez de terre. pii. piez de
chieure de fer/deux douzaines de
southetz. deux douzaines de hot
tes garnies/Vi. douzaines de pel
les de bois/Bons cuuiers t cuues

¶ Cōment forteresses doib
uent estre pourueues de doul
ce eaue selon vegece. xvii.c

Vegece dit que comme ce
soit grant proffit a forte/
resse ou a cite quāt Viue source de
fontaines ou de puith y peuent e/
stre Neantmoins sil est ainsy/ que
la nature du lieu ny soit disposee/
il est besoing de y pourueoir par re
mede au mieulx que on peult. cest
assauoir que se les fontaies t sour
ces sont hors des murs assez pres

Conuient que ceulz de bedés def
fendent leur eaue a force de trait,
au cas que les ennemps les voul
sissent tollir ou empescher lusage.
Se la sourse siet loings qui par
conduis leur viengne, y est assai
re vng petit chastellet par lequel
a force de gens darmes et de trait
soit deffendue. Et auec ce en tou
tes telles cites ou forteresses doib
uent estre faites cisternes, lesquel
les doibuent estre assises es l'eup
ou leaue de pluye qui chiet des
des degoutz et des toitz des mai
sons et des nocquieres puissét che
oir dedens, et ainsy le garder le plꝰ
que on peut plalees et garnies, car
sa se garde elle moult bié en sablo
a, et est saine et mesmemét les gar
nir aussy deaue de fleuue. Se
blablement dist aristote que eaue
sallee de la marine ou qui viét de
conduis et de sourses ameres deui
et doulce selle est passee parmy cō
duitz de bonne terre. Auec ces
choses peult moult proffiter vin,
aigre a foison auoir, et par especi
al en téps deste, car moult rafres
chit le corps a boire auecque eaue
et ce sceuent ilz bien en ytalie. Et
se la forteresse siet sur marine et il
aduiengne que sel y faille, soit pris
se de leaue de la mer et mise au so

seil, et puye boullir sur le feu tant
que leaue soit toute consummee,
et par celle voye sera trouue sel au
fons.

Cy dit quil conuient que
en garnisō soit de ville ou for
teresse soient mis loyaux gés
et deriuent de ce exemple.
xviii. chapitre.

Pour toutes choses ou la
plus grant partie qui ne
cessaires ou conuenables sont en
deffence de cité ou forteresse, est as
sauoir que la garnison est souue
raine de tresbonnes loyaux gens
qui de vng accerd et vnis soient
ensemble a capitaine loyaulz et
preudōmes, et que amour ayent
au lieu, car la ou toutes aultres
choses serolent accmplies et ceste
seulle y deffaulzist tout riens ne
vauldroit Et quil soit vray que
ainsy soit et grant masle contrai
re le monstre ensuiuāt ce pppos,
et comme exemples solent cōmune
ment plus penetrans aup oreilles
des escoutans que argumés pmi
ers fais en amentōs plusieurs en
tesmoingnage. Et premierement
en recitant ce que les autres acte
urs tesmoingnent disāt que se plꝰ
grant bien qui puisse estre est, que

f.iiii.

la soit paix ou garnison est. Car
il est mal possible que ceulx entre
lesquelz est soient destruis par qͤs
conques puissances/τ ce appreu=
ue la responce que fist le saige ma=
gissien tirisaulz a scipion laffrics
quant auant que a luy se furent si
longuement tenuz côtre la giant
concorde qui y estoit/τ auec ce est
tresgiant souuerain bien en pays
cite ou forteresse auoir princes ou
souuerains de giât amour au lieu
sicôme bien le demonstra le Bail=
lant hôme nomme camulus ung
des souueraîs de rôme lors que le
Duc Beanius dathenes auoit par
guerre destruite rôme et a toutes
les proies et richesses sen alloit/
mais le bon et Baillant homme
camulus/nonobstât ce que les rô
mains leussent expillie a tort τ mis
demourer hors de la cite:quât lad
uenture sceut moult luy en pesa/
et tantost assembla ce quil peut de
gens/car de giant auctorite estoit
si Bint audeuant de Beanius qui
garde ne sen donnoit et le descon=
fist/τ si conquesta giât auoir dôt
reediffia rôme/et y ramena ses sui
tifz p quoy fut appelle le second ro
mulus. τ Et tout ainsy que tres
giant bien et ioye et Bon cueur est
et Bnit en pays ou cite quât paix

est enuiron soy et en soy mesmes.
Aussy y est tout mal discenciô de=
solation et peril quant discorde et
discencion y est/laquelle chose est
sa destruction. Si que mesmes se
dit la saincte escripture et sourt cô
munement tel content en cômuni
te ou Bille par tresmauuais mou
uemens. Cestassauoir pour cau=
se dorgueil arogance les Bngs cô
tre les autres par enuye et par cô=
uoitise/si nen pourroit pas biê Be
nir. Ainsy quil en aduint a rôme
de la Bataille cytoienne qui tant
leur fut preiudiciable que a pou se
destruirent tous par lorgueil de
leurs princes/cestassauoir. Silla
τ Marius auquelz furent en ay=
de des deux parties Pôpee et cer=
torius et plusieurs autres haulz
princes qui moult estoient de giât
proesse et a uctorite/en laqͤlle guer
re eut plusieurs batailles ainssiqͤl
le cessast/esquelles si que raconte
listoire furêt occis xxiiii. de leurs
princes de leurs capitaines Bi.De
leurs plus souueraîs pl. autres
Bartons et de rommains. Cent
et cinquante mille sans plusieurs
autres estrangiers qui furent en
leur aide. Si fait bien a euiter sy
cruel debat.

℣ Cy parle encore de mettre
loyaulx et vaillans gens en
villes et chasteaulx et en don
ne vng tresgrant exemple.
xix.chapitre.

Ad propos encore de mettre
loyaulx gens en chasteaulx
et que bien doibt estre prins garde
que conuoiteux oultre mesure ny
soient, comme par icelle Bope/ap
ent estre plusieurs Villes et cites
trapes et Vendues pilsies et robe/
es/comme il appert par lexemple
de la cite destinope grande forte ri
che et bien peuplee que le roy mi
tridates auoit baille en garde a
deux cheualiers quilz reputoit se
aulx/mais malement le garderent
Car ilz mesmes auecques leurs
gens la robberent et pillerent/et
puys quant ilz eurent boute le feu
dedens sen fuyrent dont merueil
leuse aduenture aduint/car adonc
comme le duc de lost rommain y
arriuast pour y mettre le siege/sen
merueilla trop que ce pouoit estre
et quant le cas luy eut este compte
et reuele fist appeller les cytoiens
aux portes en disant quil leur don
noit asseurement/mais que la por
te Voulzissent ouurir/et la porte

ouuerte par le consentement des
cytoiens Il commanda a ses gens
quilz aidassent a estaindre le feu/
et ainsy fut guerroye par ceulx q̃
garder le deuoient/ et secourue
par ceulx quiles cuidoient destrui
re silz eussent peu.

℣ Item que conuoiteuses gens
puissent estre de giant nuysance
en cite ou en chastel/apparut par
la parolle que dist le roy de iur
gurta/lequel giant enuye et cou
uerte hayne portoit aux rommais
celleement soubz sainte amour
mais pour mieulx les deceuoir don
noit grans dons aux principaulx
deulx.et en ce falsãt se meut grãt
discorde et sedicion entre les cytoi
ens/et ainsy les guerroit ennemy
que amy reputoient sans ce quilz
sen apperceussent tant que au par
tir de romme/auquel lieu par fal
tise estoit alle ne se peut tenir de
iecter telles parolles tout en pas
sant.℣ Ceste cite seroit de legier
prinse qui a donner auroit assez/
Cest assauoir que plusieurs foys
est aduenu merueilleux et giant
inconuenient en cite et pays/et mes
mement en ost par y auoir giant
quantite de gens estrangiers ain
si que a romme aduint au temps
de leurs tresgrandes conquestes

ou ilz auoient maniere de tenir les
prisonniers quilz tenoient en ser-
uage et seruir sen faisoient et faire
leurs labeurs/ dont vne fois ad-
uint que plus de .pp. mille contre
eulp se rebellerent et leur porteret
moult grãt dõmage ains que ve-
nir peussent achief de les destruire
mais apres ces choses dictes/ lesql
les peuent seruir pour epemple/ re-
tournerons a nostre premier pro-
pos.

¶ Cy commence a parler de mettre siege et assaillir forte- resse selon vegece.

LE temps est venu que lost
se diet loger a siege deuãt
la cite/ lequel temps cõmunement
est se le capitaine est saige en la sai
son daoust/ pource que adont luy
est plus proffitable pour deup rai
sons. La premiere pource que plus
de viures trouuera sur les chãps
Lautre que doublement greuera
ses ennemps/ cestassauoir par sie-
ge et assault/ et par leur tollir et
destourner a faire leur cueillotte
de blez de vins et de tous viures

Si se logera ledit ost au plus pres
quil pourra/ et aura auant bie ad
uise la situatiõ et que mieulp a sõ
aduantaige soit mise se siege/ assis
les engins et aduiser de dõner las-
sault. Si fera faire se cest son mie-
ulp enuirõ bons fossez (7 le lieu for
tiffiera de fort palais comme se ce-
stoit vne forteresse/ affin de pou-
oir cõtester a ceulz qui venir pour
roient pour leuer se siege/ ou mes-
mement a ceulz du chastel se cõtre
eulp sailloient/ (7 se cest chose que
de toutes pars soit assiege tant
vault mieulp/ mais sil y a mon-
taigne ou autre empeschement ij
on garde neantmoins de tous les
costes qui serõt y soit mis sil peut
estre/ et fait palis et trenchis de
lun siege a lautre en maniere que
ceulp de dedens ne les puissét sur
prendre/ et de toutes pars aussi oz
donnera seurete deffence et bon
gait a toute heure ¶ Apres adui
sera par quelle maniere se lieu est
mieulz prenable se cest par eschiel
les il en aura fait ordonner à dou
blez rentz tant que besoing sera et
oster les empeschemens dautour
de la muraille par force dengins
serõt dreсcies eschelles contremõt
et roulees a bons et tresgrans rou
lez lesqlz tressoitau chief du mur

denhault tiendront/ pour moins
glisser les fera ferrer par dessoubz
se besoing est/affin que denhault
on ne les puist abatre. Adôcques
de toutes pars sera encômence las
sault/et se pas ne luy semble profi
table/ouuriers adce establie serôt
mis en besoigne. Pour la terre
soupr sera encommence si loings
que ceulx de dedens par nulle
maniere veoir ne le pourront/ ne
les hommes qui porterôt hors la
terre. Et faite sera si bas q la par
fondeur des fossez passera apuye
de bon fort mairien tât que on vi
engne aux fondemens des murs
au plus bas:et par illec trouuerôt
maniere dentrer dedens se contre
dit ny est mys. Tãdis que se mur
se fait le sage capitaine ne se tien
dra pas a tât duis affin que ceulx
de dedens ne puissent par escou
tes lesditz mineurs sentir les occu
pera de tant dautres assaulx que
la noise le bruit et la peine quilz fe
ront donneront assez dentente a
leurs corps. Car corps darbales
tres plus dures boulans q mou
ches bombardes canons/lorrible
ton des grosses pierres contre les
murs/les crues des assaillans/ le
son des trompettes/ la paour des
eschiellans leur donneront asses

a faire. Item et sil aduient que
lesditz mineurs puissent percer les
murs sans estre sentuz et paruе
nir iusques aux maisons du cha
stel. par la entreront les gens dar
mes/et bouteront le feu/et ainsy se
ra prins/et mesmement auront a
pupe ung mur de bois secq/auql
sera boute le feu dedês tout a fiac
et par ce y aura grant entree. mais
se ceste boye ny peut valoir/et que
le lieu soit de grant force/et en tou
tes choses bien garnis/par autre
boye le saige capitale desireux de
lauoir y remediera.

Cy commence vne ordon
nâce de mettre siege/et ce quil
luy coûtent pour assaillir for
te place selon le temps presêt
xxi.chapitre.

OHoy que Vegece sur leql
sien liure de cheualerie a
uons fonde ou la plus grant par
tie/ceste presête euure ait parle en
termes generaulx selô les vsages
du temps des preux conquereurs
passez/assez suffise aux bons entê
deurs des choses darmes/tant en
ce ql touche ou en quelle maniere

peut toucher fait de batailles en
champs et ses despendences côme
de ce quil appartient a combatre.
Villes et chasteaulx par mer ⁊ par
terre si que dit sera. Neantmoins
pour plus particulierement don-
ner enseignement non pas a ceulx
qui le sceuent côme besoing ne leur
en soit) mais a ceulx qui au temps
aduenir se pourront bien lire ou
oyr par desir de sauoir côme escrip
ture soit chose au monde si comme
perpetuelle nous semble bô de ad
iouster a nostre dicte euure plꝰ par
ticulierement des choses bonnes
et propices en fait de combatre/ ci
te chasteaulz et villes selô les vsa
ges du temps present pour plus oz
donner entendible exemple. Tout
ainsy semblablement que es cho-
ses dictes ⁊ a dire nous sômez ai-
dee des ditz du liure Vegece ⁊ au
tres acteurs nous aiderons en se
du conseil des nobles cheualiers
expers es dites choses et quoy que
grans los de ce leur deust apparte
nit comme bien assiert a leur hon-
neur et reuerence tant pour ceste
occasion côme pour les autres bô-
tes sens et valeur cheualereuse
et nobles vertus qui en eulx sont
ne plaist a leur humilite y estre al
leguiez. par quoy si l est ainsy que

par aucun qui lire pourra ou se oyr
ait aucunefois ceste belle ordôna-
ce qui se suyt veue par escript/ ou
oyr dire de bouche ne vueille pour
tant lauoir en despris Ains en e-
stre content pensant que dômaige
seroit ⟨que⟩ la feblesse de vng peu de
papier qui se pourroit en pou de
temps perdre eust la memoire anie
antie de si notable ordonnance/ ⟨que⟩
bien est digne que registree soit/ af
fin que estre puist secourable mes-
mement en ce royaume se le cas es
cheoit en temps aduenir. ❡ Or
supposons doncques vne tresfor-
te place assise sur mer dune part ou
sur tresgroiie riuiere grande et
tresdifficile aprendre côme de tel-
les en soit a laquelle on vueille
mettre siege par grant appareil
quoy quil y doibue donner/ ce quil
y conuiendroit regarder.

❡ Premierement deuise les en-
gins et canons/ cest assauoir deux
grans engis et autres deux moy-
ens volans garnis et prestz de
toutes chose pour iecter.

❡ Item quatre couillars tous
neufz bien fournis et habillez de
toutes choses quilz leurs appar-
tient et chascun de deux tables et
trops fondes pour changer quât
besoing en sera.

¶ Item quatre grans canons/
lil appelle garite/lautre rose/lautre mape et lautre seneque. Le premier de iiii.ou cinq cens liures pesant.Le second cest assauoir seneq de enuiron iii.cens liures ou plus et les autres deup/gectant deup cēs liures ou plus. ¶ Item vng autre canon appelle monfort gectant trops cens liures pesant/z selõ les maistres est cestup le meilleur de tous ¶ Item vng canõ de cuiure appelle artique gectant cent liures pesãt. ¶ Item pp.autres cõmuns canons gectans pierres ¶ Stē autres petis ca.ge.pierres plõmetz et autres pierres cõmunes de cent a sip binge liures Item deup aultres grans et sip plus petis ¶ Item ēcore deup autres gros canons gectant de trois a iiii.cens liures et quatre petis/ Autres trops canons vng grant et deup petis canons gectans sclõ leur pouoir ¶ Item autres pe.b canons grans a pierre gectans de deup a trops cens et quatre cens liures pesant.z pl.autres petis/z tous doibuent estre estoffez de pierres de bois et de ce qui y appartient/lesquelz canons sont en somme.ii.cens pl biii.qui diuisectmēt sont nommez pource que diuerse

ment sont assiz selon lassiete de la forteresse.

¶ Ep deuise quelz choses affierent en particulier aux canous et bombardes. rriii.c.

Premieremēt a ppp.mille liures de pouldres/a canõ ou enuirõ dont la moitie soit mise en estoffes. ¶ Item de charbon de saulp deup mille fais.ii. mille sacs de charbon de chesne et dommel.pp.badnez a trois pies ēvne queue/chascũ pour le feu alumer pour lesditz canons.pp. soufflés. ¶ Item pour lesditz grãs canõs mener dune place a lautre chascũ vng chariot renforcie pour mener lesditz pouldres et autres habillemens.ppb.charettes a ii. cheuaulz chascune garnie de ce qui y appartient. Quatre ou cinq tã/ pons de bois pour lesditz canons

¶ Lespesseur du bois desditz engins. rriiii.cha.

Premierement bi. grans manteaup.pour les dessus

ditz.Bi.grans canons fais sur af
sil a potentes chascun de p. a piii.
piez de lez et de iiii.doiz despez et
deppp.pies de hault ¶ Encoze
deup grans manteaup a plate
chascun de ppiiii.pies de lõg et de
pBi de hault et de cinq bois despez
et chascun Bi.sonnes dozmeau et
faussees es costes ¶ Item ung au
tre grant mãteau a pointe pareil
des autres deup manteaulz et se
ra on seule des trois quãt on voul
dza ¶ Encoze dip autres petis
manteaulp chascun de piii.pies de
long et de Biii.a p.pies de hault
et seront de la facon des autres
grans manteaulp dessus ditz.et a
chascun ung huicet ouurãt pour
traire du canon quant besoing se
ra/cun sera largement despez.iiii.
dois et sera chascun sur deup rou/
elles ¶ Item quatre autres mã
teaup qui tous seront sur roes en
maniere de chartoy fais de sep gieres
aisselin de ung panch despez sãs
plus ou enuiron q seruiront pour
garder du trait tandis que on af
sera ses autres:et deup autres mã
teaulp a pointe chascu sur quatre
rouelles.¶ Ite derechief autres
Biii.grans mãteaup pour les ditz
grans engins et couillare qui se
ront faitz de bois quarre chascu

de demy pie de quarture/chascun
manteau de ppp Bi.piez de long
et pBiii.de hault.deup engins a
bras pour leuer ses engins dessus
ditz.

¶ Cy deuise en quelle forest
doibuent estre prins les ditz
bois   rpiiii.chapitre.

A auons suppose que de
uant la forteresse pour la
quelle mettre siege seroit faite ce
ste dite ordõnance seroit due part
sur mer ou sur grosse riuiere. Et
pource pourrons encoz supposer
que les ditz habillemens de boys
fussent faitz en aucune forest pro
chaine et que en Bateaup et autres
Baisseaup deaue se peussent arri
uer aup chãps la pres.Si ditõs
des autres engins conuenables
a traire de leurs maitiens fustail
le pierrez et autres choses hors des
Basteaup et le chartoy quil conui
endroit et autres habillemens.
¶ Premieremẽt ung engiĩ pour
traire les engins des Bateaup et
les pierres et charger sur le char
toy pour mener les boys des en
gis et mãteaulz des bateaulz ẽ la
place ou dzesce seroit.ii.cheriotz

ferrez rẽforcez pour mener les ber
ges des bateaulz en la place.

¶ Cy deuise les habillemens pour les engins xxv.cha.

En la dite forrest pius pchai
ne seront ordonnez a faire.
D̅. cens et. pl̅. pennaulz de palis
checun pennau de. xxiiii.pies de
long et.xii. de large et montent les
D̅.cens et. pl̅.pennaulz.iiii.cens
toises et a en chascun pẽniau deup
creteaulz dont lun des boutz soit
a mortaise dedẽs le pennau et lau
tre bout a deup pies ⁊ seront pour
faire les allees garnies de clopes
Item. D̅.cens et.lvi.pennaulz de
petis palis de. x.pies de haulteur
et.xp̅ .de lez et font les. D̅.cens et
lvi.pennaulz.xi.cens toises faiz
et achenez les dessusditz pennaulp
aup autrez ¶Cy sera aduise par
ceulz qui mieulz si cognoissent en
quel part vousdra pour se mieulz
les asseoir ⁊ en faire la bastille par
lequel des maistres et ouuriers ⁊
que.iiii.portes y ait et sur chascũe
porte ait fait en maniere de toures
fermans et aup garites tout au
tour pour deffendre celle part du

trait des canons. ¶ Item auec ce
D̅.cẽs tresteaulz chascũ de.p.piez
de long et de.viii.de hault qui
seruiront de faire allees aup man
teaulz dessusditz au couuert et au
chatet beffroy q on fera se besoing
est.¶ Item deup milliers de clo
pes pour couurir lesditz mãteaulz
et tresteaulz et faire bouleire et
autres choses necessaires se besoig
est. ¶ De cheuilles de bois pour
couldre et actacher les palis enui
ron.viii.tonneaulz plains. Auec
ces choses sera vne granche faicte
en la dite forrest qui aura de lonig
xxviii.toises et.viii.de le pour me
ctre les molins et autre choses ne
cessaires pour seruir ceulz de lost ⁊
de la dite bastille

¶ Sensuit les habillemens du trait.   xxvi.chapitre

Premierement.ii.cens arba
lestres.xxx.autres arbale
stres a tour et cent.aultres a croc
¶Auec ce deup cens milliers de
viretons.x.milliers de dondani
es ⁊gros trait.xii.tours tox9 neufz
a tendre arbalestres.viii.fortes

tiobes a tendie arbaleſtres.s.bau/
driers ¶ Item encoie quatre cẽs
liuies de fil danuers pour faire coi
des a arcs.s.thioles a tendie arba
leſtres.¶Item quatre cens arcs
a main chaſcũ garny de troys.coi
des/pardeſſus de prouiſion.viii.
cens coides ¶ Item vii. milliers
de fleches Et p.mille de cloup de
trepes

Premierement viii. pauais
ii.cens falos. et xxxi. au-
tres grans falos de vii. piez de
hault ferres de grans bẽdes de fer
pour ficher en terre ¶Item; qua-
tre cens haches de guerre tant a
bec defaucon côme autres. pour
miner quatre cens souches a poin
tes se les leur rompoient.mil pels
de bois quatre cẽs esquipars pour
vuider eaue.vii. grans croes de
fer a chaſcuy deup grane. Auec
mil cinq cens hotes toutes eſtof-
fees ii.cens lanternes.vii.mil de
grãs cheuilles de fer de vng piet
et demy de lõg.et dautres plus pe
tites vii.cens Encoie quatre.cac
ques de cloup.p.sun demy ple seroit

lautre de deup et lautre de troys
pies.¶Trois foiges garnies.ii.
cordiers. deup bourreliers. deup
charetiers.deup tourneurs a fai
re tampons. troys milliers de fer.
sp.garbes dachier.sp. rasieres de
charbon de fer dont les troys rasie
res sont ii.stiers de charbõ.deup
cens sacs de bois pour les ditz ou-
uriers. deup mille de fil tout file
pour les coides des egins ¶Pour
les goreliers.vs.cuirs de vache ta
nez a faire les sondes des engins
xxxv.cuirs blãce pour faire cou
royes a couldie les dites sondes.
¶ Item pour les charetiers
se piendia boys quant besoing se
ra de cestuy qui sera mene sut les
deſſusditz chariotz. pour mettre
les cordages des egins/le fil cuirs
cheuilles de fer cautres menuez
choses neceſſaires seront apreſte
es xpii. queues fermans a clef/
xpiiii.cuuiers faictes a maniere
de bayart pour mettre les pierres
des canons dedens les sondes et
vii.brouettes.

¶Senſuiuent les pierres
des canos   ¶xxviii.
chapitre.

PRemieremẽt C.l. pierres toutes pstes pour le canõ de mõtfort vi xx. pierres pstes po^r les autres grãs canõs. iii c. autres pierres pour lesditz canons petis vi. L. autres pierres pour lesditz canons qui ne seront pas arõdies.

¶ Item pour les engins iiii. cẽs pierres toutes pstes a iecter. & vi. cens qui ne seront quesbrouchees.

¶ Item v. mille liures de plonc pour faire plõmetz.

¶ Sensuyt les menus habillemens pour assaillir par miner qui sont necessaires chapitre. xxix

PRemierement pour cent pies. l. pies de chieure xvi loues de porc. xxiiii. grandes & fortes eschielles doubles a iiii. rences pour soustenir quatre hõmes darmes de front. de xxxvi. a xl. pies de long et a chascune eschielle iii. polietes au bout denhault. Encore de vii. a viii. vigs eschelles autres de xxiiii. a xxvi. pies de hault & autres moindres.

¶ Sẽsuyt le boys quarre qui seroit ordonne pour faire ce qui sensuyt. xxx. cha.

POur faire vng chat a barbe et vng belfroy lequel aura de viii. a x. toises de long et ii. de large sera ordõne de bois quarre enuiron quatre cẽs toises / vng millier daisselin. xxiiii. rouelles & dautres menus bois grant quantite / les cloyes assez necessaires sõt escriptes cy dessus. ¶ Item vi. mas de lx. a iiii. vigs pies de lõg qui seruiront audit belfroy et chat en la maniere que ordonne sera.

¶ Item iiii. molins a cheuaulx fais en maniere que deux roues & chascune roue sera moul dre deux molins. Et serõt en la granche dessusdite. ¶ Item quatre quaques de suif pour oindre manteaulx engins molins et ce quil conuiẽdra

¶ Item troys douzaines de polies de bois & xii. autres polies de cuiure.

¶ Sensuiuent les ouuriers necessaires pour lesditz habillemens ¶ xxxi.

PRemierement pour les engins a chascun engin deux

personnes luy parmy lautre sans
le maistre et les macons qui neces
saires y sont/cestassauoir deux.

¶Item vi.charpentiers qui se
ront ordonnes a leuer la bastille
chatz et belfrois et autres habille
mens qui seront ordonnez par di
zaines. Et y aura pardessus eux
cinquanteniers et treteniers pour
mieulx les tenir en ordre par cone
stablies et serot departis aux che
ualiers et escuiers pour faire leuer
les ditz palis chascun en son droit
par la maniere cy apres declairee:
vi.cens autres homes qui seront
aide aux charpentiers mys aussi
pordre de nombre ii.mille pionniers
mys semblablement par ordre pour
faire les fossez des palis et autres
choses necessaires. ¶Item serot
ordonnes cent cheualiers et escui
ers telz que on y vouldra eslire et
sera chascun tenu de faire dresser
les penneaulz des palis et faire fos
soyer la endroit/et aura chascun
pource faire vng dizenier des ai
des et troys dizeniers de pionniers
et vi.chariotz auec ses charetiers
pour mener les ditz palis des bate
aulz dont ilz seront descharges en
la place/et aura chascun diceulx
cheualiers les noms de seus com
paignons par escript/et chascu di

yenier aura vng salot pour la nu
yt garny de.l.tourteaulx/et y au
ra gens commis dontilz auront
les nons pour leur liurer peles sou
chetz et esquipars ¶Item seront
ordonnez aux canonniers.l.charpe
tiers et xx.pionniers pour dresser
leurs manteaulz faire fosses a as
segier leurs canons/dont ilz au
ront leurs noms/et y aura gens q
les gouuerneront, et aurot iceulz
leurs propres chariotz pour me
ner leurs canons et habillemes des
bateaulx en la place ¶Item au
ront ceulx qui gouuerneront les
couillars.xx.pionniers pour fai
re leurs fosses a les planter et aus
sy a planter les manteaulx et aus
sy auront leurs gens et charoitz
et ainsy sera ordonne de cellup qui
aura le gouuernement des grans
engins qui aura xvi.cheriotz
¶Item a ceulx qui seront ordon
nes pour gouuerner les pouldres
et autres habillems serot ordoees
por les mener viii.chariotz et lau
tre nombre des charettes seruira
de mener et arriuer les viures des
bateaulx et lost et autres choses ne
cessaires. ¶Item cellup qui au
ra le gouuernement des mante
aulx et bois des bateaulx aura.
vi.chariotz et.l.ouuriers y ordre

ſſ deſſuſdite.

C Cy deuiſe commēt les vi/
ures et habillemēs ſeront cō/
duitz/et gardes les paſſaiges
rrrii.chapitre.

A uec ces choſes y aura o2dō
nances certaiſ cheualierſ
et eſcuierſ notables genſ tāt p2r
garder leſdites choſes et conduire
Comme pour garder leſ po2tz/t
paſſages/a lundeſquelz ſera o2dō
ne a garder le paſſage de la riuie:
re auec cēt hōmes darmeſ cēt hō/
meſ de trait et ii. cēſ picquenaireſ
et leur ſeront bailleſ cent pauaiſ.
p. canons et la pouldre quil y con
uient. C Vng autre cheualier ſe/
ra o2donne a cōduire enuiron Vi.
Vingſ bateaulp dartillerie char/
geſ de Viureſ canonſ/pauaiſ/ et
autres habillemenſ/t aura deup
cenſ hōmes darmeſ arbaleſtrierſ
et deup cenſ charpentierſ qui ſoi
ent touſ archierſ qui pourra
C Item Vng autre cheualier ou
eſcuier eppert y aura o2donne/a cō
duire leſ granſ bateaulz ou ſerōt
leſ engiſ couillarſ et autreſ grā
canōſ Viureſ et touſ habillemēſ
Et aura cent hommeſ darmeſ/t
cent hōmeſ de trait C Item a me

net leſ Viureſ et habillemenſ ne/
ceſſaireſ y aura Vng autre nota/
ble cheualier ou eſcuier/t icelluy
gardera leſ marchanſ quilz ne ſo
ient robeſ ne pilleſ Et aura deup
cenſ hōmeſ darmeſ cent archierſ
et cēt arbaleſtrierſ/t dune aultre
partie ſur terre en y aura Vng au/
tre qui ſēblablement conduira au
cuneſ choſeſ neceſſaireſ/t aura
auec luy hōmeſ darmeſ et trait ſe
lon quil ſemblera que bon ſoit.

C Cy deuiſe daultreſ eſtabliſ
ſemēſ   rrriiie cha.

A utreſ cheualierſ ou eſcui
erſ Vi. ou Viii. ſageſ/t ep
perſ darmeſ ſeront o2dōnez a aẽ
uiſer et choiſir la place ou ſera miſ
le ſiege/la baſtille aſſize engiſ ca:
nonſ et autreſ habillemenſ.
C Item ſeront o2donnez leſ ma:
reſchaulz a partir leſ logiſ/le mi/
eulp que faire ſe pourra a o2dōner
Auſſy que leſ marchanſ ſoiēt biē
logez et o2donnez/et leſ genſ deſ
meſtierſ/affin que loſt puiſt eſtre
mieulz o2donne et ſeruy. C Item
ſera fait crier par touteſ leſ bōneſ
Billeſ a lenuiron que on amaine
Viures de touteſ parſ et leſ bon/
neſ genſ ſeront bien payez/t gar/
g. ii

dezet que ainsy soit fait q̄ten dere
chief sera fait semblablemēt crier
sur peine cappital c̄a iceulz mar/
chans on ne mesface ne mesdie ne
preigne riens sans paier et aussy
que nulz ne soient sy hardis de vē
dre ses denrees plus q̄ a iuste prie
ne de les vendre ailleurs que au
dit ost.

¶ De empescher le port des ennemys   xxxiiii.chapitre.

Pource que nous auēs dit
cy deuant que ladicte for/
teresse giant forte et puissāte, pour
laqlle assaillir en esperance de prē
dre seroit eppedient le dessusdit ap
pareil, et se elle auoit vng de ses
costes sur mer ou sur grosse riuie
re couient aussy aduiser que de fai
de et secours qui luy pourroit ve
nir soit empesche, sy est assauoir q̄l
couiendroit auoir p. ou pii. grans
bateaulz de mer esquelz on mec
troit et atacheroit en fors trefz pol
tus et bien aguisez ferrez a scetez
aup boutz mis en croix en assez cā
tite qui seront menez dedēs le port
dudit chastel, c la seroient effon
drez tous de renc tāt que toute la
place en fust entreprinse si que nul
le autre nauire ne peust le chastel
approcher pour lempeschemēt du

dit maitien par flotte de maree ne
autre croissance deaue, c pour pce
ulz cōduire affin que a ce faire em
peschement ne peust estre mps cō
uiendroit bon capitaine a tout iiii.
mille hommes darmes et v. cens
hōmes de trait, et seroiēt en autre
nauire qui traineroient les dictes
nefz chargees, c se chaussee y auoit
pōt ne autre grosse riuiere q̄ voul
zist emplir ses fossez. Icelle cōpai
gnie sa pourroient tandis rompre
et donner voye a leaue de aller au
trepart. Et sur lesditz bateaulz es
frondres des deux pars dudit port
se pourroient faire deux bastilles
faictes en manieres de boulueres,
cestassauoir vng hault ediffice q̄
on fait de gros trefz si hault que
on veult et tost se peut faire qui as
ses a, ayde, et a lenuiron sicōe vne
tour soiēt clouees de clopes c puis
fait de terre pardessus bien macō
ne, et peut estre assis sus roes qui
veult, et ne craint cest ediffice feu
ne cop de canon pource que en la
boe qui est molle senfossent les pi/
erres ne feu aussy prēdre ne sy pour
roit, et se doibt cōmencer la bastil
le de palis telz que sy deuant ont
este deuises. ¶ A ceste dite bastille
de terre et ainsy aller tout autout
abuironnant le lieu qui peult ius

ques a lautre Baslisse de terre/ et
ainsy par oster la riuiere et faire se
lon ceste ordre se le lieu y est dispo=
se/les fossez demoureront a secq/
(r auec ce pourra len faire au tout
de la Bille Bne leuee en maniere
de Bouluers si que dit est/ affi que
canons ne autre trait ne puissent
greuer tost:(r par ainsy len pourra
miner la Bille et le chasteau Beu
q leaue sera ostee/(r quant le chat
et les Belfrois seront leuez et les ca
nons auront Besoingne en la mu=
raille len pourra apres seuremet
assaillir.

C Cy deuise les engins con=
uenables que Begece deuise
en fait dassault. xxbe.cha.

p est assauoir que pour as=
saillir toutes fortes places
si que dit Begece/ sont cinq princi=
paulx engins par lesquelz on les
peut prendre Lun est cellup duql
y force de pouldre faicte de charbo
de souffre de salepec et telz mixti
ons quil y conuient sont lancees
par grat force si grosses pierres ql=
les ropent et abatent tours/murs
et tout ce quelles encontrent/(r de

ceulz en est de merueilleuse force/
sun plus lautre moins. C Item
on fait Bng autre engin qui selon
lancien Bsage come dit Begece est
appelle mosselle ou moitelle si est
couuerte comme Bne maison pla=
te et large/ (r y a siens par dessus
affin que pierres ne se puissent ro=
pie ne feu ne sy puisse prendre et a
roues se maine en telengin sont de
dens mussez homes qui mainent
et trainent auec eulz branchez da=
bres et toutes choses Bonnes a re=
plir fossez/(r par celle Bope en peut
on Bser en tel cas qui Beult par
quoy sera donee Bope aup autres
engins de pouoir estre menez ius=
ques aup murs. C Item le iiie.
engin est appelle mouton lequel
est fait de mairien en guise de Bne
maison couuerte dessus/en laquel
se couuerture sont .clouez tout a
lenuiron cuirs crus et tous frecs
qui peut/affin que feu ne sy puisse
prendre.Au front de celle maison
a Bng tref/qui a le Bout tout cou=
uert de fer gros et mascis Cellup
tref on tire a chaines et est fait en
la maniere que on se peut Bouter
et tirer tellemet que ceulp qui sot
de dens lengin peuent par ce tref
ferir grans coupes contre le mur si
que tout lestonnent Si Bonne ses

cops tout en la maniere que ung
mouton recule pour heurter/ et por
ceste cause est appelle mouton.

¶ Item le quart est appelle bigue
et de stuy lon na acoustume soy ai
der si non au grant effort/ il est fait
de gros mairien a viii. piez de se et
p vi. de long. couuert de clopes et
de fiens/ affin que pierres ne luy
nuyssent/ et de cuirs gras aduiro-
nes pour le feu dessoubz en cest en
gin sont les hommes darmes qui
percent le mur et dessus pontes le-
uis quon dit pontes volans/ que
embatre peuent iusques aux murs
assient leur estage eschielles en di
uers estages. ¶ Item le ve. engi
est encore de plus grant force et le
moins en vsage pource quil naf-
fiert si non en assaulz de grant et
notable cite ou fortes placces fort
desirees ou sieges sont tenuz a bo
loisir. et cestuy est appelle tour/ et
est fait de gros mairien et denta-
blemens a plusieurs estages. Et
pour ce dit Begece que si grant edi
fice doibt bien estre gaide. Il af-
fiert affin que feu ny soit boute quil
soit couuert qui peut de lames de
fer ou de cuir crus et tous frecs/
Ausquelz selon ce quilz sot haulz
on leur donne de clarte. Car au-
cuns sont de trente piez: autres de

l. et autres de lx. Et mesmement
telz en pa si hault que non pas seu-
lement surmontent les murs/ mais
mesmement les plus haultes tours
Si est cestuy engin assis sur roes
mouuables qui a force dommes et
de cheuaulz est mene au plus pres
des murs quil est possible/ et pont
volans y a q on peult embatre iusqs
dessus les murs/ et sil aduient que
celle tour puist estre approchee des
murs fort seroit ce en pou deure la
ville nestoit prinse/ car la dedens
sont foiso de gens darmes en tous
les estages. Dot ceulz denhault
se combatent a bon trait et main a
main a ceulx de dessus les murs
et tost vaincre les peuent/ ceulx
des autres estages percent le mur
et ainsy de toutes pars enuaye la
cite ou forteresse par tel effort que
ceulx de dedens ne sceuent auquel
les entendre/ si sont de leger pris
et cest ce que Vegece enseigne quat
il dit. de plus de pars et de plus de
gins et de force/ assauldras tout
a ung coup la forteresse et plus se
esbahiront les deffendeurs et plus
tost se rendront/ et pource que adce
faire seruent les eschielles et sem-
blablement tous engins qui peu
ent estre faitz a monter hault est
besaing premiers telz montees q

on sache la haulteur des murs, et
a ceste cause lenseigne Begece par
deulx Voyes. Lune est telle q'l dist
que Vne saiette soit traicte iusques
au hault du mur/a laquelle ait a
tache Vng filet fort long qui soit
tenu et pour ce pourra estre sceue
la haulteur du mur. Lautre Voie
est que quant le soleil est tourne/z
il iecte lombre du mur/z des tours
a terre/adont peust on mesurer so
bre lespace dicellui/deulx bastons
fichez aux deulx boutz/z par ad
uis le bon et saige peut on eptimer
la haulteur que aux engins/z au
tres habillemens conuient auoir.

¶ Cy commence a parler de
deffendre chasteaulx et villes
selon vegece et sa doctrine.
xxxvi. chapitre.

Chose est certaine que assez
de legier se pourroit pren
dre z Vaincre toute forte place sil
ny auoit qui la deffendist. Et pour
ce tout ainsy que Begece mist en
son liure pour doctrines darmes
les manieres dassaillir citez/z cha
steaulx. Semblablement fist il de

les deffendre/sy dit que contre les
dessusditz engins et perilz et au
tres asses dont sachas qui en eulx
aiet Vertu de cheualerie y a mout
de remedes/car il nest maladie ou
il ny ait secours/z mieulx Vault
subtilite darmes que force/souuet
aduient et mesmement en cas de
prendre chasteaulx et citez/ainsy
que par subtil art prindrent les ro
mains la forte cite de capasa que
au roy tygiapy estoit darmenie/
qui les guerroioit/car ainsy que
les ambaxadeurs dicelle cite pour
cuider traictier paix alloient/z Ve
noient les rommains sembusche
rent empres les murs Et quant
lesditz ambassadeurs cuideret en
trer es portes les rommains sail
lirent sus si appertemet quilz pri
drent la porte et tant le tindrent
par leur Vaillans et nobles cou
raiges que tout lost y entra Et
p ceste maniere fut gorgiasement
prinse celle cite tant forte et bien
garnie qui par assault ne le peut
estre. Et derechief dit Begece que
plus est le commun auantaige
aux deffendeurs que pour les as
sailleurs pour plusieurs raisons
et mesmement en fait de comba
tre/car ce que on gecte de hault
soient lances pierres ou autremet

mais chascū na pas pouoir de fai
re tout le mal quil feroit voulen
tiers.

Cy deuise seung cheualier
ou autre gētil homme auoit
saufconduit luy x². Sil pour
roit par droit mener auec lui
ung seigneur au lieu de lung
des x. sur la terre des ennemis
et se ung capitaine de petite
quātite de gēs darmes peut
donner saufconduit a plus/
grant et plus puissāt q̄ soy.
ii². chapitre.

Pvis que entrez sōmez en
matiere de saufconduit. re.
pōs moy dune question. ung che
uallier āgloiz a saufcōduit du roy
de france pour luy. v². a cheual ve
nir en frāce. pour cause daucun af
faire. aduiēt que ung grāt baron
au seigneur dāgleire luy prie quil
soit lun des v cōpaignōs. car grāt
voulente a de veoir france. et soy
v venir esbatre. laquelle chose le
dit cheualier octroie/ z auec luy se
vient. Dont il aduient que quant
ilz sont pres de paris en lostellerie
logez ledit baron est congneu de
ung cheualier de la court du roy
lequel tantost bien acompaigne

dict a luy en luy disant quil se rē
de. car son prisonnier est. A laquel
le chose le cheualier qui se conduit
soy opposant alencōtre dist que ce
ne peut il pas faire. car par le sauf
conduit quil a peut aller luy v². si
est celluy lun des v. Car telz les
pouoit prendre quil luy plaisoit.
Le cheualier replicque. vo9 nestes
que ung (si ples cheualier) si ne pou
es plus grant de vous mener sur
vostre saufconduit. car se ainsy es
toit. donc pourries pareillement
auoir admene vostre roy ou vng
de ses enfans/ laquelle chose nest
pas raisonnable/ z mesmemēt cel
luy que vous menes/ vous deue
roit selon raison mesmes mener/
car trop est plusgrant que vous
dist langlois. Je ne se maine pas
a moy saufcōduit/ mais a celluy
du roy de france Si demāde (z re
quiers que tenu me soit en terme
selon ce quil se contiēt. Ceste que
stion venue en iugemēt Je demā
de. lequel a droit. Je te respons
que cest le francops. car selon droit
escript en telle generalite ne doibt
estre entendu plusgrant homme
de soy. car se ung homme donne a
ung autre procuration de certai
nes choses faire/ nest pas pourtāt
a entendre quil lui dōne generalle

procuratiō ne quil eη doibue per
sone abuser/ et par especial eη fait
darmes. Jamais telle chose ne se
roit soufferte a passer/car tourner
pourroit a preiudice a la personne
qui le donneroit. ¶ Item ie sup
pose que ung capitaine dost fran
coys qui de par le roy soit enuoye
sur les frontieres dle et afferme ql
ait puissance de donner saufcon
duit par toute guyenne/et pource
y mãde au senechal q̄ viene sur sa
terre de france/car moult desire a
parler a luy/sy luy enuoye pource
faire saufconduit par quoy ledit
seneschal de bordeaulx se part sur
celle sceurte pour venir eη lieu de
termine/mais il aduient q̄ eη che
min il est rencontre de francoys/
lesquelz le prennent et mettent pri
sonnier. Si te demande se ledit ca
pitaine est tenu de leη iecter hors
a ses propres despens/car sembler
roit que ouy veu que par sõ asseu
rement est escheu en ce dommage
¶ Je te respons que non/ scez tu
pour quoy/ pource que on dit com
munemēt que sans cause seroit te
nu ung homme pour fol se de sa
folie na nul dommaige/et ilē tout
cler que le seneschal ne deuoit pas
croire ung capitaine si nõ que cer

tiffie fust que les francoys gardas
sent son saufconduit/se simple a e
ste/le mal luy en demeure/car a
uecques ce deust bien sauoir que
ung capitaine na pouoir de soy te
nir sur ce non de ses gens/dont pu
is que ce nont il pas fait/ de quoy
luy est il tenu/et auecq ce nest pas
de droit que ung hõme donne pre
uilege daller sur le royaume a pl⁹
grant de soy/ne mesmement sil es
toit oblige de le garder. si ne luy
vauldroit tout riens. si te cõcludz
que quoy que le capitaine eust dō
ne ledit saufconduit de bonne foy
que tout ce neut riens valu/sil est
gentil homme il est tenu de pour
chasser de sa puissãce sa deliurãce
deuers le roy/pource q̄ par sa coul
pe est escheu eη tel inconuenient.

¶ Comment lacteur se mer
ueille veu la petite foy qui au
monde court/comment per
sonne se ose fier en ses saufcõ
duitz Et puis demãde sil ad
uient que aucuu roy ou prin
ce crestien dõne saufconduit
a ung sarrazin se les aultres
cristiens par ou il passe le doi
uent tenir.   iiie.cha.
                            l.i

le maconnaige affin quil soit plus
hault que sengin, et par enhault
bastir daiz et dentablemens pour
mieulz surhausser/ Car cese mur
nest plus hault kengin est de pe-
tit proffit/mais les assiegans ont
communement une cautelle quilz
batissent ladite tour affin quelle
semble plus basse que les murs,
apres font secretement une autre
tourelle dentablemens/ laquelle
quant le grant engin est ioinct au
mur soudainemet a cordes et tres-
grans crocs la meclent hors, et
laissent sur lautre et tout acoup
par celle voye les gens darmes as
saillent si soudainemet les murs
que grant deffence y conuient silz
ny montent/mais a cestuy impe-
diment doibuent estre pourueuz
ceulz de dedens de bons gros tref-
ferrez bien longz par lesquelz a-
uec grant force le boutent arriere.
¶ Item il dit que quant iadiz la
cite de rodes fut assiegee par une
semblable tour mouuable de tres
merueilleuse haulteur et trop plus
que les murs nestoient/ ceulx de
dedens voyans venir vers eulx
le grant edifice Si saduiserent la
nupt deuant de grant cautelle.
Ilz percerent leurs murs par sub
tilz moyens et caulz/ cestassauoir
les fondemens dessoubz les murs
et fouyrent la terre ou lieu et a len
droit quil leur sembloit que sen-
gin deuoit estre mene/et gras fos
sez firent pour laquelle chose len-
gin arriue a tout ses rocs giant et
merueilleusement pesant fondit
la terre en maniere q estre ne peut
releue/et par celle voye fut la cite
garantie. Et est assauoir que pro-
pres noms auoient au temps an-
cien les ioinctures mouuables de
ces engins si que dit sera cy apres
Par quoy les dites tours iointes
aux murs/les archiers les fonde-
urs et tous les hommes de trait
et aussy les gens darmes chascun
endroit soy efforcoient a tollir les
murs a ceulx de dedens qui a leur
pouoir les leur callengoient. Si
estoient les murs pourprins des-
chelles de toutes pars ou sabandonnoient
a plusieurs perilz ceulz
de dehors pour y monter/ lequel
vsage deschelier en tel cas trou-
uerons premierement ceulx de la
cite de capue contre ceulx de dehors
lesquelz eulx et leurs eschelles fu-
rent trebuchiez/et a force de trait
les mettoient par terre mors et oc
cis/sy y auoit engins qui se nom-
moient Sambuche, Eposite
et Thelenon ¶ Sambusch

est ung engin fait en maniere de
une harpe habille a percer le mur
et ẽa cordes atache a ladicte tour
¶ Le postre estoit nomme le pont
par dessus que on jectoit souday/
nement de la tour sur le mur/par
lequel les gens darmes alloient
iusques dedens les murs. ¶ Le
lenon estoit ung engin qui auoit
ung tref fiche par le milieu si que
une lance ung autre tref plus
loing/duquel chascun des boutz
on pourroit aualler a chaines et
a cordes tout ainsy que on voul/
loit. Et quant lun estoit auale/
lautre se haulcoit/ ainsy que fait
une lance sur le bout/ deuers la
forteresse estoit fait ainsy que ung
petit chastellet de clopes et daiz
bien ioinct/et le bout de celle part
aualle se chargoit de gẽs darmes
et lautre bout de celle part aualle
on les mettoit contremont iusqs
dessus les murs. La deffence cõtre
iceulz engins estoict bons magõ
neaulx lombardes et grosses pi/
erres et arbalestres a tour biẽ ten
duz/a bonnes cordes de nerfs.

¶ Cy deuise les remedes cõ
tre lesditz engins.

Contre lengin qui est nom
me mouton enseigne Vege/
ce plusieurs remedes. Cest assa/
uoir q̃ quieutes matelas ou sacs
plains de fiens soient auallez cõ
tre le mur au droit ou le tref doibt
venir ferir/et par la molete dice/
ulz seront les coups rompus.
¶ Item on fait ung autre engin
appelle loup auquel est ung fer
courtue/qui a tresfors dens agus
Si est assis par telle maniere sur
le mur qui vient engouler le tref
du mouton/ũ sy fort le tient que
estre ne peult auant ne arriere/ũ
aucunesfois le tirẽt en hault a for
ce de cordes si que plus ne les peut
nupte. Et sil aduient que par for
ce soit le mur perce ou prins ceulz
de dedens garnis de toutes estof
fes tantost facent ung autre mur
de celle part et encouent leurs en
nemys se ilz peuent entre deup
murs/ou silz sy viennent embas
tre si les occient.

¶ Remedes conuenables cõ
tre la mine. xxxviii. cha.

Ontre lautre maniere de combatre forteresses cest assauoir par mine qui se fait soubz terre sont les remedes telz. ¶ Premierement se estre peult on doibt tellement a parfondir que nulle mine ne puisse par dessoubz passer. ¶ Item ceulz de dedens doibuet aussy monter au plus hault de leurs tours/et prendre garde silz verront de quelque part hommes portans terres/et auec ce doibuet souuent escouter ioingnans les murs par embas se aucunement orront marteller/et sil aduient qlz sen appercoiuent doibuent tantost continuer et tant faire quilz viennet iusques a la mpne de leurs ennemps/et celle part a tout hommes et bonnes lances leur caleger par grant vigueur aler plus auant. Sy aient mps des a letree de leur mine cuues plaines deaues et dorine puys faignent quilz sen fuyent et sen saillent hors silz peuent et tout acoup lectent celle eaue con treual Et se par laide des femmes elle pouoit estre boullant mieulz vauldroit/et ainsy dit il ont este plusieurs mineurs occis. ¶ Or posons q ceulp de lost eussent les murs les tours et les portes de la cite/se doibuet pour tant ceulp de la cite occir comme beste et par paour on les puisse prendre Nenny/ Ains come vassaulz culz dessendans iusques a la mort/tousiours aiant bonne esperance doibuent monter aup fenestrages des maisons et sur les toitz et a bonnes pierres et tuilles eaue boullant et chaulz silz peuent occir leurs ennemps ainsy quilz vont tracant par tropeaulp pour fourrager la ville/et silz pretendoiet bouter le feu les seruet de sy grosses pierres que tous les escerueltent/car trop a de lancer greigneur auantaige si que dit est le hault que le bas/et par ainsy si chier se vendent que ilz ne laissent pas dauantaige/car par celle voye en hardy couraige nen doubte nulz/se sont plusieurs villes surprinses par celle Uc pe eschappees et deliurees a grat victoire/car trop est grant chose a gens darmes sembatre en autruy ville/en cas que bien garnie soit et bon couraige aient les habitas deulz dessendre. ¶ O merueilleup couraige contre leurs ennemps eurent ceulz de la cite de mopance quant ilz veirent que plus ne se pouoient nullement tenir contre les rommains qui moult songuement y auoient tenu le siege

Adonc comme ceulx qui mieulx
aymoient mourir et destruire eulz
mesmes leur cite (et tous leurs biés
que ce que leurs ennemys en feus/
sent maistres ne ioissans de leurs
grãdz tresors/car mout riche estoit
sy bouterent le feu par tout q̃ grãt
hydeur estoit a veoir si grant cite
toute en vne flambe ou estoient
perilz femmes et enfans et puys iz
firent hors sy vendirent chier leur
grant ire aux rõmains qui moult
y perdirent des leurs. Ains que af
fin les meissent et riens ny gaigne
rent. ¶ Vne chose apprent vege
ce/cest que les habitãs se adce sõt
venus bien se gardent de tenir cho
se a eulz musable/cõme tenir leurs
portes closes/car dist il on dit don
ner congie en tel cas a son ennemy
de soy aller se bon luy semble/car
le tenir enclos luy pourroit dou/
bler force/puis que espoir nauroit
de pouoir fouyr ¶ Advient aucu
nesfoys que ceulz de lost faingnẽt
par cautelle quilz se departent/et
vous assez loingz ainsi que firent
iadis ceulz de gresse deuãt tropes
apres la paix faicte/mais lors q̃lz
pensoient que ceulz de dedẽs se te
nissent asseurez. Doncques tout
quoyement par nupt retournerẽt
sy eschellerent les murs et montes

rent dessus/ou les guettes trou/
uerent endormys et acouplees sur
prennent/si les occirent inconti/
nent. Et par ceste cautelle ont este
plusieurs villes prinses/et aussy
eust este la bonne ville de romme
au temps que vng nommé hani
bal estoit deuant/quant le cry des
oyes dauenture esueilla les gar
des/et pource que telles choses cõ
munement et souuent se font y af
fiert a toute heure grant garde.
Et doibuent estre faictes cham/
brettes ou petites logettes sur les
murs pour garder ceulx qui ferõt
le guet de froit en yuer/et de la cha
leur du soleil en este/et auoient en
vsaige anciennement de nourrir
tressaiges et aspres chiens en icel
les maisons et es tours/affin que
par eulz peust estre sentue ou con
gneue la venue des ennemys.
¶ Auec toutes ces manieres de
deffendre enseigne vegece aux en
clos que soingneux soient dequer
re et sauoir par aucunes espies laf
faire de leurs ennemys/ne chose
nest nullement sy vtile Car par
ce peuent mieulz appointer de le
urs necessites et affaires/p quoy
silz ont tresuaillant et noble cou
raige et ilz puissent bõnemẽt sa
uoir seure que leurs aduersaires

ne soient sur leur garde ou soient
assiz a leur menger/ou se boient es-
batant ca et la/et quilz ne se don-
nent garde que ceulz de dedes doi
uent saillir/adont tout acoup doi
uent aller sur eulz/(et mesmement
silz peuet saillir hors par quelque
faulse posterne par derriere est le
meilleur/et que bien se gardent q
leur quiue ne soit accuse:par quoy
aucune embusche y puist estre mi-
se pour les occir/mais se par la bo
ye dessusdite les pouoient surpre-
dre/ilz sen pourroient despecher.
Et a propos de hardy couraige en
deffece de cite fut grant merueilles
de la cite de munance en espaigne
au temps que les rommains les a
uoient/tellement menez que yssir
nosoient de la forte closture Neat-
moins delibererent mieulz mou-
rir que estre serfz/mais aincceps se
boulurent chier bedre a leurs en
nemps. Et pource de telle quanti
te quilz auoient de blez qui pou es
toit brasserent ung tel beuurage
que quant beu leurent furet tous
pures si y pisirent adont (et tant sirent
darmes que ains que estre peusset
du tout desconfitz/ilz destruirent
pres que tous les ennemps/(et se en
quantite egalle eussent este la ro
maine nen fussent tenue achief.

Mais au premier propos dit be-
gece/sil aduient que en cesse em-
painte fortune ne soit pour eulz
ains soient reboutez/doibuet bien
auoir ordonne que incontinent et
prestement la porte soit ouuerte/
(et se les autres les supuent iusqs
sur le pont ou dedens la porte ilz
soingnent que dedens soient en-
clos/et que sur les murs ait assez
bonne garnison de pierres et grat
force de trait pour les conuoier de
toutes manieres dengins/(et par
telle maniere et facon que tous ou
la plus part ne sen retournet pas
Si ne soit le gaig tout pour eulz
Neantmoins est tresmerueilleup
et grant peril soy combatre sur pot/
A lexemple de ung roy de gaule
lutuitus auecques son grant ost
contre les romains que tellement
eut charge le pont de bois que sur
la riuiere du rosne eut fait faire ql
rompit et y perirent et furent napes
tous les siens de quoy ce fut trespi
teuse besoigne. Et sil aduient au
cunement que par maniere daucu
accord ou traictie soit ple dauoir
la fortresse de ce on soit aduise que
la tresgrande desloyaute daucun
mauuais ne peut nullement dece
uoir lignorance des simples/car
aucune/fops et souuent ont plus

nuyt paiſp faintes ſoubz ⁊mbꝛe
daccoꝛd que foꝛce darmes.

⸿ Cy cõmence a parler des
Batailles qui ſe font par mer.
xxxix.chapitre.

En ſuiuãt les choſes deſ
ſuſdictes en la fin de ſon li
ure touche Begece aſſes en bzief au
cunes choſes cõuenables a batail
les qui ſe font par mer. Et pꝛemie
rement de la facon des nefz faire ⁊
galſees, dit q̃ en mars ne en auril
que arbꝛes habõdent de humeure
ne ſoiuẽt pas eſtre les arbꝛes cop
pez pour faire les nefz Ainſ ſe doi
uẽt eſtre en iuillet et en aouſt loꝛs
que lumeur des arbꝛes ſe pꝛent a
ſecher/⁊ que meſmement les ais
ſpez doibuent eſtre laiſſiez ſecher
tãt que loꝛs ſoit la verdeur. Auec
ce dit q̃ a clauſber les ais des nefz
ballent mieulp clous derrain q̃
de fer quoy que fer ſoit plus foꝛt/
mais larral pource que plus a en
ſoy de moiſteur mieulz ſe tient en
leaue et plus longuemẽt ſãs pour
rir.⸿ Item dit que ceulz qui par
mer veullent aller ſoit en armee

ou autre affaire doibuent biẽ eulz
pourueoir de bons nautonniers
maiſtres en ceſt office/et que biẽ
ſe congnoiſſent es vens et quelz
choſes leur peuẽt nupꝛe des perilz
de mer/ſachẽt les deſtours et auſ
ſy les adꝛeſces de tous les poꝛtz/et
que tresbien ilz ſe congnoiſſent
en la carre et es ſignes du ciel/ou
mariniers pꝛendent leur regard/
congnoiſſent auſſy les ſignes qui
demonſtrent foꝛtune de mer adue
nir pꝛochaine qui apperent tant
au ſoleil comme en la lune es vẽs
es oyſeaulp et meſmement aup
poiſſons ſoient tous maiſtres et
gouuerneurs de leurs voiſſes ti
rer coꝛdes a point et laiſſer ancrer
et deſancrer et que pluſieurs ſoys
ſe ſoient troiuez en batailles de
mer en diuers perilz et autres ad
uentures.⸿ Item les pouruean
ces faictes ſi quil appartiẽt a tres
bien armer nefz ou telz vaiſſeaup
de bõnes gens darmes et de trait
dit que ceulz q̃ ui vont pour eulp
combatre appartiẽt eſtre plus foꝛt
armez que ceulz qui ſur terre ſe cõ
tent/car ilz ne ſe peuent pas tant
mouuoir/ſi doibuent mener petis
vaiſſeaulz courſaires auant eulp
Eſqlz doiuẽt enuoier eſpies pour
ſauoir du puiue des enemiſ/⁊ quãt

de pies les bienent requerre adōt
les doibt on saluer de bonnes bō
bardes et pierres iectees de diuers
engins/et fois arbalestres/ꝫ les
nefz ioinctes/les vaillans hōmes
darmes auallent les pontz et sail
lent es nefz des aduersaires/ꝫ la
se combatent main a main. Et es
greigneurs vaisseaulx fait on to
urs et arbalestres/affin que ainsy
que on fait des haulz murs puis
sent iecter feu ꝓ treual/eaue ꝫ huil
le boullāt si est cruelle chose ou les
hōmes non pas seulement par ar
mes perissent/mais aussy par feu
et eaue sans pouoir fuyr ne gueu/
chir. Ilz sōt souuēt to9 difz liures a
estre pasture auy poisons/la sont
traictes saiettes ardās enuelopees
destouppes de poy et de huille par
quoy les ais des vaisseaux q̄ sont
de boys sec et oinctes de poy se al/
lument de legier/ꝫ ainsy les vngs
perissent par fer/autres sont ars/
et autres nayes. Sy est peril de
soy combatre par mer.

¶ Sy deuise que cōbateurs
par mer/doibuent auoir gar
nisons lesqlles garnisōs leur
afferent et par especial a gēs
allans en armee sur mer.
xl e. chapitre.

Oy dit que cōbateurs en mer
doibuent estre garnis de
vaisseaulx plains de poy noirc de
soulfre/ꝫ huille tout ce confit en/
semble enueloppe en estouppes. ꝫ
ses vaisseaulx alumez doit on iec
ter et traire fort et assaillir leurs
ennemys tant que loisir naient de
staidre le feu. Et est assauoir quil
est vne maniere de composer feu/
lequel aucuns appellent feu gri/
gois/pour cause que ce feu fut tro
ue par les grecz estans au siege de
uant troye/Ainsy que diēt aucūs
cestuy feu art mesmement en eaue
pierres fer/et toutes choses bruit
ne estre ne peut estal fors par cer
taines miptions que on fait a les
taindre/mais par eaue non/aussi
se font aucunes poisons si forte ꝫ
tāt mortelles que fer qui en seroit
atouchez/et puys entrast au corps
de lōme sans plus iusques au sāg
la plope seroit mortelle/ mais com
me telles choses a faire ne ēseignez
les maulx qui i sen pourroient en
suyuir sont cause de leur epcōmu
nication pource nest pas bon den
plus reciter/pource que a ꝓ pristiē
ne loist vser de telz inhumanitez/
qui sont contre tout droit de guer
re ¶ Item ceulx qui se doibuent
combatre doibuēt aduiser de mets

tre seurs ennemys vers terre / et
eulz au parfot. ¶ Item au matz
de la nef doibt auoir atache ung
tref / lequel soit ferre dune part et
dautre et tellement que on le puis
se haulcer / z abaisser et en ferir tres
grans coups contre fanquire ain
sy que le mouton de dessus.

¶ Item aient saiettes a large fer
qui trairont ou voille et le troue
ront tellement quil ne pourra vet
tenir.

¶ Item doibuent estre garnis de
certais hommes duis de plonger
en leaue / z a bonnes tarelles trou
ent la nef. si que leaue y entre de
toutes pars.

¶ Item grosses pierres a foison
fers trenchans y doibuent venir
lancer / et toutes choses par quoy
on puist derompre la nef se plus q
on peult. Apres lesquelles choses
dictes puis vser des ppres motz
vegece en la fin de san liure ainsy
disat. Je croy que desormais puis
traire de la discipline darmes / car
en ces choses / la coustume de vsa
ge darmes treuue souuent plus
dart et de nouuelles choses que lan
cienne doctrine nen a demonstre.

h.i

¶ Cy fine la seconde partie
de ce present liure.

¶ Et en apres commence la
tierce partie ou il parle de la
disciplie darmes et des droitz
darmes selon les loix et droit
escript.

❡ Cy apres sēsupt la tierce
partie de ce presēt traictie La
qlle parle des drois darmes
selon les loix et droit escript.
Et deuise le premier chappi/
tre par quel moyē lacteur ad
iousta a ce liure ce qui est dit
en droit des faitz darmes
❡ Premier chappitre.

A Insi que ie pretendoye
a entrer en ceste iiiͤ.
partie de ce present lis

ure mon entendement assez tra/
uailie de la pesāteur de sa matiere
ou labeur des precedētes parties
Adonc surpruns de somme en mō
lit couche:me apparut en dormāt
par semblance Une creature tres/
so.ͤ enel habit de chiere et de main
tien ancien sage et auctorise iuge
qui me dist ainsy. ❡ Chier amy
duquel en fait ou en pēsce labeur
en nulle heure ne cesse depcercile
destude que tu as aup choses que
lettres peuent demonstrer p espe

cial en eportation de toutes bon/
nes euures (& meurs Vertueux ie
suis icy venu pour estre en ton ai/
de en la presente euure de cestuy li
ure de cheualerie (& fais darmes/
ou par grant diligence meu par
bon vouloir tant tu occuppes, et
pour ce en confortant se bon desir
que tu as de donner matiere aux
cheualiers et nobles qui se pour/
ront oyr, deux eployeres faitz q
noblesse requiert (Cestassauoir
audit expercite darmes tant en la
beur de corps come es droitz qui
leur conuienent selon ses loip, est
bon que tu cueilse sur larbre de ba
taille, qui est en mon iardin au
cune fruitz et que diceulx tu (ses
Si ten croistra vigueur et force
a mieulx pouoir para heuer la pe
sateur de ton euure, (& pour bastir
edifice partient aux Ditz de Vege
ce et des autres acteurs dontius/
ques icy tes aydes te conuient retre
cher des branches dicellui arbre(&
predre le meilleur et sur cellup ma
irien fonder partie de ton edifice/
Auquel parfaire ie come maistre
et toy disciple y seray en ton aide.
ces choses oyes me sembloit que son
lup disoie ainsi. (Digne mai
stre ie congnois que tu es cellui e/
stude que iame tant (& ay aime tant

que plus de riens ne me souuient/
(& par laquelle vertu et frequenta
tio ay des a grace a dieu plusieurs
belles emprinses acheuees/certes
de ta compaignie suis tresioieulx
mais comment ne doibt ce plaire
au maistre se le disciple desireux
dapprendre lup meut questions.
te prie que tu me dies se reprouche
pourra estre a mon euure ce q tu
mas conseille vser dudit fruit
(Amy chiler a ce ie te respon que
de tant come vne euure est tesmoi
gnie par plus de gens, tant est el
le plus antentique. Et pourtce ce
aucuns en murmurent selon lu
sage des mesdisans, disans que au
tre part mendiet. Je leur respons
que cest commun vsage entre mes
disciples deulx entredonner et de
partir des fleurs quilz prendront
en mon iardin diuersement (& to9
ceulx qui sen aident ne les ont pas
cueillies. Coment iehan de meun
ne sayde il pas en son liure de la ro
se des dictz de lauris, et semblable
ment dautres Si nest pas cas de
reproche, ains est louenge quant
bien et proprement sont apliquez
(& la gist la maistrise(& est signe da
uoir foison veu (& visite plusieurs
liures, mais la ou mal a propos
on feroit seruir choses ailleurs

prinse la seroit le vice Si fais doc
ques hardiement et ne te doubte/
car ton euure est bonne, et si te cer
tiffie que de plusieurs saiges se/
ras encore loe sans auoir doubte
aucunement.

Lacteur demāde et le mai
stre respond se lēpereur peut
mouuoir guerre au pape.ii.c

ADont me fut aduis que
ie disoie, puis que ainsy ē
tressolēnel iuge quil te plaist que
ie adiouste en mon liure darmes
et de cheualerie ēcore des fruitz cu
eilliz en ton iardin par ton com
mandement en lisant diceulx te
feray aucunes questions pertinē
tes a la dicte matiere darmes/cest
assauoir es droitz qui y conuien
nent selon les loix et droit escript
Et tout premierement ie te de
mande en entrant en sadicte ma
tiere puys quil est vray ainsy que
au pmier de cest liure ie dis et toy
mesmes, bien scay que le nyeras q
guerres et batailles selō droit naif
fierent a estre menees ne iugees
fors par les princes terriēs qui de
personne ne tiennent leurs terres
fors seulement de dieu/sicōme em
pereurs roys ducs & autres qui so
ient mesmement seigneurs. Se lē
pereur de rōme qni a iurisdition
temporelle est le principal du mō
de peut selon droit emprendre et
maintenir guerre contre le pape.
Et sainsy est quil lēpreigne se ses
subgectz et hōmes sont tenus pour
ceste cause de venir a son mande
ment. Il sembleroit que sy pource
que iurisdiction et seigneurie luy
est deue plus que a seigneur du
monde. Autres raisons y a se ses
subgectz luy sont obeissans ou qlz
se fourfacent et pariurent de ce q
promis luy ont/bon ou mauuais
quel quil soit et fust scimatique.
Amy chier a ceste question ie te
respons que mouuoir guerre selō
droit ne peut et voy icy les raisōs
que le droit y assigne. Premiere
ment car il est procureur de legise
si seroit grant oultraige que le p
cureur fust contre le maistre/leql
se doibt deffendre et il loffendroit.
Item lempereur est subgect
au pape/ce ne peut il pas nyer/car
il appert par ce q son election gist
tant en luy qui luy appartient en
querir sil est hōme ydoine a ce. Et
se election luy est deue et de le cou
ronner ou non en est en luy. Donc

se subiect seroit contre se souuerai
Encore te dis ie plus que se sempe
reur ne se gouuerne a soy de boy
peteur le pape par droit luy peut
oster limperial dignite/ y establir
vng autre. Si ne peuent ne doib
uent ses subgectz obeyr au mande
ment de telle guerre se ilz ne veul
sent desobeir a dieu en persecutat
son eglise.

¶ Cy fait mencion se le pa
pe peut mouuoir guerre a lë
pereur.   iii.chapitre.

Ops que ainsy est maistre
que lempereur ne doibt au
pape mouuoir guerre je te demä
de se le pape se peut mouuoir a lui
Car il sembleroit que non/ Ceu
quil est lieutenant de iesucrist en
terre si doibt ensuiuir ses traces q
toutes furët paisibles ne oncques
de guerre ne sy aida. Et auecq ce
dist a ses applês quilz ne se vsas
sent pas de seigneurie comme les
princes. ¶ Item auec ce dist saint
pol que gens deglise ne se doibuët
reuenger/ mais vaincre en sous
frant ¶ Je te respons en mettant
ces raisös arriere et toutes autres
telles/que säs faulte le pape peut
mouuoir bataille et guerre a sem

pereur en aucune cas C estassa
uoir sil est erege ou stimatique.

¶ Item sil vouloit vsurper le
droit de leglise et tollir ou empes
cher son patrimoine et ses heritai
ges et iurisdictions/ q que en ses
cas ne luy peuent pas faire guerre
Ains seroient tenus tous xpristi
ens princes et autres mesmement
de lempire aider au pape/ainsy ql
aduint du pape alixandre le tiers
de ce nom/ lequel persecute de sem
pereur sen alla a refuge au roy de
france qui en son lieu se remist. Et
seroit pourneät se aucun vouloit
dire/dieu ne dist pas ql se iectast
ius mais dist ql se remeist/cestoit
adire ql se regardast pour le tëps
aduenir/ car pour celle heure ne
vouloit vser de voye de fait.

¶ Cy fait mencion de la pu
issance et auctorite du capitai
ne de la cheualerie du prince
selö droit Et pour quelz cas
les gens darmes peuent en
courir crisme capital. iiii.c.

Maistre assez me suffist quät
en ce cas mais plaise toy di
re se iay cy deuät assez suff.sämët
pse de loffice du capitaine de lost
du prince quoy que autressois ait

este informe de moult de choses p(er)-
tinentes a son dit office/desire en-
cor de toy en op(er). ¶ Chier amy a
ce ie te respons que quoy que bien
et bel en ayes dit/tu y peus encoi-
res adiouster autres auctorites q(ue)
les toy tup donnent auec tes char-
ges qui luy appartiennent. C'est as-
sauoir donner licence a ses gens dar-
mes de aller ou il est besoing/tant
pour leurs besoingnes en temps
conuenable come pour se fait de la
guerre/sans laquelle licence ne doi-
uent riens emprendre. ne nulle cho-
se faire/puis appartient a luy les
commettre par ordonnance selon
le proffit de la bataille (et selon son
bon aduis et le conseil quil a. Sy
luy appartient de donner garde q(ue)
du pays ne partent gens darmes
pour aller autre part sans congie du
seigneur/doibt aussy garder les
clefz des chasteaulx et villes ou
en allant en armes sil y est loge.
¶ Item a luy appartient de com-
mettre le gait en lost et prendre di-
ligemment garde sur tous les siens
que les mesures de ble daucine et
de vin/(et) aussy les pois soient iu-
stes et que ceulz qui mal en vsent
soient pugnis. ¶ Item a luy ap-
partient a congnoistre les debatz
et questions de ceulz de lost et en
iuger faire droit a vng chascun
soit gentil homme marchant ou
aultre qui se viengne a luy com-
plaindre des siens. et longe seroi-
ent a dire les offices qui apparti-
ennent audit capitaine/mais auec ce
pour mieulx toy apprendre veul-
les dire cas selon noz loix dont les
hommes darmes peuent encourir
criesme capital silz faillent.
¶ La loy dist que celluy qui frap-
pe se capitaine p(ar) maltalent doibt
perdre se chief/ et semblablement
le doibt perdre celluy qui est rebel-
le et contredisant en ordonnance
de bataille. ¶ Item celluy qui fu-
it de la bataille se les autres y de-
meurent. ¶ Item celluy qui est
enuoye en ambassade aux aduer-
saires ou pour les espier et il reue-
le et descueure le secret de sa partie
¶ Item cellui qui sexcuse par faul-
te excusation menteresse de pouoir
estre en la bataille auecque son sei-
gneur. ¶ Item celluy qui ne def-
fent a son pouoir son capitaine sil
le voit assaillir. ¶ Item qui se
part de lost sans congie pour faire
autres armes/encourt aussy cries-
me capital quelque aultre bien ou
beau fait quil face ailleurs.
¶ Item qui empesche que paix
soit faite. ¶ Item qui procure q(ue)

y ait en lost discention ou rißote
mortelle. ¶ Item qui desrobe les
prouisions de lost ¶ Jstē se le Vas
sal est tenu selon droit daller que
rir armes ʒ aller en la guerre de sō
seigneur a ses despens et il ny Va

¶ Cy fait mencion se le vas
sal est tenu selon droit daller
eu la guerre de son seigneur
a ses despens.   v⁰.cha.

POur ce quil est de coustu
me que tous roys princes
ou seigneur sōme sō Vassal de luy
estre en aide en fait de guerre. Je
te demande maistre se ledit Vassal
est tenu selon mandemēt de droit
et selon ses loip de aller au mande
ment de son seigneur. Et sil est ai
sy que tenus p soiēt se ce doit estre
a leurs propres coustʒ et despens
ou a ceulʒ du prince ou seigneur.
¶ Chier amy pour mieulʒ respō
die a ta demande conuient adui
ser quelles choses contient le iure
ment de fidelite que fait celluy q
entre en sop daucune terre ou pos
session mene en chief daucun sei
gneur. Si sont Vi. les principales
conueuāces selon le decret ʒ droit
mis. ¶ La premiere est que par sō
sermēt iure que iour quil Viue ne

pourchassera le dōmaige de sō sei
gneur. ne sera en lieu a son sceu ou
pourchassie soit ¶ La secōde que
iamais sō secret ne reuelera de cho
se qui luy puisse porter preiudice
¶ La tierce quil sera pour luy en
tous cas iuste et raisonnable con
tre tout hōe en opposant son corps
et sa puissāce a ses besoingnes en
fait guerre bien et sopaument tou
tesfois que requis en sera ¶ La
quarte que iamais ne sera au dō
maige de ses biens possessions ne
heritaiges ne de tout son bien.
¶ La quinte que sil aduient que
son seigneut ait affaire de luy ou
de chose quil puisse bōnemēt quil
ne sexcusera en disāt que trop for
te chose seroit ʒ trop difficille a sai
re pour le pouoir de sa personne
¶ La sipte quil ne querra Voye
de sexcuser ne dempescher daller
au mandement de son seigneur.
¶ Telʒ sont et doiuent estre selon
le decret, les promesses et sermēt
du Vassal au seigneur. par lesqt
les pmesses appert assez que dōc
les Vassaulp sont tenus destre a
uecques leur seigneur pour se ser
uir en ses guerres a tout bien et so
paument soubʒ lobligatiō de per
die les fiefʒ que deulʒ tiennent et
destre confisque, et ainsy que dit

dieu en leuangile/qui nest aueq̃
moy soit contre moy/ ⁊ doibuent
estre reputez contre leur seigneur
silz en deffaillent/pource deseruẽt
destre deboutez de sa terre quilz ti
ennent a celle cause/mais neant/
moins ne les oblige nulle loy de
seruir a leurs despens/mais aux
propres gaiges du seigneur/se ce
nest par tel cõ que la terre y fust
danciennete obligee. Sicomme il
est certaines Silles qui a leurs p̃
pres despens sont tenues de seruir
le prince par certain temps de au
cune quantite de gens en ses guer
res/et est bõne la raisõ pour quoy
ilz ne doibuent pas seruir a leurs
despens. Neantmoins sil estoit ai
sy que le seigneur neust plus de
quoy les maintenir et que son de
maine ne souffist pas par especial
pour garder et deffendre son pais
ses subgetz et son droit ilz sont te
nus deulz tailler et mettre sur cer
taine ayde pour luy aider ⁊ peuẽt
par droit estre coutrains silz ne le
Bouloient faire/⁊ par especial en
cas que ses ennemps seroient Be
nus sur sa terre luy courre sus/car
selon droit moult est priuilegiee
la guerre a deffensiue trop plus q̃
loffensiue. ⸿ Oray est que selon
droit se le roy prince ou seigneur a

besoing de prendre telle aide doit
bien garder que ce soit sans outra
ge/car ce seroit sur sa charge ⁊ biẽ
se garde le conseiller que autre/
mẽt ne se conseille/car ce seroit grã
dement a sa dãnation. Et ne de
ueroit le bõ roy ou prince escouter
tel conseiller/mais le debouter cõ
me enemp de son ame/de son corps
et de son honneur/car il luy cõseil
seroit son dãnement ⁊ se mettroit
en Boye de perdre lamour et la biẽ
Beuillance de ses subgetz.

⸿ Cy fait mencion se les fe
aulx sont plus tenus de aider
au prince souuerain que a leur
seigneur naturel.   vi.c.

Dulz maistre manifie
moy ⁊ soubz ceste questiõ
Je dy puys quil est ainsy q̃ le Bas
sal est tenu de aider a son seigneur
de qui il tient en fief contre tout
homme. Doncques semble il que
se le roy ou prince auoit guerre cõ
tre aucuns de ses barons que ses
subgectz des barons qui deulz tẽ
droient feussent tenuz de aider a le
urs seigneurs contre le roy ou pri
ce/car au roy nont ilz pas promis
feaulte/mais aux seigneurs dont

leur fief meuuēt ſans nulle excep
tion ¶ Chier amy ſans faulte te
reſpondiay en bief a ceſte queſtiō
quoy que par aſſez de raiſons me
puiſſe arguer/diſant que auſſy bi
en ſe peult aider ſelon droit le pe/
tit homme de ſes choſes que fait le
giant/ τ doncques pourquoy ne ſe
aidera ſe baron de ſes choſes et de
ſes hommes qui luy ont promis fe
aulte et non pas au roy/ τ autres
pluſieurs choſes q̃ pourrois a ton
propos alleguer. Neantmoins te
dy que toutes raiſons ou contrai/
res ſont ſelon noz loix ſont nulles
Car ſeurement nul ſubgect neſt te
nu de aider a cellup de qui il tient
en fief contre ſon ſouuerain ſeigne
ur. Ains ſe meffait ſoubz crieſme
capital ſil le fait ſicomme de offē/
cer le rcinage/te car quoy que ſe ba
rō ſoit naturel ſeigneur ſe roy ou
price ē ſe naturel ſeigneur ſoubz q̃
p ſont. ¶ Se tu me ditz dont ſe
pariurerent ilz/car nul ſermēt ne
peut obliger a faire mal/laquelle
choſe ilz feroient de ſouſtenir en
mauuaiſtie leur ſeigneur qui ſe/
roit contre ſon ſouuerain. Chier
maiſtre autre queſtion plus forte
τ qui de celle aſſez deppēt faire te
bueil. Je ſuppoſe que deux barōs
au royaume de france ou dautre

part aient guerre lun contre laut
tre/pour laquelle guerre mandēt
leurs hommes. Aduient tantoſt
que ſe roy ou prince pour ſes guer
res et pour la deffence de ſon pais
ait a faire de gens ſi fait ſon man/
dement/ auquel ſont comprins les
hommes des deux barons deſſus
ditz/ſy te mande ſilz ſont tenuz de
benir au mandemēt du roy ou de
aller a leur ſeigneur. ¶ A ceſte q̃/
ſtion en confermant la precedente
te reſpons que ſelon droit ſont te/
nus de benir au roy et laiſſer leur
ſeigneur et y aſſignent les drois
trops raiſons. La premiere eſt que
le roy ou ſouuerain prince regar/
de la commune vtilite du royau
me ou pays laquelle doibt eſtre
plus priuilegiee que la ſinguliere
vtilite de vne barōnie. ¶ La ſecō
de quilz ſont tenus au roy de ge/
nerale iuridicion qui eſt de plus
giant auctorite et ſy a haulte iu/
ridicion ſur la petite baronnye.
¶ La tierce raiſon eſt quil nap/
partient que ledit petit officier ait
puiſſance deſtre obey pardeuant
le ſeigneur et pert ſa puiſſance ſy
toſt que le ſouuerain ou lauctori
te du ſeigneur bient auant/ain/
ſy comme la lueur ou clerte de la
chandeille eſt petite ſi toſt que ſe

ray du soleil y suruient. ¶ Chier maistre encore te fais telle questi/on. Je suppose que vng conte ou baron tiengne vne terre du roy dar ragon/ce il demeure au royaume de france aduient que le bon roy de france luy demande quil vien/gne a son aydeen ses guerres/ce se blablement tout en vng mesmes temps le mande le roy darragon Auquel doncques doibt il obeyr/car il est impossible destre en deux lieux:ce sembleroit quil peust estre epcuse de non aller a luy ne a sau tre. ¶ Je te respons que epcuser ne se peut ne de luy ne de lautre sil ne veult perdre droit de fief. Cest assauoir quil voise a luy lequel q̃ il luy plaira et de qui il tient le pꝰ et a lautre enuoye de ses gens.

¶ Plus forte question ie te deman de sil aduient q̃ les dessusditz roys aient guerre ensemble/ie ne scay en tendre auquel il doit aider quil ne perde lune de ses terres. Je te dis que la precedẽte responce peut en core seruir a ceste questiõ selon au cunes oppinions/cestassauoir al ler a luy et enuoyer a lautre/mais ceste chose ne se pourra pas biẽ en droit soustenir/car se ainsy estoit quil le feist dont conuiendroit il q̃ ses propres fussent contre luy mes

mes puys que les deux roys sero ient aduersaires/et il auroit a luy enuoye de ses gẽs/et il seroit pꝰ lau tre/ce pour ce ne scay meilleur re mede ne conseil que ce que ie tay dit/ce scez tu q̃ atel vassal appar tient a faire ou nõ de dieu/ de soy mettre en peine de toute sa puissã ce dy mettre paix en tous temps sil peut.

¶ Cy fait menciõ se vng gẽ til homme tient deux fiefz de deux seigneurs lesquelz guer roient lun lautre auql il doit aider. Item se en toutes guer res selon droit peuent aller tous sauldoyers/ et deuise cy endroit le peril en quoy lom me darmes se met daller en guerre iniuste/ce de faire en ar mes autremeut que droit de guerre requiert. vii.c.

Ainsy que de toy entens me semble maistre que les suß gectz sont tenus daller en la guer re pour ayder et secourir leur sei gneur se aduertiz ou sommez en sõt voire non pas a leurs despẽs

mais auý gaiges de leur seigneur
Si me soulz sil te plaist autre que
stion. Je te demande quoy que sa
coustûe soit assez generale être gês
darmes q̃ qui veult prendre saul-
dees de tous seigneurs villes ou
pays pour seruir en toutes guer-
res soient les hômes darmes dun
mesmes lieu ou quelques estran-
giers quilz soient dun mesmes pa
ys ne subgect ne le peuent faire.
car il sembleroit que non, veu q̃l
conuient fait de guerre executer
par occision et autres biē diuers
maulx, lesquelles choses entre cri
stiens sont deffendues par la ley
de dieu. ¶ A ceste question amý
ie te respons, et toy mesmes las as
sez touchie au cōmencement de ce
liure q̃ en toute iuste guerre peut
aller qui qui veult et prendre gai
ges ⁊ sauldees pour seruir a icel-
les. Car iuste guerre a droit merce
et que les droites mettes de ce qui
est de droit ne soient passees, cest
assauoir pillaiges sur terre de mis
ne autres plusieurs griefz desātz
vsent mauuaisement et cōmune-
ment gens darmes dont ilz mes-
font duremēt, et nest pas telle cc u
stûe de droit de guerre, mais guer
re ou ne soient faitz nest pas iniu
ste ne deffendue en droit, ains est
permise, car cest droite execuktioy
de iustice que dieu seuffre ⁊ cōsent
affin de ramener le tort en bō droit
quoy que dieu seuffre faire guer-
res aucunesfoys diuersement con
tre droit et raison, laquelle chose
est sicomme flapel de dieu et pu-
gnission pour le pesche des gens
mais au premier propos reuenir
ie dis que tout homme qui droittu
rierement se veult exposer, se doit
ains que enguerre se mette tresbiē
informer de sa querelle et sauoir
se sa calenge est iuste. Et de ce tu
me demandes cōme sauoir le pour
ras, car de toutes parties que gês
font guerres chascun sy dit auoir
iuste cause. Enquers se celle guer-
re a este premierement iugee par
bons iuristes ou se elle esta cause
de deffence. Toute guerre est bō-
ne, cestassauoir de tresbien deffen
die son pais sil est assailly. Et de
ce se doibuent tresbien informer
to is hommes darmes ains quilz
sy mettent. ¶ Ie veuil bien que tu
saches que se iniuste est la querel-
le, cellup qui lameut dāne son a-
me, et sil meurt en tel estat va en
voye de perdition se grant repen-
tance par grace diuine na en la p/
fin, mais assez en pa qui de ce font
pou de compte en quelque facon,

et a qui ne chault quelle soit la q̄-
relle mais quilz aient bonne paye
et quilz puissent bien rober ¶ He-
las helas dolente paye aduient sou-
uent/car vng seul coup soudaine-
ment tue/les peut enuoyer a tous-
iours en enfer/τ auec ce est assauo-
ir quop quilz en facent tous ou la
plus grant partie petit compte q̄
tous ceulx qui excedent et passet
ce que dit est en sexercite darmes
les drois et les termes de droit de
guerre quelle que soit la querelle
iuste ou non/si que les soit la limi-
tent ilz se dampnent et perdent

¶ Cy deuise de droit de pais de sauldees et de gaiges aux gens darmes. VIII.c.

Affin que les nobles hom-
mes q̄ ce preset liure pour-
ront oir tant pour le temps preset
comme cellup aduenir/puissent sa-
uoir de quelles choses faite en ar-
mes/le droit donne licence et des-
quelles non. Et pource chier amp
que cy deuant mas ramentu agi-
ges et saulдees en fait de guerre/
te diray partie en quop home darmes soblege en prenant gaiges τ

sauldees en fait de guerre/et aussi
en quelle maniere le seigneur est te-
nu de paier gaiges et en quelle nō
¶ Car telles choses sont cōtenues
es droitz escrips. ¶ Premierement
est assauoir q̄ tous seigneurs vil-
les ou communes seignourie qui
prendent gens a sauldees sont te-
nues de ses paier pour le pais quilz
sont prins soient mis en œuure ou
non. Et mesmement suppose q̄lz
fussent a seiour et sans riens faire
voire en cas que la faulte ne tenist
en eulx τ que tousiours fusset pstz
Et se faulte de paiement y a selon
la promesse/ie dy que selon droit τ
raison se peuent demander par bel-
le iustice ¶ Maistre puys que en
ceste matiere sommez entrez et tu
dis que le seigneur est entre en deb-
te de les paier et y est tenu des gēs
darmes contenter de leurs saulde-
es suppose quilz fussent a seiour/
te veuil a se propos former aucu-
nes demandes en telle maniere.
Premierement ie suppose que vng
capitaine atout vne route de gēs
darmes soit retenu es gaiges du
roy. Et par son commandement seit
voit en gaigne cōtre les anglois.
Aduient que en chemin se logent
en certain lieu auql les gēs dudit
lieu aient malicieusement empoisōne

se pain et le vin par quoy aduient
que aucuns diceulz meurent Au
tres demeurêt malades par lespa
ce que seruir doibuent ou plus/p
quoy nest en seur puissance de ser
uir le roy ainsy que promis sauoi/
ent/si te demãde se les gaiges di
cellup temps doibuent auoir per/
dus. ¶ A ceste question respons
que non certainement/veu enco/
re que la maladie leur soit venue
a cause dudit seruice/car maladie
en droit excuse somme/ne a celle
cause ne doibt perdre nulles di/
stributions puys que venue est
apres sa retenue ¶ Autre questiõ
doncqs faire te vueil. Vng saul/
doper est retenu par vne annee a
gaiges. Sil aduict en cellup têps
que il a a faire en son hostel par
quoy vient au capitaine et prent
licence pour aller veoir sa femme
et sõ mesnage pour lespace de vng
mops. Je te demande se par droit
doibt auoir les gaiges de icellup
mops/car il sembleroit que non/
veu que en cellup temps ne serui/
roit le seigneur/ains est alle a ses
besoingnes, pour quoy doncques
debueroit il auoir loper de ce quil
na pas fait. ¶ Je te respons adce
sache que telle est la maniere dar
mes/que sy grant puissãce/a le cõ

ge et licence du capitaine et tãt est
preuilegie/que puys que voulen/
tiers a consenty le conge/ledit hõ/
me darmes doit estre repute pour
resident/car tousiours est demou
re seruiteur du seigneur en sa guer
re/voire puys que retenu estoit
pour sannee. Mais bien est vray
que se oblige estoit par diuisiõ de
temps/cestassauoir que sãs plus
fust retenu a certaine sõme p cha
scun mops/tant tenu tant paye sa
diroy ie autrement.
¶ Autre questiõ te fais vng che
ualier pour vne annee est prins a
gaiges pr seruir le roy en ses guer
res ¶ Aduient apres que trops
mops a serup sen veult partir et
demande les gaiges du temps q
serup a/le capitaine contredit di/
sant quil auroit prins pour vne
annee/z que sil ne seust promis il
en eust bien eu vng autre et qui
ne parfait son seruice perf?
¶ Ad ce ie te respons que bõ droit
a le capitaine/car se lõme darmes
fault premierement de sa promes/
il ny a aussy raison que cõuenãce/
de gaiges luy soit tenue. Mesme/
ment plus fort y a/car ie te dis et
te certifie que se par sa deffaulte
il auoit perdu ses cheuaulz ou sõ
habillemêt de guerre cõe harnois

et autre ne peust recouurer/ pour
laquelle chose fut non couenable
a seruir. Jl doit perdre tout le teps
quil a seruy. car seruice ne fait a a∕
uoir gaiges/iusques a la fin/ ou
cas touteffoys que autres puenã∕
ces ny seroiet faictes. car marche
fait ⁊ puenance passe toute loy/⁊
peus bie veoir ꝗ la mauuaise cho∕
se entremeslee auec la bõne retou∕
ne la bonne en mauuaise ¶ Mai∕
stre or me respõs a ceste question.
Vng vaillant homme darmee est
prins pour seruir toute vne ãnee
Aduient tantost ꝗ nouuelles luy
viennent que grãt affaire a en sõ
hostel. par quoy aller sen veult/⁊
au conge prendre dit au capitaine
quil mettra vng autre en sõ lieu
pour faire le seruice quil debuoit.
A ce contredit le capitaine disant
quil lauoit prins pour sa vaillan∕
ce preudõmie⁊sagesse/⁊ que a pei
ne trouueroit il hõme qui souffi∕
samment tenist son lieu. Le saul∕
doyer replicque disant que certais
affaires luy sont suruenus/ par
quoy il perdroit sa terre et son he∕
ritage se en personne ny estoit/et
que selõ raison est plus tenu de sõ
sens aider a luy mesmes que a nul
autre Si ne le peut contraindre
aucunement de demourer/Le ca∕

tpaine respont quil est oblige par
seriment sur sainctes euangilles/
Sy nest pas lomme en sa fran∕
che liberte qui a autruy se lye. Or
determines maistre ceste question
¶ Car veu les raisons dudit hom
me darmes/⁊ que en sõ lieu veult
mettre homme souffisant semble∕
roit que quicte sen peust aller.
¶ Je te respons que a bien ceste
question determiner a grãt re∕
gard Car il nest pas doubte que
de vng homme darmes commun
deueroit souffrir homme pour hõ
me/mais a dire que celuy fut tant
solēnel que a peine sõ pareil peust
estre mis en son lieu/ de y mettre
plusieurs autres assez mois val∕
lables ne seroit pas raison. Si a de
uenoit que ainsy bon y meist ie ne
le dy pas que la chose ne fust fort
raisonnable/car si que deuãt tay
dit/lomme darmes nest pas mai
stre de soy puys que par serment
est oblige. pour celle cause te dis
que iceluy nen seroit pas quitte
quelque necessite ne quelque affai
re quil peust auoir en ses besoin∕
gnes se de grace especiale le prin∕
ce ou capitaine qui de ce a la char
ge de son bon vouloir et plaisir
ne len quittoit. Et y a bonne rai∕
son Car se aucũ oblige estoit de

paier dip aulnes descarlate et il
paioit en ce lieu gios burel quoy
que tout fust drap ne deueroit por
tant estre quicte.

Ey deuise se vng capitaie de certai nombre de gés dar-mes les peut bié trálmuer a sa voulété puis quilz sót re-tenuz a gés darmes. ix.c.

MAistre autre questió te fais
assez deppendant de la des-
susdite. Je suppose que receu soit
a gaiges vng capitaie pour vne
annee ou quil soit venu auec luy
Cent hómes darmes lesquelz soi-
ent tous passez et escrips a la mon
stre Aduient vng mops apres qľ
veult remuer ses gens tous ou p
tie et mettre autres en seur lieu/
je te demande se par droit le peut
bien faire. et sembleroit que sy car
il doibt bien souffrir sil a cent hó
mes conuenables ainsy quil a pro
mis. Et auecques ce sil ne te peut
ainsy faire et nen auoit lauctorite
seroit grant preiudice/car se entre
les siens on veoit ancuns mau-
uais et de peruerses meurs lar-
rons ou de mauuaise vie(z nuy/
sant aux autres et dont hóte peut

venir a tous ne vauldroit il pas
mieulz que changez seussét en au
tre lieu que laisser en seur lieu
Adre respons que droit est si iu
ste chose et si raisonnable que esté
se veult a vng chascun sans fai-
re nul tort. Et pour ce te dis que
le simple capitaine qui est soubz le
principal capitaine ne se peut bon
nement faire sans la licence ma-
ieur/car se ainsy estoit il seroit en
luy de faire eptorcions aux com-
paignons sil luy plaisoit/cest assa
uoir prendre autre par aucune fa
ueur ou par conuoitise de prendre
part a leurs gaiges ou par quelq
fraude/z debouter ceulx qui par
aduenture meilleurs seroient/sy
doibt auant la main auoir bien
aduise de prendre telz cópaignós
auec soy quil ne soit nul besoing
de les changer Se changer
les fault par aucune aduersite q
en eulx soit cest son deshonneur
quant telz les a choisiz/mais ce
a toutes fins aduient que chan-
ge y conuiengne en quelque facó
ou maniere que ce soit/et sans
faulte ce ne se doibt faire aucune-
ment sans le conge du souueral
de lost. et encore que ce soit par tres
grande deliberatió. Et sil aduiét
aucunemét que de soy mesmes le

face.nest pas doubte que cellup q
est casse ne se puist plaindie au ca
pitaine par especial sil est homme
ydoine et conuenable et en doibt a
uoir dioit. ¶A venir au propos
des capitaines conuoiteup qui tri
cheries et baratz peuent faire aup
petis compaignons. Il en est as/
sez.qui recoiuent leur paie et pour
eulx la retiennent et leur suffist de
les paier de petit de chose. et ceulx
paraduenture ne sen osent plain=
die pource que par ce couuent(7 en
faisat tel marchie a eulx/ affin de
stre receu si y sont mis/ dont cest
moult giant pechie, car par ce sot
contrains a faire plus de maulz(7
de pillage que silz fussent bie pai=
es. Si deueroit le capitaine a telz
choses bien prendie garde/car a/
moins ne peuent les puures sou=
daiers soient de pie ou de cheual
gens de traict ou autres.que de la
poure pape auoit/quilz gaignent
au peril de seurs vies et a si giant
traueil de seurs corps/ si fait fort
giant pechie qui leur oste ne amoi
diist.Et ce neussent iamais souf=
fert les anciens Ains estoient pl9
couuoiteup que la gaigne tour=
nast au pfsit des sauldoyers que
a eulx mesmes/car les pieup vou
loient que ceulx eussent le gaigna

ge et a eulz suffiso tauoir loneur

¶ Cy deuise se vng seigneur
enuoye vng homme darmes
pour garnison daucune sie=
ne forteresse sans ce que au=
cuns gaiges luy soient pro=
mis/et il aduient que en che=
min soit destrousse. Auquel
des deux peut demander ces
interestz/ou au seigneur qui
lenuoye ou a cellup q destrou=
se la. Item se vng home dar/
mes est venu seruir vng sei=
gneur en sa guerre sans co=
uenace degaiges/se le seigne
ur est tenu de le paier. x.c.

Hostre demande te fais Je
suppose seigneur enuoye
vng cheualier en aucune sienne
forteresse pour la garder sans ce
que a lup face aucune conuenan
te de gaiges ne de sauldees Ad/
uienent en chemin que a icellup sot
ostez par force ses biens son har/
nois et ses cheuaulx/auquel peut
le cheualier par dioit demander
sa perte/ou a cellup qui lenuoye
ou a cellup quil a destrousse.
¶ Je te respons quil les peut de=

mander a lun/ꝯ a lautre/ceſtaſſa/
uoir à ceſſuy qui lenuoie peut fai/
re demande par action de Biolen/
ce et de fait/ maiſ ſe ſe premier ſeſ
ſtuy reſtitue. Il eſt tenu de ſup de/
laiſſer ſaction ꝯ droit de la deman
de que a ſautre euſt peu faire par
Bertu de quoy ſe peult faire conue
nir Or me dy derechief Bng Ba/
ron a certaine/a ſaide duquel Bng
cheualier par ſa courtoiſie ſanſ ce
que requiſ en ſoit Bient en ſa com
paignie et aide. Je te demande ſe
iceſſuy apreſ ſe ſeruice peut dema
der gaigeſ ne ſaudeeſ ſil ſui plaiſt
Car il ſembleroit que nõ car pꝛ
quoy il ny eſtoit pas appelle/ꝯ ſẽ/
Bloit que ſon entente fuſt de ſeruir
par courtoiſie ꝯ Adce ie te reſpõs
que ſil neſt de tõ lignage ou que
grandemẽt tenu y ſoit ou que par
charite Benu y fuſt ſanſ faulte il
peut courtoiſement faire demãde
pour ſon Biure et eſtat tenir ſil ſui
plaiſt/ car ſe droit dit que nuſ neſt
tenu ſoy armer a ſeſ pꝛopꝛeſ deſ/
penſ/ ſy doiBt ſuffire au ſeigneur
quil ait eu ſe ſecourſ de ſautre/ et
de tant que pſuſ franchement y
eſt Benu/ tant pluſ y eſt tenu Si
ſui doiBt ſatiſfation de gaigeſ ou
dautreſ bienſ faitz

⸿ Cy deuiſe ſe Bng roy en/
uoie ſecourſ a Bng autre roy
ſanſ len auoir requiſ ſe il ſe/
roit deſe paier/ et ſemblable/
ment de Bne dame Befue/ a la
quelle par courtoiſie aucun
auroit ayde. ri.cha.

Maiſtre ie ſuppoſe que ſe roy
darragon euoiaſt demal
au roy de france giant oſt de ſeſ
genſ a ſecourſ en ſa guerre de ſa
pure courtoiſie pour certain tẽpſ
ſãſ ce que nuſſemẽt en euſt eſte re
quiſ, maiſ ſeuſt fait ſimpſement
pour rendre ſa courtoiſie ſembſa/
Bſe autrefoiſ de ſup receue/ ie te de
mande ſe ceſ genſ apꝛeſ ſe ſeruice
pourtroient demander paiemẽt de
ce dont il ſont tenuʒ. ⸿ Je te re/
ſponſ ainy que ſe ſe roy de france a
autreſſoiſ ſeruy ſe roy darragon
ou autre en ſa guerre de certaine
gẽſ darmeſ paieſ pour aucũ tẽpſ
ſi que aſſez eſt decouſtume entre
pꝛinceſ bien ampſ faire ſun pour
ſautre. SembſaBſement eſt tenu
par droit de gentiſeſſe ſe roy dara/
gon faire au roy de france nõ pas
que de droit ſe roy de france ſuy pe
uſt demander ſe autre conuenãce
ny auoit/ car qui franchement dõ

i.i

ne ne peut contraindre estre remu
nere/mais en quelconque manie
re soit la venue le roy de france est
tenu par droit de noblesse leur don
ner dons pose que tous paiez soiet
venuz non pas que par voye de
droit escript eussent action de fai
re au roy demande de paiement
puys quil ne les y auoit mandes:
¶ Encore te demande/ie prens q
vne dame vefue tenant aucune
seigneurie soit oppresse de guerre
a grant tort et peche dauctun sei
gneur ou cheualier/a layde de la
quelle veit vng gentil cheualier
meu de pitie/et pour garder le droit
des dames/et croistre sa renommee
en vaillace et cheualerie/et a tout
dire y fait tant de proesse que par
sa proesse met ladicte dame a paix
de sa guerre/et luy face auoir plai
ne restitution/pourroit icelluy as
pres ces choses demander salaire
de ses biens faitz come celluy qui
bien lauroit desseruy. ¶ Ie te res
pos que non/car par mandemet
ne estre prins a gaiges ne la peut
contraindre Et se dire me veulx
que grandement ait fait le proffit
de la dame. Ie te respos que plus
grant a fait le sien propre en tant
que en honneur et renommee il en
est epaulcez. A laqlle cause il viet

si est ia paie du sallaire quil droit/
mais bien est vray que se la dame
est puissante/et ait dequoy elle doit
tant faire pour luy/que exemple
luy donne/et mesmement aup au
tres tel/que se autrefoys en auoit
a faire fust voulentiers secourue.

¶ Cy deuise se vng roy a guer
re a vng autre et luy vueille
aller courir sus a grant ost. se
les seigneurs par ou il doibt
passer lui peuent par droit ca
lenger le passage. pose q mal
ny face ne viures ny prengne
fors que pour largent. xii.c.

Des choses darmes te veuil
faire vne autre question.
¶ Ie suppose que le roy de fran
ce vueille pour aucue querelle fai
re guerre au roy de honguerie par
quoy assemble son ost pour aller
sur luy/pour laqlle cause rescript
au duc daustriche quil prendra so
chemin par son pays/mais il lasn
seure que mal ne grief par luy ne
par ses gens naura sa terre ne ses
homes/ains bien et proffit en tat
que pour son argent prendra vi
ures par tout ou il passera. Le duc
daustriche qui de ce fait doubte.
Respond au roy que de ce veult

estre sceur par bonē hostagiere a/
uoir que restitue sera se dōmaige
luy est fait. Si te demande quen
est de droit a faire Car le duc dist
quil est prince en son pays si ne pas
sera nul par sa en armes sil ne luy
plaist (t dautre part pose quil se
consente si seroit ce fort que tel ost
peust passer sans faire moult dou
traiges/(t pource veult auoir de
sa restitutiō bōne sceurete. Amy
le te respōs que par droit escrit cel
luy pour son bon droit et iuste que
relle va en armes peut et doibt a=
uctr son chemin et passage es Co=
yes publicques par tous pays et
royaumes par tel sy que nul grief
ne soit par luy ne par ses gens fait
au pais.(t dont puis q ainsy est il
nest nul besoing ne il nappartient
pas quil donne hostagiers quant
il ya raison quil soit fait. Et ce tes
moingne le secret la ou il recite li/
stoire cōment quant le peuple dis/
rael sen alloit contre ses ennemys
Il les conuint passer par le pays
des amorees/lesquelz voulurent
contredire le passage/mais quant
ilz veirent que par amour ne pou
oient finer ßlz gaignerēt par for=
ce le passage que dieu leur ordōna
Si dis que semblablement seroit
de droit et de raison de ainsy faire

en tous cas pareil. U Se te demā
de maistre/ie prens que vng barō
de france ait meu guerre a tort et
mauuaise cause a vng cheualier
en laquelle mout luy fait de griefz
et de dōmaiges/ mais pour celle
foys ne peut trouuer droitement
voye dauoir droit par iustice de
luy. Neantmoins assemble ses a=
mis auec grant route de gens dar
mes pour courir sus audit barō
lequel de sa part si bien se deffent
que entrer ne peut sur son pais ne
dōmaiger sa terre. Et pource que
fait/il dōmage ses terres voisines
et toufe a icellui barō pource que
adherens et fauourables luy sont
Sy prent ledit cheualier prope de
toutes pars tant que moult en en
richist et quil peut bien valoir au
tant cōme il auoiteu de dōmaige
C Aduient vng temps apres que
a paris sentretreuuēt/auquel lieu
le cheualier fait conuenir ledit ba
rō a sa court de parlement et la
luy demande restitutiō des dō/
maiges que fait luy auoit a tort (t
sans cause en ladicte guerre. A la
quelle chose lautre respōt que biē
luy doibt suffire ce quil a gaigne
a cause dicelle/car comme deuant
fust vng poure cheualier il estoit
deuenu riche et plain dauoir par

i.ii.

sa ptope quil auoit conquise (z ptis-
se. Le cheualier replicque que de ce
na que faire, car ce quil a gaigne
en poutsuiuant son dtoit nestoit
de riens du scien, z que se pugny a
uoit les Boisins du peche de ce qlz
se soustenoient a toit contre luy
nestoit raison que leurs Biens ptis
et qui nestoient pas siens sui deus-
sent tourner au ptoffit de sa Beste
Si te demande sur ce quil est de
faire. ¶ Ad ce ie te respons que sil
estoit ainsy que se cheualier eust
tant fait quil eust des biens du Ba
ron ou de ses hommes tant que re
stitue fust Bien et suffisamment,
sas faulte par dtoit il luy deueroit
suffrir, mais se menat icelle guer
re il ait gaigne ou ptis sur les Boi
sins par la maniere que tu sas dit
laquelle chose est dtoit de guerre,
ledit Bard nen est de riens deschar
ge, ains est tenu aup dommaiges
et interestz que fais luy auoit z Bi
enargue le cheualier de ce quil dit
¶ Car celautre Bouloit dire que il
nappartient pas que Bne Beste
soit payee deup fois, z Doncques
puis que paie estoit il luy deBuoit
Bien suffire tout ce ne Bault neat
pource quil nest pas au regard du
Baron sil a gaigne, ains est en pu
gnition de ceulp qui aidoient au

Baron contre luy.

¶ Cy deusse se vng homme
auoit este naure de vng autre
lequel apres le coup sen fust
fuy le potsuiuist et le naurast
se iustice le vouldtoit pugnir
xiii. chapitre.

M Aistre il me souuient que
auez dit cy deuant que a
homme en soy deffendant est per-
mis de blescer vng autre, z pour
ce que toutes blesceures par mal
talent faictes lun sur lautre sont
et peuent estre appellez des mem
bres et deppendances de guerre te
Bueil faire telle question ¶ Ung
homme a vng autre naure et sy
tost quil a donne le coup sen suyt
tant quil peut, mais se naure tat
le suyt quil lataint et semblable
met le blesce, sy demande se celluy
qui poursuyt doibt estre pugny
Car il sembleroit par les ditz que
Deu qui nauroit pas passe les met
tes de iustice que premier blesce es
toit, sil a apres blesce et mesme
ment sil lauoit occis, par ce que te
tens de dtoit de deffence si en deue
roit il estre epcuse, z auec ce la suit

sans actendre/car sil eust attendu
iusques a autre iour/ie ne lescuse/
rope pas pource que ce seroit ven
gance ¶ Je te respons adce que le
cas que tu ditz est difference deiu
ste deffence et priuilegie/cestassa
uoir selon les droiz puis quil se fu
yoit apres son coup/la loy ne oc
trope pas que lautre le deust pour
suiuir ne blescer/e pource desert
pugnitiõ/mais vray est que trop
plus grãde la desseruie cellui qui
blesca/e le second a desserui pe grã
de ou petite pugnition). Il y a ãtre
les maistres plusieurs oppinions
mais pourtant nest pas doubte q
le premier mouuement qui est de
soy sẽtir feru iustice ny a que deoir
puis q̃ feru auroit este de fer/car
pour garder sa vie les droiz seuf
frent occir vng aultre/e se tu me
ditz peut estre que lassaillant na
pas voulente doccir. Je te respõs
que ce ne scet pas lassailly/aussy
ne sont pas coups ferus a patron/
car tel cuide ferir q̃ occist. Et pour
ce pourroit bien tant actendre le p
mier feru a occir/que par lassail
lant se trouueroit occis. ¶ Neant
moins doibt homme garder pour
conscience et pour lamour et tre
meur de dieu qui ne occye autruy.
car nulle chose ne desplaist plus a

dieu que son semblable deffaire/e
celluy est le seul iuge qui toutes
choses a son droit pugnist ne riẽs
ne luy peut estre cele.

¶ Cy fait mention se vng
homme darmes emprunte
harnoys et cheuaulz et il les
pert se rendre les doibt.
riiii.chapitre.

M aistre autre question te de
mande. ¶ Vng cheuali
er dallemaigne ou dautre part vi
ent a paris ou il treuue le roy prest
pour aller en la bataille/ledit che
ualier qui de ce nestoit aduerti na
uoit pour lors harnoys qui fust
propice pour soy/mais comme de
sireux de seruir le roy et son hon
neur accroistre fait tant que vng
gentilhomme quil le congnoist/
luy preste monture bonne et belle
et le pouruoit de tresbon harnoys
tel que a luy affiert/aduient que
en la bataille cellui cheualier al
lemant pert cheuaulz harnoys e
tout ce quil a/si que a peine tout
nud peut il eschapper Apres la
quelle chose ledessusdit gentilhõ
me demande audit cheualier tout
ce quil luy auoit preste/sy est assa

uoir sil est tenu selon droit darmes
de les restituer ¶ Je te respons q̃
ceste questiõ est assez clere en droit
et es loiy/ ¶ pource te mõstrer Je
te dy au vray que puys que ledit
cheualier a este en la bataille pour
laquelle auoit emprunte lesditz
harnoys et cheuaulz et que de riẽs
nen a fait fraulde nest pas tenu de
les rendre/mais se aultre part e/
stoit alle ou pour bareter ses eust
empruntez et que faintement mõ
straft les auoir perduz/ q̃ que on
peust sauoir le cõtraire. Je diroye
autrement. ¶ Maistre sil estoit
ainsy que toutes les dictes choses
eust prinses a loyer de quelq̃ mar
chant armurier les harnoys et les
cheuaulz de vng ou deup mar/
chans et perduz les eust si que dit
est/seroit il pas tenu de paier rẽ
dre se loyer ¶ Je te respons sem/
blablement comme dessus que
non/en cas que autre conuenan/
ce expresse de les rendre/quoy que
aduenir deust ne luy auroit faicte

¶ Cy deuise se cautelles subtillites darmes sont iustes a
faire.   xve chapitre.

AU tre question differentiee
Au dessusdit ppose te veuil
faire/ dy moy te ten pripe est ce bonne raison et selon droit que vng
roy ou prince par cautelle et subti
lite face tant quil subiugue et ait
son ennemy soit en bataille ou au
tre part/car il sembleroit que non
Veu quil loist tenir droicture rai
son sy ne pourroit estre dit quil des
ceust autruy. Et aussy toute per
sonne qui a iuste cause/ doit auoir
bonne esperance en dieu que bien
luy en prendra se par peine dili
gence pousuit/doncques cellup q̃
a iuste querelle doit aller ce sẽble
le droit chemin de guerre sans y al
ler ne vser de cautelle ¶ Thier a
my tu dis moult bien/mais neãt
moins te certiffie que selon droit
darmes veoir plus fort selon dieu
et lescripture on peut vaincre son
ennemy par cautelle engin ou ba
rat sans tort darmes/puis que la
guerre est iugee et notiffiee entre
les parties/ quil soit vray nostre
seigneur en donna mesmes epem
ple quant il ordonna et enseigna
a Josue commẽt par cautelle sur
prendroit ses ennemys/ et de telles
choses vser se peut on assez com/
munement aider en armes/mais
ie te confesse bien quilz sont certai

nes manieres de barset, lesquelles
sont reprouuees et deffendues tãt
en fait darmes commee en tous au
tres cas ¶ Sicomme ie assuroye
aucun de Benit vers moy en cer
tain lieu, cie y seroye pour parler
a luy, ct tant feisse par mõ asseure
ment quil y Benist, ct la ie le feisse
surprendre par aucun agait pour
luy mal faire/occir ou prendre/ tel
le chose seroit traison mauuaise.
Ou se par sainte treue ou paix
ie spioye mon point de greuer au
truy quant garde ne sen donneroit
ou q despourueu seroit et en tous
cas semblablez. Je feroye mal mõ
grant deshonneur reproche, ct pe
chie Et pource dist la loy puis que
la loy est donnee a son ennemy on
luy doibt tenir et garder, mais au
tre chose est se le vaillant capitai
ne ou homme darmes scet ordon
ner embusches par ou son ẽnemy
ou aduersaire doit passer qui gar
de ne sen donne ou aulstres ma
nieres de cautelles, mais quelles
ne soient cõtre foy promises ne la
seurement que on auroit fait, ct a
la raison que tu dis puys que on a
bõne et iuste cause que on sen doit
actendre a Dieu/quoy que en sub
stance ie le taccorde ¶ Toutesfoys
combien que bõ droit ait le roy

de france contre le roy dangleterre
en cas pareil, si cõuient il aider a
soustenir sõ bõ droit le mieulz que
on peut, ct adont quant par sens
et tresbonne diligence on fait son
deuoit, doibt on auoir tresgrande
esperance en Dieu le createur quil
aidera sa chose a conduire ct en biẽ
parfaire.

¶ Cy deuise se vng homme
darmes estãt a gaiges estoit
destrousse en quelque chemi
sil pourroit demander par
droit au seigneur de par qui
il a este enuoye ses dõmai
ges. xvi.chapitre.

Maistre a nostre ppos me
semble par ce que mauez
cy deuant conclud, cestas
sauoir que se vng cheualier ou au
cun homme darmes enuoye dau
cun seigneur pour garnison daul
cune forteresse, sans que conuenã
ces de gaiges ne de sauldees luy
soient faictes et il aduient que en
chemin soit destrousse, se audit sei
gneur ql la enuoye peut par droit
sil luy plaist faire demande de re
stitution. Et certes ie vueil faire

encore autre question. Je suppose
que vng capitaine de lombardie
ou dautrepart ainsy que autres-
fops on a fait venir en france eust
auecques soy amene cent ou deux
cens bons brigans si fut luy et sa
cõpaignee retenu chascun a cinq
francs pour le mops/et enuoiez en
certain lieu/auql chemin fut par
ses ennemps assailly ou il perdit
ses places son harnops et ses cho-
ses/et ses compaignons leurs cui-
rasses leurs pauaip et toutes leurs
bagues Je te demande silz pour-
roient demander au roy leur dõ-
maige. Et a ce ie te respons que
non au cas que autre conuenance
ny auroit/et ne peuent demander
que ce qui leur fut promis/et se tu
me veulz demander pour quelle
raison le capitaine na auffy grant
accion de demander au maistre ql
lenuoye cõme dit est. Je te dis pour
ce que la loy porte plus grant fa-
ueur a cellui qui pas nest lpe/et est
mps en besoingne que a cellui qui
se lpe/et par epemple le peus tveoir
de vng homme qui aura demou-
re auecques vng marchãt ou au
tre homme an et iour sans ce que
par marchie fait se soit loue. Jl
peut faire trop plus grant demã-
de des biens de loftel et de la mar-

chandise/sil ny a aucũe autre cer-
taine cause/que ledit maistre sep-
cuse que celluy homme qui loue se
roit par marchie fait/et pource te
dis que lomme nest pas bien adui
se qui prent aucun pour residam-
ment demourer en sa maison/sil
ne fait auecques luy aucun mar-
che absolut, car sa loy presuppose
lomme ainsy demourant comme
compaignon du maistre aisy que
a gaigne et a perte.

Et se deuise se gens darmes
venans a laide daucun prin-
ce silz peuent prendre viures
a eulz necessaires au moins
de grief/que faire se pourroit
sur les laboureurs/ aincops
quilz peuffent estre arriuez
au pais dudit prince. xvii.
chapitre

Autre question te veuil fai
re Supposons que vng
seigneur eust enuoye querre saul-
doyers pour vng an en estrange
pays pour se venir secourir en sa
guerre/laquelle il esperast durer
longuement/Aduenist que auãt
icelle guerre et que icelles gens a-

uecques leur capitaine puiſſent eſ
tre arriuez au pays dudit prince
quoy q̃ de tout leur pouoir ſe fuſ/
ſent haſtez ſilz leur ſouffrent prẽ
dre tant ſeulement viures neceſ
ſaires en paſſant ouſtre pour ne
ceſſite de vie tant ſeulement ſou/
ſtenir/au moins de grief ſur les po
ures labourcure qui faire ſe pour
roit. Ie te reſpons que ouy/voire
non pas quilz feiſſent comme les
loups/ auſquelz ne ſouffiſt pas
quant au toit entrent dune bre
bis Ains eſtranglent tout le trop
peau/ comme ſemblablement le
ſont pluſieurs de nos gens dar/
mes/leſquelz ſilz ont beſoing dun
poullet ou dun pinion ilz en occiſ
ent v. ou vii. Et tel ouſtraige ſõt
de biens comme ſilz fuſſent loups
rauiſſans ſans riens de conſcien
ce et comme ſil ne fuſt pas de dieu
ne que iamais deuſſét mourir. He
las bien ſont aueuglez ceulz qui
ſe font/car plus en peril de mort
ſont que autre gens.et telz y ont
moins de regard que autres.

C Cy deuiſe ſy loiſt aux gẽs
darmes quant ilz ſont bien

M Aiſtre or meſcoute vng
petit ſil te plaiſt. Ie te de
mande quant gens darmes ſõt
prins a gaiges/ auſquelz il naiſt
deffaulte de payer/ſil leur loiſt a
uec leur gaiges prendre viures
ſur le pays et pillier autres cho/
ſes comme au iourduy on ſe fait
cõmunement. C Ie te reſpons cer
tainement que non/ꝛ que telle cho
ſe neſt pas droit de guerre/ains eſt
eptortion mauuaiſe et violente
faicte ſur le peuple a tort ꝛ a peche
Car ſicomme toy meſmes as cy
deuant dit a vouloir mener iuſte
guerre/le prince auant la main
doibt bien aduiſer en quel lieu et
comment pource faire finance ſe
ra prinſe:ꝛ ſur toutes choſes doit
donner ordre que ſes gens darmes
ſoient bien paiez pour paier iuſte
ment leurs viures et ce quilz prẽ
nent.ꝛ adonc ſeroit iuſte choſe de
bien pugnir ceulz qui prendroient
riens ſans paier/ mais arguer
me pouoies voir/mais ſe par q̃l/
q̃ aduẽture ſoubdai cas aduenoit

que les ennemys suruenissent sur
le pays/par quoy conuiendroit def
fendre/ains que le prince eust fait
sy grant amas comme il apparti/
endroit a paier gens darmes de
moys en moys/ car en tresor pas
ney auroit: Je te respons que a tou
te chose necessaire se conuient ai/
der selon pouoir/ car quant en ce
cas seroit le prince assez epcuse/de
propres ouuriers du roy mys en
icelle besoigne por lui (z en son nom
pource ne doibt estre leur auecqs
leurs gaiges/mais ce que le prince
leur Beult donner de grace/laquel/
le grace pour Boir dire bien et lar/
gement leur affiert. Sicomme a
ceulz qui mettent a escot si chier
chastel comme se sang les mem/
bres et la Bie/ et de leur bien re/
munerer est dancienete noble cou
stume/de plus en plus a ceulz qui
sont desseruyz (z de propes gaigne
et en guerre ne recepuoient quel/
que proffit les Baillans anciens/
Ains leur suffisoit seulement en
auoir lonneur et que leurs gens
en eussent le preu. Et par ce telle/
ment acqueroient lamour des gens
darmes quilz en acheuoient les
grandes et merueilleuses emprin
ses comme il apparut.

Cy deuise que on doibt
faire des proies et choses qui
sont prinses en armes.
xix.chapitre.

Notre maniere de question
faire te Bueil. Je te deman
de q on doibt faire des choses gai
gnees sur les ennemys (z en batail
le Amy a ceste question conuient
respondre par distinction de cas.
Car premierement selon la loy ci
uille estably. de quel affaire est la
personne qui a conquis en armes
et y a maniere dentendre en quel
cas et en quelles guerres/ icelles
loix peuent auoir lieu. Et premie
rement se Bne guerre se fait par
mandement du roy ou prince qui
ait pouoir de ordonner et mettre
sus iuste guerre Aucuns droitz
sont reseruez a tel seigneur/ qui a
autres gens ne sont pas/ cest assa/
uoir que toute gaigne doibt estre
a la Boulente du prince ou du lieu
tenant capitaine/ car depuis que
les gens darmes sont aux gaiges
du roy ou prince selon les loix tout
doibt estre au seigneur soit prison/
nier ou autre prope/ (z ainsy ancie
nement le souloit on faire/ quoy
que de grace au temps present au
pais de france ou quelq autre part

par longue coustume soit laisse es
hoes darmes ce quilz conquieret
se chose nest de sy grant poix quel/
le passe le pris et some de dix mille
francs/laquelle chose soit prison/
nier ou autre meuble doit estre re
due au roy/par tel si quil est tenu
de donner audit homme darmes
la somme de x.mille francs/e tel/
se chose est de bonne coustume de
pays/mais la dessusdicte loy y af
ferme le decret qui dit plainement
que toute sa prope doibt estre a la
voulente du seigneur/il sa doibt
iustement partir a ceulz qui luy
ont bien aide a gaigner a chascun
selon sa merite/e que ceste chose
soit vraye ne pourroit nul le con/
traire soustenir/car prouuee est p
droit escript qui mesmement p assi
gne telle raison, cestassauoir que
se ainsy estoit que les prisonniers
ou prope feussent aux gens dar/
mes/tout ainsy et par ceste mesme
raison deueroient estre les chaste/
aulz et villes quilz prendroient a
eulx laquelle chose seroit iniuste
e de mauuaise raison qlz gaignas
sent terre auec les sauldees du pri
ce et a ses despens/car ce quilz fot
est fait comme haste/il ne auroit
plus que faire de gens Je te de
mande se iceulx pourroient faire

demande de toute lannee ou seu/
lement du temps encouru puys
la conuenance Car il sembleroit
que ouy/car la loy dit que se ung
aduocat du roy ou de aucun sei/
gneur prins a pencion a commen
ce a faire son office/les gaiges de
toute lannee luy sont deuz pose ql
mourust ses hoirs pourroient fai
re la demande/pourquoy ne pour
roient doncques ces gens ioyr de
ce mesme droit/car peut estre quil
en ont perdu destre retenuz autre
part ou asseurez eussent este pour
toute lannee. Et assez daultres
raisons se pourroient encore dire
lesquelles pour briefte ie laisse/ et
te respons en bref que en ceste rai
son et toutes aultres que dire y
pourroyes sont de pou de valleur
Car ie te certiffie quilz se doiuet
tenir contens destre paiez seule/
ment du temps quilz ont seruy/e
telle est la raison. ¶ Ilz furent
saufdoyers pour garder le pays
ains quil fust perdu/mais puisql
est perdu ilz ne peuent plus nul/
lement seruir de ce pourquoy ilz
ont este prins Et pour ceste cau
ce ilz ne doibuent en nulle facon
ne maniere auoir ne recepuoir les
gaiges du dessusdit seruice les/
qlz ne se peuent faire aucunemet

Cestassauoir garder le pays qui
est perdu/ꝫ nulle loy nobligesom
me a chose impossible/ car se con
traindre Voulloient destre payez
on leur pourroit respondre/ꝫ on
Vous côtraindra de garder le pa
is qui est la perdu comment sera
ce fait. Et par ce concludz ce que
dit est.

C Cy commence a parler
de prisonniers de guerre. Et
deuise comment vng puissât
homme prins en guerre. doit
estre rendu au prince/et aus/
si comment nõ.　　　　xx.cha.

ET pource que cy deuant
tay dit que selõ ladicte loy
est assauoir de quel affaire est la
personne qui enarmes a acquis/ꝫ
de se tay declaire vne partie. Or
supposõs autrement/cestassauoir
que vng baron feist guerre côtre
Vng autre fust iuste ou nõ/ou def
fendist sa terre contre aucun aul
tre/car pour soy deffendre et sa ter
re deffendre et garder quelꝗ soit
le cas. Il côuient iuger iuste guer
re côme soy deffendre soit doncꝗs
selon la loy et droit/ se cellup baró

qui se deffent prêt cellup qui la en
uay/ cuideroies tu doncques quil
fust sien. C Je te certiffie que non
seroit ne autre droit selõ la loy ny
auroit ql pourroit sans plustenir
et garder sa personne tant quil sa
pourroit preseter au seigneur sou
uerain de qui il tiendroit sa baron
nye/leꝗl en feist le iugement/mais
autre regard y peut auoir/ cestas
sauoir que cellup qui se prêt est tel
quil ait pouoir de la souueraine iu
sticeiusticer les hommes malfai
teurs et que de ce faire soit acou
stume comme droit seigneur.sicõ
me ilz sont assez de seigneurice de
semblable auctorite. Je te dis que
puis quil a trouue courant le pais
robant/ꝫ occiant ses hommes quil
le pourra pugnir par sa iustice sup
pose encore que plus grât maistre
fust que non obstant ce que argu/
er on pourroit sur ce pas/que lôme
ne doibt estre iuge en sa ppre cau/
se. Je te respons quil se peut faire
et par deux raisons. Lune par la
Vertu de sa iurisdiction qui est de
pugnir et faire iustice des malfai/
cteurs. Lautre quil pugnist se de/
lict de cellup qui le fait sur le ppre
lieu/ꝫ de ce faire a pouoir de la loy
car se vng hõe assault vng autre
/ꝫ tout a loffêdre/ lassailly peut fai

te a sautre ce que de sup pensoit a
faire/et te dy que cest attempran/
ce de raisonnable deffence/ mais
ie te confesse bien que se ledit assail
sy que iurisdictiõ nauroit de ce fai
re pugnissoit de sui mesmes soubz
tistre de iustice son aduersaire ou
se tenoit en prison que seroit a son
seigneur/ se mettroit en peril de
perdre ce quil tiendroit de sup/ si se
doit tantost rendre audit seigneur
car mesmement seroit il soisible en
tel cas a vng hõme deglise pour
rauer ses choses:

¶ Cy deuise se on doibt fai/
re mourir vng capitaine doit
ou autre grant homme dar/
mes en fait de guerre z sil doit
estre au prince/et se cest chose
de droit de faire paier a vng
homme raencon pour sa de/
liurance xxi. chapitre.

Maistre puis que entres sõ
mes au propos des prisõ/
niers en fait de guerre. Je te demã
de sil aduient que se capitaine soit
prins ou aucun hault homme qui
a sa partie qui pris sa/ait este fort
nupsant et pourroit encore estre
sil eschappoit se selon droit on se

peut ou doit faire mourir/car par
soy de nature sembleroit que oup/
cõme il soit vray que toute chose
tente a destruire son contraire.
¶ Chier amp ie te respons que
quoy mesme la soy ciuise die que ce
sup qui est pris en bataille est cerf
et esclaue de cellup qui le prent ne
doibt pas estre occis/ car le decret
afferme que depuis que vng hõ
me est en prison misericorde sui est
deue/dont se deue sui est misericor
de cõment pourroit il estre occis
sans ce que tort sup fust fait Et en
core te diray plus fort ¶ Vng au
tre decret dit puis que vng hom
me a vaincu vng autre/il est te
nu de sup pardonner se mesfait et
par especial de sup rendre sa vie/
si te dy bien que cest contre tout
droit et toute gentillesse de occir ce
sup qui se rend/ z te dy que ses pa
rens en pourroient poursuiuir cõ
me de tort fait/sil nestoit ainsi que
se prince lostast des mains de cel
sup qui sauroit prins z que par bõ
ne et iuste cause sil sauoit biẽ des
serup et que conseil eust que grant
mal pourroit venir a sup et a sa
terre de se laisser aller/se fist mou
rir en autre vsage seroit chose tres
merueilleuse et moult inhumai/
ne et trop grant cruaulte. ¶ Et

raencon ne soit si cruelle que lom/
me en soit desert/femme et enfans
mis en pourete/car autrement ce
seroit tirannie et contre tout droit
darmes/car il nappartient pas q̃
le gentil homme soit mendiant a=
pres sa raencon Ains luy doibt de
mourer de quoy viure et son estat
tenir Bien fait a priser lusance di
talie esquelles guerres quant lô/
me darmes est prins ne pert de cô/
mun vsage que son cheual (z har=
nois/sy ne luy fault vendre sa ter
re ne soy desherter pour sa raencen
paier. Si peus vevir en q̃lle ma=
niere raencon conuenable est iuste
selonle droit darmes/laquelle est
permise/mais de mettre lôme en
mauuaise prison, et le contraindre
par tourmês a paier plus quil ne
peust est erreur inhumaine et fait
de mauuais tirant p̃bien p̃ r̃ que
iuif. Et si sachez de trap que ce q̃l
en a par celle voye est tresmauuai
sement acquis et est tenu de se ren
dre ou cest a sa dãnatlon si sen gar
de vng chascun.

¶ Cy deuise se cest chose de
droit de prendre sur terre den
nemis les simples laboure/
urs qui ne se meslêt de la guer

Maistre ie te demãde quãt
vng roy ou prince a guer
re a vng autre quelle quelle soit/
iuste ou non/sil peut de droit cou=
rir la terre de son ennemy et pren=
dre se il peut a prisonniers toutes
manieres de gens/cestassauoir ce=
ulz du menu peuple gẽs de labeuz
et telz gens, il sembleroit que non
Car pour quelle raison doiuent
ilz porter la penitance de ce quilz
ne se meslent comme ilz ne sachẽt
mestier darmes et ne soit leur offi=
ce/ne que a iuger guerre ne soient
appellez et que par eulz ne vient
Ains leur en desplaist/sicomme a
ceulz qui tousiours vouldroient
viure en paix ne plus ne deman/
dent si en doibuent estre france si
comme il me semble ainsy que par
droit font religieup prestres (z tou
tes gens deglise. pource que leur
estat nest pas deulz entremettre
aucunement de fait de guerre Et
auec ce quel honneur peut ce estre
ne quel prie darmes de occir ceulz
qui oncques harnois ne porteret
ne ne sen sauroient nullement ai=
der ne les poures pastoureaulp (z
innocens qui ne font nulle autre

raencon ne soit si cruelle que comme en soit desert / femme et enfans mis en pourete / car autrement ce seroit tirannie et contre tout droit darmes / car il nappartient pas q̃ le gentil homme soit mendiant apres sa raencon Ains luy doibt demourer de quoy viure et son estat tenir Bien fait a priser susance ditalie esquelles guerres quant lõme darmes est prins ne pert de cõmun usage que son cheual ⁊ harnois / sy ne luy fault vendre sa terre ne soy desherter pour sa raencen paier. Si peus veoir en ceste maniere raencon conuenable est iuste selon le droit darmes / laquelle est permise / mais de mettre lõme en mauuaise prison / et le contraindre par tourmēs a paier plus quil ne peult est erreur inhumaine et fait de mauuais tirant ⁊ pien p̃ce que iuif. Et si sachez de vray que ce q̃l en a par celle voye est tresmauuaisement acquis et est tenu de le rendre ou cest a sa dānation si sen garde ung chascun.

¶ Cy deuise se cest chose de droit de prendre sur terre dennemis les simples laboureurs qui ne se meslēt de la guer

Maistre ie te demāde quāt ung roy ou prince a guerre a ung autre quelle quelle soit / iuste ou non / sil peut de droit courir la terre de son ennemy et prendre se il peut a prisonniere toutes manieres de gens / cestassauoir ceulz du menu peuple gēs de labeur et telz gens / il sembleroit que non Car pour quelle raison doiuent ilz porter la penitance de ce quilz ne se meslent comme ilz ne sachēt mestier darmes et ne soit leur office / ne que a iuger guerre ne soient appellez et que par eulz ne vient Ains leur en desplaist / si comme a ceulz qui tousiours vouldroient viure en paix ne plus ne demandent si en doiuent estre france si comme il me semble ainsy que par droit sont religieux prestres ⁊ toutes gens desglise. pource que leur estat nest pas seulz entremettre aucunement de fait de guerre Et auec ce quel honneur peut ce estre ne quel pris darmes de occir ceulz qui oncques harnois ne porteēt ne ne sen sauroient nullement aider ne les poures pastoureaulx ⁊ innocens qui ne font nulle autre

office que garder les bestes. Amp
a ce ie te respons supposant en tel
le maniere/posons que le peuple da
gleterre ne vouldist faire aucune
ayde a leur roy pour greuer au roy
de france/ce les francoys allassent
sur eulx sans faulte par droit et se
lon loy ne deueroient en riens mes
faire ne a corps ne es biens du peu
ple ne de ceulx quilz sauoient qui
en riens ne seroiet en aide tant de
cheuance come de coseil a leur roy
¶ Sil est ainsy que les subgectz
dicelluy roy ou dautre en cas pa
reil soient ilz riches ou poures don
nent aide confort et faueur de mai
tenir la guerre/les francoys selon
droit darmes peuent courir le pa
is et prendre tout ce quilz trouue
ront/cestassauoir prisonniers de
tous estas modains ce toutes cho
ses sans ce que par droit y soient te
nuz de les rendre/car ie te dis que
par droit de fermie tel est droit de
guerre/que se vne guerre est iu
gee par les coseulz des deux roys
les gens darmes peuent gaigner
luy sur lautre/ce se aucuesfois les
poures et simples/posons quilz ne
sarment le comperet ne peut estre
autrement/car les mauuaises her
bes ne se peuent estacher des bon
nes quat pres sont lune de lautre

q les bonnens ne sen sentet/mais
vray esta droit regarder que les
vaillans hommes darmes se doi
uent le plus quilz peuent garder
de destruire homes poures ne souf
frir que leurs gens les tirannisent
car autrement ilz seroient sarra
zins et non pas cristies. Et se iay
dit que misericorde soit deue aux
vngs saiges que mois ne sest pas
aux autres/sy doiuent grueur ce
ulx qui mainnent la guerre ce de
leur puissance espargner les sim
ples et paisibles.

¶ Cy deuise se vng estudiat
anglois estoit aux escolles a
paris trouue/ou semblable
met dautre terre aux fracoys
enemie sil pourroit estre pris
a raencon. xxiii.c.

Mais puis quen matiere de
prisoniers en fait de guer
re sommes entres ie vueil que toy
mesmes iuges/selon ton aduis de
tel debat et par tel exemple le te p
poseray. On scet assez car cest cho
se notaire comment le roy de fran
ce et celluy dangleterre ont comu
nement guerre entre eulx. Je pres
que vng estudiant licencie de la
cite de lomdres soit venu a paris

a seſtude pour eſtre gradue en ſa
ſcience de decret ou de theologie.
Aduient que vng francoys hom-
me darmes entet quil eſt angloys
(et a priſonnier ſe prent A laquelle
choſe ſautre forment ſoppoſe (et tãt
que deuant iuſtice vient la queſti
on. Auquel debat lengloys qui en
droit fonde ſes raiſõs/dit. q̃l a cas
expres de ſa loy qui fait pour ſoy
pour cauſe des grans preuileges
deulx aux eſcoliers et deſſent que
on ne leur face nul mal ne nul des
plaiſir/mais honneur et reueren-
ce/(et vecy diſt il la raiſõ que la loy
y aſſigne qui ſeroit ceſtuy diſt la
loy qui nauroit eſcoliers pour re-
commandez/leſquelz pour ſauoir
et ſcience acquerir ont delaiſſe ri-
cheſſes delitz et toutes aiſes de
corps/leurs amis charnelz (et leur
pays ont prins eſtat de pourete/
(et ainſy que banis de tous biens
ont relenqui le monde et tous au-
tres plaiſirs pour lamour de ſcie-
ce/ſi ſeroit bien plain de toute des
congnoiſſance qui mal ne encom-
brier leur ſeroit. ¶ A ces rai-
ſons ſomme darmes replicque al
ſy. frere ie te dy que entre nous frã
coys ne faiſons force des loyx de lẽ
pereur Auquel nous ne ſuymes
pas ſubgectz/ſi ny a que veoir/ſe

ſcolier reſpond. loyx ne ſont autre
choſe que droictes raiſons ordon-
nees ſelon ſageſſe/(et ſe cure nen a-
uez ia pource ne demeure que le
roy de france et les bõs ſeigneurs
ne vſent de raiſon et de choſes rai
ſonnables/(et de ce q̃ eulx meſmes
ont ordonne/car charlemaine ter
mia leſtude generalle a paris par
la boulete du pape/laquelle eſtu
de ſe tenoit pour lors a romme, et
y donnerent grãs et notables pre-
uileges/(et pource enuoya le roy de
toutes part querir eſcoliers (et mai
ſtres de tous langaiges (et les cõ-
prit eſditz preuileges (et pourquoy
doncques ne pourroient ilz de to9
pays venir quant du roy ont lice
ce. comme tous roys iurent a leur
aduenement tenir leſditz preui-
leges. A diſt ſomme darmes ſup-
poſe ce que vous dictes vous de-
uez ſauoir que puis q̃ guerre fut
entre noſtre roy et le voſtre nul an
gloys ne doibt en frace venir po
telle occaſion ne quelconque au-
tre ſans auoir bon ſaufconduit/et
bonne y eſt la raiſon/car vo9 pour
ries ſoubz lombre de leſtude eſcrip
re et faire ſauoir noſtre eſtat en vo
ſtre terre/(et pourriez faire des ſe-
cretz maulx ſe vous voullice, ſy
neſt raiſon que au roy ne a ſa terre

doiue tourner a preiudice nul pre-
uilege ¶ces raisons oupes amp
dp mop ce quil ten semble. Sãs
faulte maistre puys quil te plaist
que mõ petit aduis en ceste partie
serue. Je te dis puys que ainsy est
et sans fraude que icellup que tu
dictz soit bray escolier/ cestassa-
uoir que fainctement ne fust de-
nu/a occasion destude par faulse
couleur pour espier ou autre mal
faire ie tiens sa cause a bõne ꝫ que
prisonnier estre ne debueroit reser-
ue se ainsp nestoit que le rop eust
fait mandement especial que an-
glops quelconque ne benist estu-
dier en son royaume et que suffisã-
ment fust publie si que de tous pe-
ust estre sceu. Tu as moult bien
iuge et sagemẽt distincte/ car mes-
mement se leueschie de paris bac-
quoit ou larcheueschie de roue de
sens et dautres bacquoiẽt ꝫ bng
anglops p auoit este esleu/le rop p
pourroit par droit contredire/ La
raison est quil nest pas eppedient
au rop ne au royaume p auoir ses
ennemps/mais encore me respõs
a ce.¶ Suppose que lestudiant
ne doiue estre emprisonne que me
diras tu de ses seruiteurs sil en a
amene deup ou troys ou plus dã-
gleterre/car le preuilege que les es-

coliers ont ne fut pas donne aup
seruiteurs. En bonne fop maistre
soubz ta correction nõobstãt celle
raisõ il mest auis ꝫme semble que
soubz le preuilege du maistre seql
soit bray escolier si que dit est doib-
uent estre comprins ses seruiteurs
ꝫ toute sa famille/mais a top mai-
stre dueil demãder bne chose dõt
on pourroit faire doubte.¶ Je
suppose que ledit estudiant fut a-
grieue de maladie le pourroit par
droit son pere benir beoir ꝫ bisi-
ter   Abce ie te respõs q selõ droit
escript mais q cautemẽt et salaci-
eusement np benist p pourroit et
deueroit seurement benir. La rai-
son est pource que trop plusgrant
est le droit de nature que cellup de
guerre Aussp est tant preuilegie a-
mour de pere et de mere a enfant
que nul droit darmes ne pourroit
cellup surmonter. Et encore plus
fort ie dp mesmement que se le pe-
re alloit beoir et bisiter son enfãt
estant en estude tout sain/ boire
en estude generalle et preuilegie
ou que ce fust autant autrepart q
a paris pour lup porter liures ou
argent quil ne doit estre a celle oc-
casion prins arreste ne emprisõne
de quelconques contrees ampes
ou ẽnemps que fussent/ ꝫ ceste sẽ

teece est determinee en droit escript
si que ie se dis. Et semblablement
ne doibt estre se frere parent ne ser
uiteur qui arget ou siures luy ap-
porteroit, Voire ie presuppose ses
causes dessusdictes reseruees, et
tout ce est par la Vertu des preui-
leges que ont estudians en toutes
estudes generalles.

¶ Ey deuise se ung grant sei
gneur dangleterre capitaine
de guerre pose quil fust treu-
ue seul en une forest, auquel
lieu il tout hors du sens se fust
fuy, se on le pourroit prendre
et mettre en prison et raenco
luy estant hors du sens
xxiiii. chapitre.

Hotre questio te fais doulz
maistre ie supose que ung
duc ou conte se parte dangleterre
Viengne en france auec ses gens
pour guerroier le roy. Aduient ql
pert le sens et enrage dcuiet si que
tout fol et forsenne sen Va fupant
par boys et par hayes, la ou il est
trouue de nos francois qui bie sot
congneu ie demande se priso doit
tenir, car sembleroit que oup Veu

la fausce itetio qui semenoit estoit
pour greuer et guerroier se roy et
le royaume. ¶ As ce ie te respons
que nous trouuons en droit escrit
que ung homme forsene durant
celle fureur ne peut estre repute
pour ennemp, car il na arbitre de
franche Voulente ou raison puis
se ouurer, par quop sil occioit adoc
cent hommes ne seroit pugnp par
iustice ne repute homicide si ne se
peut tel homme rendre ne baisser
soy de raecon paier, comment doc
sera prisonnier comme malade, de
laquelle maladie tout noble hom
me se deueroit pener de luy admi-
nistrer sante de cens ʒ aduis, quel
le Vaillance seroit Si te dis quil
ne peut ou doit par droit tenir pri
son ne raencon paier, ains doibt
estre tenu et rendu aux amps, et
plus forsie te dis que posons que
en la prison guerit si ne deueroit il
estre retenu ne cotraint a paier la
cause est telle. ¶ Quant il fut
prins il nauoit sens ne pouoir de
soy deffendre de laquelle chose a
droit iuger darmes nul ne doibt e
stre prins sil mesmes ne se rent de
signe ou de parolle, mais commet
se feist, car en religion ne peut en-
trer tel homme ne faire testament
lesquelles choses requierent fran-

che Voulente/ ⁊ mesmement ne
pourroit receuoir batesme se bati/
se nestoit/lequel on ne donne a hō
me se de franche Voulente ne se re)
quiert puys quil est en aage. Et
pource ny a nulle cause selon droit
de se retenir.⟨ Comment mai/
stre tu me dis merueilles se ie te
nōie Vng mien ennemy mortel en
ma baillee/qui peut estre luy de
moy ptis me occiroit ou duremēt
greueroit sil pouoit/a toutle mois
bien scay que a son pouoir sen ef/
forceroit et que bonne Voulente en
auroit seroit ce donc sens a moy se
laisser aller ainsy franchement

Bel amy adce ie te respōs que
cest homme dont ie dy posōs quil
soit ton ennemy au cas dessusdit
tu ne pensases a le retenir si non
pour en auoir deniers par raencō
⁊ quant les deniers en seroient pa
ies/lesquelz sans raison auroies
receuz de quoy seroies tu plus as
seure de luy que deuāt Certes de
riēs/⁊ ce ne requiert pas droit dar
mes que on face tort lune partie a
lautre/ains doibuēt tous nobles
hōmes y garder le droit a autruy/
silz osoient demander et requerir
que on leur gardast. Si te dis de
rechief que se mieulx que en Vng
tel homme on pourroit faire/ce se

roit que on feist tant quil promist
de iamais soy armer contre le roy
de frāce/⁊ au cas que adce mener
on ne se pourroit ou que sōme dar
mes Ville ou pays qui le tiendroit
auroient paour destre reprins de
sen laisser aller pour la cause de sa
puissance/que encore pourroit gre
uer le royaume/le plus seur seroit
pour en tous cas eulx en deschar
ger quilz se rendissent au prince/
lequel par saduis de son bon con/
seil en fera ce que bō en seroit a fai
re. Et touteffoys affin que bien se
tendes ce que ie dis du francoys/a
langloys. Ientens semblablemēt
de langlois au francoys/et en cas
pareil de tous autres.

⟨ Et deuise que sil aduenoit
que sur les frōtieres fust pris
aucun hōme anglois bour/
gois qui oncques en sa vie de
la guerre ne se mesla/se par
droit tel homme doibt paier
raencon/ et semblablement
de vng petit enfant/et aussy
de vng aueugle.   xxve.c.

i   Et te demande vng autre
     cas. Je prens que vng che

ualier frãcoys soit en armes vers
les frontieres de calays ou de bor
deaux Aduient dauenture q̃ vng
bourgoys de la ville tresancie soit
venu pour oyr messe ou pour quel
que autre affaire sur la terre fran
coise ou tantost ledit chevalier le
rencontre et le prent de fait/ẽ dit
que son prisonnier sera/mais lau
tre respond que ce nest droit/car es
guerres du roy dangleterre onc/
ques ne sarma pour greuer le roy
de france ne conseil ny dõna/ains
a tousiours este dolent et courou
ce de la guerre/lequel de son pou
oir a tousiours desconseille/ẽ se
luy prouuera il pour verite/ẽ a
uecques ce te dist il/te dy comme
homme ancien comme ie suys qui
nest taille de porter armes ne doit
selon droit tenir prison/si ne deuez
prendre/ses biens ne les personnes
de ceulx qui de la guerre ne se mes
sent/sinon quilz donnassent aide
et faueur a faire et maintenir la
guerre contre le roy de france/de
leur franche et bonne voulente
Car par force ne par amour nay
ie riens fait/ẽ tout ce pourroye bi
en prouuer/si te demandé maistre
se par droit homme darmes le peut
tenir prisonnier. Je te dis com
me dessus que non/au cas que la

verite de ladicte excusation fust
suffisamment prouuee/ mais sil
estoit ainsy quil eust donne ou dõ
nast conseil pertinent a la guerre
en quelque vsage/sicomme assez
de anciens hommes qui plus y
font par leur conseil que plusieurs
autres ieunes par leurs armes et
toutes leur force ie diroye autre
ment. Or me dis doncques se
vng francoys auoit prins le petit
enfant de vng angloys en pour
roit il aussy par droit demãder ran
encon/car il sembletoit que si veu
que celluy qui peut bien faire la
plus grant chose peut bien faire la
moindre. sicomme quoy il pourroit
bien emprisonner le pere se le cas y
escheoit/pourquoy doncques ne
pourroit aussy estre le filz emprisõ
ne. Item et plus fort/car il
pourroit bien prendre ses biens du
pere/si doibt estre le filz comprins
esditz biens. Je te dis semblable
ment que par droit ne peut ne doit
estre emprisonne le petit enfant
car raison ne veut que innocence
soit greue. Il est assez notoire que
innocent et non coupable est len
fant de toute guerre et toutes cho
ses/si ne doibt porter la peine de ce
dont il na coulpe. de conseil ne de
biens ne en riens na aydé car nulle

k.iii

ayde na Boue. Maistre suppo-
se que se dit enfant fust demoure
riche sans pere ne mere deueroit il
doncques paier/car peut estre que
ses tuteurs paient ayde de ses biés
pour aider a maintenir la guerre
encore te dy ie que non. car quoy q̄
ses tuteurs en paiassēt ce ne seroit
point de la voulente de lenfant q̄
encore nauroit aage de discretion.

Sans faulte maistre doncq̄s
nest pas au iourduy ceste loy bien
gardee. Bel amy ie le te confesse/z
que plus ny sōt gardes les droitz
anciens que tenoient les vaillãs
combateurs/si abusēt de droit dar
mes ceulx qui au temps present
les excercent par la grant couuoi
tise qui les surmonte/si leur doibt
tourner a tresmerueilleuse honte
et deshonneur demprisonner fem
mes ne enfans gens impotens ne
vieillars. Et ceste coustume que
ont mise sus par especial les ãglo
ys leur doibt estre reputee a grant
reproche sicomme ilz lont mainte
nue au royaume de frãce/ la guer
re durant/tant que fortune leur a
este propice ou ilz ne depportoient
dames ne damoiselles grandes
moyennes ne petites quant la for
tune leur estoit/auecques a pren-
dre forteresses que tout ne fust mis

a raencon tous ceulx qui trouues
y estoient/que grant hōte leur est
de prendre ce q̄ reuenger ne se peut
et leur deust bien auoir suffis sa
saizine de la forteresse/z que ses da
mes quittes sen allassent, mais ce
quil leur en est au derrenier prins
peut assez et doibt estre exemple
aux autres guerroieurs de autre
ment faire/car dieu mercy il nont
plus de puissance de plante y em-
prisonner/car soies certain que a
uoir mal acquis ne peut estre lon-
guement possesse de la partie qui
lacquiert ou de ses hoirs

C̃ Oftemnous fault veoir de vng
aueugle sil est prins de vng hō-
me darmes/doibt il tenir prison.
Je te dy que se vng aueugle vou
loit par folie et oultrecuidance es
tre hōme darmes que sil est pris
il est digne de pis auoir que vng
autre Et se puis ie bien prouuer
par la sainte escripture ou elle par
le comment Caym occist son frere
Abel. Et puis cōment vng aueu
gle qui sappelloit Lameth print
vng arc et alloit bersant par bois
et par hayes les bestes sauuaiges
sy serit dauenture cayn et loccist/
Dont dieu dist que le peche cayn
seroit pugny sept foys/ mais le pe
che de lameth le seroit lxx vi. fois

par ce appert que soy mettre en of
fice auquel on ne soit suffisant est
souueraine follie. mais se Eng a/
ueugle estoit prins qui de sa guer
re ne se meslast pitie sup est deue/⁊
sil estoit tel quil eust aucunefoys
Beu/⁊ eust este homme darmes ⁊
maintenant quil ne Boit plus dõ
nast conseil aup anglops de faire
bataille ou dessillier aucunement
par aucunes cautelles darmes le
pays tel aueugle par iuste raison
peut bien estre mps a raencõ

¶ Ep deuise se le cas adue/
noit que aucuns ambassade/
urs venissent vers le roy de
france et en passant parmy
bordeaux eussent prins aucũs
fardages cheuaux et charroy
a loyer des anglois son pour
roit icelles choses pardeca ar
rester et prendre/et se vng hõ
me deglise anglois pourroit
en france estre mis a raencon
rvj.chapitre.

Maistre autre question te
Sueil mettre en terme.Je
prens quele roy descoce enuoye ses
ambassadeurs en france/lesquelz
sen viennent descendre et prendre

port a bordeaux ou a bayonne/ la
ou ilz louent ou parauenture em
pruntent cheuaup muletz chariotz
charectes et aultres choses dont
ilz auoiēt besoing/⁊ a tout ce Bõt
a paris.Aduient que en leur che/
min encontrent vng capitaine de
gens darmes/ou aucun saudoier
francops lequel comme il soit bien
informe que sesditz cheuaulz char
roy et mulez soient des anglois et
nõ pas ausditz ambassadeurs les
arreste et dit que cõme icelles cho
ses aup ennemps du roy demour/
ront siennes/car par droit darmes
retenir les peut et siennes sont ac/
q̃ses/or me dy maistre se par droit
demourer luy doiuent ¶Je te dy
que de droit escrit les ambassade/
urs ont par tout preuilege de al/
ler seurement eulp et seurs choses
Et puys que au roy Bont/nont
nulz hommes darmes aucun pre
uilege de les ēpescher/⁊ que plus/
fort est tant est grant le preuilege
que a ambassadeurs appartient
que silz estoient obliges a aucuns
marchãs de frãce contraindre ne
les pourroient destre payes durãt
leur ambassade/car droit ne seuf/
fre conuenir ne contraindre am/
bassadeurs de prince se ce nest de
chose que prins auroient en chemi
k.iiii

Et mefmement veu que befoing
leur eftoit de prebre cheuaulx cha
riotz ou charettes pour eulp ou
pour tous leurs furbages por
ter/si que maladie ou aultre enfo
ne pourroit en chemin venir/ ou
peut eftre pour porter certais pre
fens au roy/doibuent eulp et leurf
chofes auoir fauf aller et fauf ve
nir/ mais il peut bien eftre que
aucune couleur du debat y pour
roit auoir en cas que fans jufte ne
ceffite auroient mene auecques e
ulp aucuns anglops et que des ba
ques diceulp cheuaulp ou aultres
chofes euft en fa compaignie. car
de quelle auctorite pourroient ilz
mener en france les ennemps du
royaume/fi ne feroit fans caufe de
batu. Pour plus fauoir encore te
requiers maiftre que me dice fe les
francops par droit pourroient em
prifonner ung anglois homme
deglife/ou auffy bien les anglois
les francops lequel feroit euefque
abbe ou prebftre religieulp.

Bel amy parce que ia pluffe
urs foys as conclud peut eftre ta
demande folue/ ceftaffauoir que
nous difons que felon droit efcrit
loffice de clerge eft feparee de tou
te guerre Car le feruice de dieu

auquel ilz font ou doibuent eftre
les faitz inhabilles et rudes de por
ter armes ne quelcconques harnois
de bataille temporelle ne leur ap
partient/car il ne leur affiert offi
ce fors daffouldre les pechez et ra
mener a droite voye les defuoyez
et adminiftrer les facremens/ ne
mefmes pour eulp deffendre felon
le decret ne leur foift fors benigni
te et doulceur. Si feroit doncques
bien merueilleufe chofe et dure q
ilz portaffent penitance de ce dont
ilz font ou doibuent eftre innoces
Car fe tu me voulloyes dire voi
re ilz aydent de leurs rentes et de
leurs reuenues au roy dangleter
re a maintenir fa guerre et mefne
ment de leur confeil.

Je refpons que ce ne doibuent
ilz pas faire/ car ilz ny font pas
tenuz comme il nappartient a ho
me deglife donner confeil de guer
re Ainfe eft leur office de toufiours
mettre paip entre les criftiens:

Sil aduenoit que par violen
ce leur roy feift prendre leurs bies
par force pour alouer en fes guer
res. Je te dis que de ce ne peuent
mais/ fy ne feroient pourtant te
nuz deftre prins ne de paier tan
con ne eftre prins ne retenuz com

me ennemys de nulle partie/maif
auftrement eft. Sil aduient que
aucun prebftre Boife en guerre
ou fe ingere de ce aucunement/fil
eftoit prins fans faulte il ne deue
roit eftre efpargne/ que toute ri
gueur de rudeffe ne luy fuft fai
te/fuft prelat ou autre en fait de
paier raencon et diroie que tel hõ
me fuft mene au pape qui bien le
pugnift/mais autrement dempri
fonner les hommes deglife eft cho
fe defcouuenable.

Cy deuife fe vng gentil
homme prifonnier de guer
re doibt mieulz aimer a mou
rir que faulfer fon ferment.
xxviie chapitre.

OR te Dueil faire aucunes
demãdes qui en cas de pri
fonniers de guerre affes des piece
dens deppendent. Je prens que
Sng cheualier a prins en guerre
fon ennemy et en Sng chaftel ou
aultre prifon la mis. Je te deman
de fe ledit prifonnier Doit fon fieu
de fen aller par cauteffe ou fubti
lite fil le peut faire iuftement felõ
droit de guerre/car ie fays doubte

que non pour plufieurs raifons
La premiere car il luy a baiffe fa
foy fi nen peut partir fans foy par
iurer. La feconde q droit ne Deuft
que on face a aultruy ce que on ne
Douldroit que on luy feift/ꝛ icel
luy prifonnier ne Douldroit pas
que fon prifonnier ainfy luy feift
fi trefpaffe cefte foy en ce faifant.
La tierce quil eft ainfy que fõ ferf
ꝛen fon mercy iufques a tant que
quitte foit de fa raencon/fi me fem
ble quil fe meffait en tãt quil mef
mes luy ofte/ficomme fe fien par
propre qui eft chofe qui faire ne fe
peult fans mefprendre Or Bel
amy adce te refpondray pour fau
tre partie et bien y a a regarder
Car il conuient determiner felõ
les circonftances. Je te dy que on
peut dire pour lautre quil na riẽ
mefprins/car il la fait felon la loy
de nature/laquelle Deut que tou
te perfonne foit en liberte. Jtẽ
quant il donna fa foy ce fut par for
ce et par merueilleufe conftraincte
qui lui fift faire/ꝛ promeffe faicte
par force la loy ne conftraint pas
a le tenir/ꝛ autres raifons y pour
roit dire/mais au fort quãt a droit
darmes/feule eft permis par toute
loy tout ce y fait petit/car au droit

aller Je te ditz que quant vng hõ
me est prins/ꜩ quil donne sa foy de
tenir prisõ. Sãs faulte il ne peut
sãs foy meffaire vers dieu ꜩ vers
le monde/sen partit sans laccord
de son maistre voire.aucuns cas
reseruez et que bien sentedez/cest
assauoir que ledit maistre ne sup
face autre mal ne grief/sinon se te
nir en prison conuenable ainsi que
le droit sa limitte/mais ie taccor
de bie que sil estoit tenu si destroit
ꜩ sy mal mene que en peril en fust
de sa vie et q on luy fist chose cru
elle et inhumaine. Je te afferme q
se voye trouuoit de sen aller Jl se
roit tresgrant sens Ne en riene ne
deueroit estre repute meffait Ou
que le maistre ne voulsist prendre
deue finance selon son pouoir/ꜩ il
luy auroit offerte plusieurs foys
et prie quil la voulsist prendre.

¶ Item et au cas que ledit mai/
stre fust tant cruel que acoustume
eust de faire mourir ou tourmen/
ter ou languir en prison ses prison
niers et telles rudesses qui sont cõ
tre loy de gentillesse/celluy qui de
tel homme est tenu nest pas cons
traint de luy tenir foy se par quel/
que voye peult eschapper/car celle
foy baillee est a entendre que ainsy

que le maistre est sire du prisõnier
par vertu de droit darmes/ que
aussi il le doibt tracter humaine
ment si que ledit droit se donne et
non pas le tenir comme beste ou
pis que sarrazin ou Juif/ lesquelz
mesmement ne soist traicter si du
rement que on leur dõne cause de
desespoir. Et pource te die que cel
luy qui premier brise a autruy et
trespasse le droit dessert aussi que
pareillement luy soit fait. Voire
maistre sil aduient que vng gen/
til homme prenne vng aultre en
bonne guerre/et nonobstant que
le prisõnier ait iure au maistre de
tenir prison ledit maistre le tiegne
en bõne tour ou en forte prison en
clos. Je te demande se tel homme
voit son point sen peut aller sans
mesprendre/car aucũs pourroiet
pencer que si/ veu que le maistre
ne se fie pas au sermet ne en sa foy
du prisonnier/ꜩ puys que ainsi est
quil ne si fie quelle foy doncques
luy peul il rompre ne briser/car il
ne se attent pas nullement au pre
mier lier/ mais aincops luy baille
autre plus fort/ꜩ ou mieulx sat/
tend. pource comme il sembleroit
ne brise pas le prisonnier sa foy.
veu que sõ maistre la repute pour

nuifle. ¶ Ie te refponz derechief
que le droit a diftincte des chofes
darmes/se se gentil homme iure a
tenir prifon sil eft ainfy q̃ son mai
ftre luy donne a menger et a boire
suffifamment et logis non trop
deftroit/ʒ vueil traicter de deue
finance quant temps sera/ʒ que
pour la prifon quil luy donne ne
puiffe prendre mort ne declinemēt
de sõ corpsʒ de sa sante. se tel prifõ
nier sen va nonobftant que mai/
ftre le tiengne en bonne garde q̃l
brise sõ sermēt ʒ fait cõtre droit de
guerre ʒ de sõ defhõneur car sil eft
gētil hõme il doibt faire ce quil ap
partient/ceftaffauoir tenir son ser
ment a son maiftre/lequel leut oc
cis a leure quil le prit sil euft vou
lu/et posons quil se tiēgne enclos
il ne luy fait nul tort/car il pmift
tenir prifon bien ʒ loyaument sãs
la brifer/si ne se peut epcufer tel su
itif quil nait fait mal ¶ Car puys
quil se mift en peril de la bataille
Ceftaffauoir deftre mort ou prins
Il debuoit sauoir que prifon neft
pas lieu defbattment ne de fefte
si doibt doncques puys quil eft en
cheu au peril porter bien doulce
ment et pariamment la penitance
en efperance de vne autrefoys ef-

cheoit a meilleur fortune.

Cy deuife se vng gentil hõ me prifonnier de guerre doit mieulx aimer a mourir que brifer son serment. xxviiie.chapitre.

IE supofe maiftre que vng
cheualier ou homme dar
mes soit en la prifon dun autre ou
de vng seigneur ou de vne ville
mais sy grant rigueur luy soit fai
cte que on luy afferme que ce de-
dens certain temps na fait sa finā
ce Jl sera occis/pour quoy il qui
ert pour dieu et en pitie que len se
laiffe aller en son pays faire finan
ce et que sans faulte retournera a
tout dedens le iour promis. A bref
dire on le laiffe aller sur sõ sermēt
fait sur les sainctes euangiles.
Par lequel serment il ieure que
pour encourir sa mort ne fauldra
quil ne retourne dedēs le iour pro
mis. Or aduient que impoffible
luy eft de finer sa raēcon si eft affa
uoir sil doibt retourner pour soy
retourner mettre a la mort/laq̃lle
p ses aduerfaires luy eft pmife/car

mesmement il est escriptes hystoi
res de romme, que ainsy le firent ia
diz les nobles conquereurs rom/
mains, qui ains se opposoient a la
mort que enfraindre le iurement
de prison. Et ce iceulx qui paiens
et mescreans estoient iuroient seurs
faulx dieux, ilz le tenoient toutes
uoyes mieulx le doiuent tenir les
ppristiens quant ilz iurent sur la
saincte foy catholicque. ¶ Bela-
my tu dis bien. et encore plus de
raisons y pourras a ton propos al
leguer/ maisa la verite du fait en
y a trop, qui pourroient excuser son
moyen tel cas, quoy que aucun do/
cteurs veullent maintenir que mi
eulx deueroit l'ome voulour mou
rir que pariurer se non) de dieu.
Laquelle chose est vraye en aucun
cas/ mais quanta cestuy qui est
chose violete et fait ainsy que par
force pour sauuer sa vie nest pas
determine quil vaulsist mieulx
a mourir/ et quil ny soit tenu te di
ray les raisons. Je te dy que selon
droit escript/ serment contre bien
et vtilite et mesmement contre bo
nes meurs ne fait pas a tenir/ et
quoy que mal soit de soy pariurer
est encore trop pis fait de tel serment
tenir si doibt estre esleu. de deux

maulx cestuy qui est le moindre
criminel. sicomme ung homme
aura iure sur les sainctes euangil
les ou sur le corps iesucrist sacre/
quil occira ung homme ou fera
quesque grant malfait/ si nest pas
doubte que pis seroit doccir ung
homme ou bouter feu en vne mai
son/ ou aultre grant mal que de
soy pariurer/ quoy que pesche mor
tel feist des quil iura/ car choses
desraisonnables a faire ne se doib
uent pas iurer. ¶ Or est il ainsy
et nul ne doibt le contraire pencer
que nul homme nest maistre de so
corps mettre en prison pour occir
ne ses membres trencher ne quil
seroit de vng autre. Et il appert
quil nen soit en luy. Car silse oc
cioit luy mesmes/ iustice pugni
roit le corps honteusement au gi
bet/ aussy sil trenchoit ses membres
ainsy seroit il pugni par iustice que
se a vng autre lauoit fait. ¶ Po-
urce derechief te dis quil nest pas
en luy ne en son pouoir de soy obli
ger par celle voye ne point se lie
le serment ains est nul. Et plus
te dy nous disons de droit escrit/
que se vng homme peut vng au
tre garder (t preseruer de mort/ et
il ne se garde a son pouoir qu loccist

doncques ne mesprenk pas sil gar-
de a soy mesmes le droit que a na-
ture est tenu a garder/ cestassauoir
sil eschieue la mort/ce cecy est quat
a epcuser leptremite de la chose et
suppliec ce quil na peu admender
de sa raëcoy paier/mais pourtat
ne te disie pas quil ne soit tenu de
faire finance tout le plus tost quil
pourra et y mettre toute peine de
soy en acquiter.

¶ Cy fine la tierce partie de
ce liure. Et comence la quar-
te et derniere partie laquelle
parle de droit darmes en fait
de saufconduit/ de treue/ de
marque et de champ de ba-
taille.

¶ Au premier chapitre de/
mande le disciple au maistre
se ung seigneur enuoye sauf/
conduit a ung aultre son en/
nemy cheualier barō ou qui
quil soit et que audit saufcō/
duit ne ait si non contenu de
sauf venir/sil peut biē par cel
le cautelle larrester selō droit
au partir ¶ Premier cha.

A commencement de ce
ste quarte ptie treschier
maistre Bueillez saillir

en ung autre different propce de
guerre/combien quil soit tout de/
pendant du fait dessusdit cestassa
uoir en une maniere dasseuremēt
qui se donne aux allens et venās
entre les parties par lettres quon
dit saufconduit. De laquelle cho
se premierement te Bueil faire de
mande. ¶ Je suppose que ung
baron ait guerre a ung cheualier
de laquelle guerre ses amps dune
part et dautre se mettent merueil
leusement en tresgrant peine dey
trouuer paix par quoy ledit barō

enuoye saufconduit au cheualier
de benir bers soy et luy demande
que sur icelluy biengne seuremēt
Le cheualier si fie et y bient/mais
quant ensemble ont parle et que
partir sen beult le baron le fait ar
rester et dit que son prisonnier est
Car dist il bous estes de guerre
contre moy ce scet chascun/si bous
puis prendre a mon aduātaige se
ie bous y treuue. Lautre respont
quil ne peut par sa bertu de soy
mesmes saufconduit/Le baron re
plicque en disant. mon saufcōduit
que baisse bous auoye parsoit de
sauf benir/mais du partir neant
pource ne luy fay nul tort sil se re
tient. Si te demande se le baron a
bonne cause. Et sembleroit que
ouy beu(?) cōsidere quil suffist ētre
en temps tenir le contenu des let
tres. Et puys q̃ sy fol a este le che
ualier quil na sagement entendu
sil en porte la penitāce/ce nest pas
mal employe/car il soist en fait de
guerre si q̃ toy mesmes la cy dessus
tesmoingne en bsant de cautelles
pour decepuoir lun lautre/si sen
garde qui pourra.   Je te respōs
bel amy que tu tabuses en cest en
droit/car sil estoit ainsy que tu dis
trop dinconueniens sen pourroi
ent ensupuir. Et pource y a la loy

pourueu/qui deffent eppressemēt
que nul ne decoiue par parolles
cauteleuses/car cuideroies tu dōc
ques que bng homme sust ouy en
iugement pour dire iay bendu
cent liures de terre pesant et sem
blablement dautres telles choses
te dis bien q̃lles ne seroient pas re
putees en iugement fors trufferi
es/q̃ comme trompeur qui bser en
bouldroit en seroit pugni. Et pr̄
ce a nostre propos lōme ne se doit
fier en telle lettre se elle nest bien
eppresse de sauf benir/sauf de
mourer et sauf en retourner et les
autres circunstances/et ne beult
la loy q̃ se malice du frauduleux
deceueur priengne si estroictement
la simplesse de somme qui y ba de
bonne foy. Si doibt estre enten
du, que se saufconduit est selon lin
tention de celluy auquel on se dō
ne/par lequel se tient asseure/de
sauf aller sauf demourer et sauf
retourner/ou autrement se ne se
roit pas saufconduit Ains seroit
bne traison couuerte qui trop se
roit a blasmer/et telle en est la be
rite. Neantmoins peut estre que
aucuns de fait sans nul droit ne
sans quelcune raison en aient bse
qui a leur tresgrant deshonneur
et billennie debueroit tourner/

Maistre sans faulte) ce me semble a mon aduis tres grant merueille veu la petite loy aute qui au iourd'uy court au mõ de comment vng prince ou seigne ur ou gentil homme/et mesme ment quelque homme que ce soit se ose fier par saufconduit de aller en lieu ou ses ennemys soient plus puissans et fors de soy. ¶ Amys se tu ten esmerueilles ce nest pas sãs cause combien que saufconduit se lon lancienne coustume de droit dar mes et aussy de toute la loy deue selon la nature eust este sceure en tre parties et ennemys mortelz q nous appellons en nos loiz capi taulx Lesquelles lettres de sceur te les bons et vaillans conquere urs du temps passe neussent en fraint pour mourir/mais a present pour les baratz et subtilites trou uez/par lesquelz on na honte de mentir ne rompre foy ne sermens entre cristiens trop moins q iuifz ou mescreans nauroient/z coseil le par aucuns de nos maistres q en saufconduit on ne se fie. Se legi er/comme le temps soit venu que ce que les droitz appellent fraude et barat est appelle subtilite z cau telle et ainsy y est le peril grãt car

se de fait vng homme de quelque estat ou condicion quil soit veult faire traison/puis quil a sa persõ ne en place ou en lieu ou plus fort se treuue/il trouuera assez de cou leurs dauoir occasiõ de se faire oc cir/ou par prisõs ou comme se cas dauēture fust/ou par faire esmou uoir aucu ou bouter feu en sa mai sõ z aussy en diuerses guises z puis que fait seroit il nest droit quil y ve nist a temps/z pour ces doubtes dit a bon droit la loy/que pour se urte de la personne quant il se met au pouoir de son ēnemy ne se pour roit donner preuileges trop grãs car apres le fait restitution seroit nulle/sans faulte maistre cest pu re verite/mais encore me ditz vne question selon droit. ¶ Je suppo se que vng roy cristien eust don ne saufconduit a aucun sarazin/ Je te demande quelz gens des cre stiens luy doiuēt tenir celluy sauf conduit/car au propos de ce que cy deuant as dit me peut sembler tout premierement que les gens du pape nen ont que faire comme ilz soient a plus grãt seigneur que le roy nest/ie scay bie que tu veulx dire voirement ny sont ilz pas te nuz/z mesmement ne sont les au

tres roys crestiés selon le tesmoig
des loyx lesquelles dient que hors
de sa iuridiction homme ne peut
faire mandement ne ordonnance/
sy te diray/car de ses subgectz mes
mes aucuns pourroient doubter
que pas ny fussent tenuz La cau-
se est pource que ses sarrazins sot
enemis generaulx de toute sa cre-
stiente cest chose vraye et aussy e-
scrite/par quoy nul crestié ne doit
receuoir quelconque enemy de la
loy de dieu si est tout homme tenu
de plus obeyr a dieu nre pere que a
son prince temporel/ en tesmoing
de la loy qui dist/que a toute per-
sonne est permis de cotredire a so
seigneur sil est tel quil vueille por-
ter garder soustenir ne donner fa-
ueu aux enemys de la foy de dieu
sot par lequel droit seroit tenu le
subgect dudit roy de garder cellui
saufconduit/z auec ce les sarra-
zins nont pas seulemét guerre co-
tre vng roy/mais contre tous/et
droit dist que vne chose qui tou-
che a tous doibt estre esprouuee a
tous/car autrement riens ne vau-
ult. Mais or y a il aultre chose/a
entendre/cestassauoir que sil est
ainsy que pour raisonnable chose
luy ait donne/sicomme pour trai-
cter ou pour chasser la finace daur

cun cheuallier ou aultre crestien
ql qui soit/qui soit en leurs mais
prisonnier ou pour autre chose iu-
ste et raisonnable/nen doubtes pas
q non pas seulement les subgectz
dudit roy/mais generalemét to9
crestiens par ou il a passer le doi-
uent laisser aller seurement pour
deux principalles raisons La pre-
miere est que entre eulx ne puisset
dire que entre nous crestiens eus-
sons pou de foy et pou damour en-
semble/quant ne vouldrios pour
chasser la deliurance des gés cre-
stiens qui entre leurs mains seroi-
ent prins pour la foy de nostre sei-
gneur. Lautre que se rudesse leur
estoit faicte entre ppiens silz y vi
ennent posos que ce fust pour mar-
chader ou pour ambaxade ou au-
tre iuste occasion/ilz se pourroient
chier vendre a nos ppiens qui po-
semblables cas sont souuent en-
tre eulx Ainsy leur doibt estre tel
droit garde que nous voulos qlz
gardent/mais se ainsy aduenoit
q vng roy ou vne ville eust guer-
re cotre vng aultre/z pour soy ve-
ger ou pour aultre chose non rai-
sonnable faisoit venir a son ayde
aucun puissant sarrazin a so sauf
conduit/en telz cas nulz ppiens
subgectz ne autres ne se doibuent

souffrir ne ia pour ce ses vassaulx
ne seroient repute3 piures ne mois
loyaulx a leur seigneur/car ines
mement dit la loy que se on treu
ue vng homme qui porte lettres
contre la publicque vtilite on les
peult oster et rompre. Et dit vng
aultre semblablement que tout hõ
me doibt bouter hors denuirõ soy
contre la loy.

¶ De treues et de marque

¶ Sy deuise se durãt treues
entre guerroyeurs on peut p
droit prendre en aucune ma-
niere chose qui soit/lune par-
tie sur lautre Et se lune par-
tie enfraint les treues/se lau-
tre partie est tenue de les teuir
iiii.chapitre.

Maistre il me semble que
vng autre asseurement
de guerre est entre ennemys, que
on nomme treues qui est vne ma
niere de paix faicte durant aucuñ
certain terme de temps si te vueil
vng pou faire question pource
que ay aucunesfoys ouy dire que
en aucuñ pays/(t mesmement les
angloys en ont aucunesfoys vse cõ
tre les francoys/quant treues e-
stoient/(t mesmement durant les

treues que ce nestoit pas mal fait
se on deuoit son aduantaige de prẽ
dre par aucune cautelle qui peut
chastel/ville ou quelque prison-
nier/(t te demande sil est vray que
faire se puisse sans tort ¶ Adce ie
te respons que vrayement toue
ceulx qui le font enfraindent le
pur droit de treues/(t affin aussy q̃
tu le puisses en ceste partie mieulx
tesmoingner te diray que noz mai
stres en dient-tout premierement
dient q̃ cest vng asseurement roy-
al qui de ancien droit ne se doibt
briser sur peine capital. sicõme soy
droicturiere de roy ou de prince ne
doibt estre brisee ¶ Item dient ãl
le contient troys choses principal
les/cestassauoirãsse donne seurte
aux biẽs meubles (t autres cho
ses. Secondement aux hommes
Et tiercemẽt quelle tire a traicte
et esperace de paix Et doncques
puis puys quen soy treues contie
net tãt en gñal cõe en especial ces
choses.par ql droit sy pourroit prẽ
dre lune partie sur lautre prison-
niere ne quelconque aultre chose/
si te prie maistre que tu le me dies
¶ Sãs faulte amy ceulx q̃ le fõt
ou qui maintiennent que sãs tort
se puist faire nõt que faire de droit
si treuuẽt assez de manieres de ba

retter/ꝓ pis y a quilz veullẽt cou
urir leur faucete de droit et de soy
laquelle est appertemẽt cõtre eux
la ou elle dist que toute chose ꝓ suz
pee et prinse sur fiance de treues/
de droit doibt estre rendue et resti
tuee et tous ses faiz payez/ꝗ sces
tu que le roy ou prince selon la loy
deuroit faire de ses gens qui telle
villenie luy auroient faicte com-
me de mentir et non entretenir sa
promesse leur faire trencher les te
stes sy y prendroient les autres ex
emple/ꝗ se est la sentence de la loy
ꝗ de ce acqueroit sy bõ los comme
destre appelle tresbon iusticier prĩ
ce cremu en seroit/ꝗ par ce donne-
roit plus grant cause a ses enne-
mys deulz plus voulentiers ren-
dre a luy/lesquelz se les treues rõ-
pent/ꝗ il puist tenir aucũ diceulz
a sa puissance/pour nulle raenco
ne les doibt espergner ne deporter
que pugnis ne soient comme il ap
partient/ꝗ ie te demande maistre
se le roy de france et cestuy dangle
terre auoiẽt iure treues ensemble
durant certain temps/ꝗ le roy dã
gleterre les rompist seroit le roy de
france tenu de les tenir: car il pour
roit sembler que si par celle manie
re/posõ que aucun face mal vng
autre nest pas tenu de le faire sem

blablement, ains se doibt tout hõ
me tenir en sa loyaute.ꝗ Amp
ie te dy puys ꝗ lun des deux roys
lequel que ce soit et de tous autres
ensemblable cas auroit rompu sa
promesse et pariure se seroit, que
laute nest pas tenu de luy tenir
serment ne ia pource nen sera par
iure/car selõ droit puis que pmier
on luy a brise conuenance nest pas
tenu de la tenir plus auant/ains
est de droit escript absoubz du iu-
rement/ꝗ qui plus est il pecheroit
mortellement se ses gens laissoit
occir et gaster le pais sans deffen-
dre a sa puissance:

ꝗ Cy parle dune maniere
de guerre laqlle sapelle mar-
que et se telle maniere de guer
re est iuste.   ve.cha.

Maistre cõme encore ne soie
saoule de tes sages et ius
tes conclusions te veuil faire cer
taines demandes sur vne aultre
maniere de contens qui auecques
trait a guerre/laquelle ne scay sel
le est de droit/mais les princes et
les seigneurs depuis les anciẽes
seigneuries depieca/car es ancien
nes gestes nen est faicte nulle mẽ
cion en ont prins a vser quon ap-

pesse marque/ qui est quant ung
homme de ung pays si comme de
france ou dautre part ne peut a/
uoir droit daucun tort fait par au
cun puissant homme destrange pa-
ys le roy luy donneroit une mani
ere de licence de prendre arrester et
emprisonner par vertu de ses let-
tres obtenues de luy/ marchans
et tous aultres et leurs biens de-
nans du pays et du lieu dicelluy
qui auroit fait le tort et quilz en fus
sent exemptz iusques adce que droit
et restitution soit faicte au demã/
deur de sa demande/ si souroie tres
voulentiers se telle chose diet de
droit/ car grant merueille est que
ung homme du pays de celluy qui
aura commis le fait/et qui oncques
riens nen aura sceu ne nen sera cou
pable/et si sera pour ceste cause em
prisonne et ses biens empeschez sil
est trouue en lieu ou lautre ait pu
issance et conuiendra quil paye et
restitue se dont riens il ne doibt ne
couppe ny a. ¶ Chier amy tu
doibs sauoir que a droit voir dire
selon lescrit de lancien droit ceste
maniere de guerre que on appelle
marque/ par laquelle ung hom-
me prent dommaige pour aultruy
sans sa desserte nest pas iuste ne
droit ne lottroye pas/ lequel droit

a ordonne que se ung marchant
de paris ou de quelque lieu quil
soit est oblige a ung marchant de
florence qui demãde iustice de luy
deuant son iuge/et que ce celluy ne
luy fait iustice quil lappelle deuãt
la iustice du roy tant que il en ait
droit/ mais de dire pource se ung
marchant de paris luy est oblige
que emprisonner puist ung autre
marchant ou bourgoys de paris
ou dautre part du royaume ou ses
biens prendre et arrester. Vrayemẽt
en ce forroye/ car ce nest de raison
ne de nul droit qui y peut estre po-
ur les seigneurs qui lont trouue
en ceste cause et nest pas sans oc/
casion. Et Je suppose que ung y-
talien fust oblige de une grant sõ
me a ung francoys/ de laquelle o
bligation vouldra frauder cel/
luy auquel il est debteur Il sen ira
demourer en angleterre pource q
bien scet que le francoys nyra pas
la plaider a luy/ ou par aultre po-
urroit aduenir/ ung geneuoys se
ra de pieca oblige a ung francoys
Or saura bien que pour la mal/
uaillance qui est ore entre le roy de
france et les geneuoys/ le frãcoys
nyra pas a geneues pourchasser
sa debte/ si sera de tant mauuaise
conscience que cure naura de resti

tuer/que fera doncques le frācois
feuremēt il se traira deuers le roy
ainsy que subgect a son seigneur
pour auoir semblablement aide
du sien recouurer. Adont le roy bi
en informe donnera semblablemēt
marque/ et se donnera aussy sil ad
uient que ung cheualier ou autre
ait est destrousse iniurie/et villenie
en quelque part ou le roy nait def
fēce de guerre/iusques adce que a
mende et restitution luy soit faicte
Sy trouuerent ceste cautelle les
consaulz des princes pour obuier
a telz baratz ¶ Ceste marque cō
tient que toute persōne qui seroit
trouuee au pays du prince qui la
donnee/ qui de la ville/ du pays/
ou du lieu sust de celui qui auroit
fait loutraige/ sust prins et ses bi
ēs mis en la main du seigneur ius
ques adce q̃ le marchant sust paie
et a donc quāt les marchans se do
ient ainsy mal menez es estranges
pays ou marque est donnee cōtre
eulx/ ilz font tant a la iustice du
lieu dont ilz sont/ que celluy par q̃
cest contente lautre et restitue/et
pour celle cause sut elle trouuee et
mise sus/ si sert bien le comun pro
uerbe adce propos qui dist q̃ par
ung inconuenient est aucunefois

chasse ung aultre inconuenient/
car par cestup est ung aultre grief
repare ne par aultre voye ne se pou
roit nullement auoir droit de as/
sez de tors qui sont faitz ou que on
pourroit faire aux estrāges allās
et venans leurs chemins/ mais
nō obstāt que celle chose puisse a
uoir aucune couleur pource te dy
que ung roy ou prince auquel el
le est requise ne se doit pas pour
tant donner de legier/ car moult ē
chose griefue et pesant/ pourquoy
doibt estre a peine deliberee pour
deux principalles causes. lune est
que cest chose qui moult peut gre
uer conscience. lautre que ce peut
estre commencement de guerre.
¶ Quelle chose doncques doibt fai
re le roy quant requise lui est/ a dō
ner contre aucune cite pays ou sei
gneurie. Il doibt premierement i
terroguer ou faire iterroguer par
son president ou aultre sage legis
te et iusticier pour quelle raisō il
la requiert et quelle cause il a. Et
celluy dist que quant il venoit de
melan que en la ville dast/ on luy
osta bien. p. mille francs ou chose
qui le valloit/ et que de ceulx ne
peut auoir droit/ ains soustiēnent
ceulx de la ville ceste chose/ quoy

que de la demander par leur iusti-
ce se soit bien mis a son debuoir.
Adonc doit le roy escripre (z mans
der par ces lettres a iceulp que a-
miablement Vueillent faire faire
restitution a son subgect du dom-
maige que vng ou plusieurs des
seurs luy ont fait/dont sil aduiēt
que pource nen soit riēs fait (z que
des lettres du roy ne tiennent com-
pte/(z par conseil soit veu (z delibe-
re que marque donner p appartiē-
ne/Adōt selon la coustume de ses
seigneurs temporelz le peut dōner

Cy deuise se tous seigne-
urs peuent donner marque
Si le roy la peut dōner pour
vng estrangier qui son cytoi-
en soit fait. et apres le escolli-
ers estudians pourroient e-
stre a celle cause empeschez.
vie chapitre

Et dōcques maistre sil ad-
uenoit que le peuple de flo-
rēce ou dautre parten cas sembla-
ble eussent prins les biens de vng
marchant de paris comment se dō-
neroit marque contre cite/car selō

droit il conuient aller demander
iustice au iuge souuerain du lieu
lequel est lempereur/mais cōbien
que par droit les florentins soient
ses subgectz/il nest pas doubte q
pour luy rienē en feroient/(z a di-
re que se marchāt allast pseder de
uant le potestat qui parauenture
sera ceste arnee vng cheualier ou
vng cousturier ou sauetier de cel
se Bille/et si portera or a sa caintu
re comme vng cheualier/en recou-
sant ses solers/selō leur coustume
quilz ont deulz gouuerner a peu
p'e: se croy quil y auroit petit droit
Je ne ditz neant plus de florence
q de vne autre cite qui a peuple se
gouuerne/que fera on doncques.

Be/amy tout ainsi que deuāt
tay dit se roy p escripra ses lettres
et se compte nen tiennent donnera
sa marque franchement cōtre eup
puys quilz dient quilz sont mes-
mes seigneurs de florēce. Mais tre
ie te demande se to9 seigneurs peu
ent donner marq. Je te respōs
que non/car sicomme toy mesmes
as cy deuant dit/et assez est repliq
q nul seigneē ne peut iuger guerie
sil nest souuerain en iuridicion. et
comme cestuy fait de donner mar-
que selon sa nature (z cōdicion soit

semblable a guerre ne la peut nul
donner sil nest pour seigneur sans
moyen si que est le roy de france de
son royaume. Or me dy encore. Je
suppose que ung marchant natif
de la ville de melan soit de longue
piece demourat a parie/il y ait ho
stel sien. terres et heritages pour/
laquelle cause sera repute bourga
le selon sa coustume. Je te deman
de se le roy donnera marque pour
cest homme se le cas comme dessus
y eschiet veu quil nest pas de pa
ris ains est natif de lempire   Je
te respons que selon la rigle de droit
cestuy qui est participant du mal
et en la charge semblablement le
doit estre au bien et au reconfort.
Par quoy sil est ainsy que cestuy
marchant ait acoustume de paier
aucune subsides ou aucunes im-
positions au roy de sa marchandi
se/et de ses biens/veu quil est bo/
urgois sans faulte le roy est tenu
de le porter et soustenir en toutes
choses comme son citoyen/et sem/
blablement ung autre gentil ho
me estrangier demourant par long
temps en france qui eust setup le
roy en ses guerres et y fust herite.
Et ie te demande se pour cause de
celle marque donnee du roy pour-

roit estre empesche ung clerc estu
diant ou ses biens. Je te respon
comme dessus que non/ne mesme
ment son pere qui le seroit venu
veoir si que tay dit ne mesmement ne
pourroit le roy se le cas y escheoit
donner marque contre quelconq
ges deglise/comme il nait que con
gnoistre sur eulx/ains est au pa
pe se prelatz sont a congnoistre/et
des autres en est a leur prelat qui
contraindre les doibt de faire rai
son/et te die encore que tous pele
rins de quelque part ou natio quilz
soient sont en la sauuegarde de di
eu et du saint ou ilz vont en pele
rinage/et par ce les prent le pape
en especial sauuegarde de saincte
eglise par quoy sont preuilegiez sur
toutes autres gens et sont repu/
tez comme gens de saincte eglise.
Et est excommunie de par nostre
dit saint pere le pape qui mal leur
fait et pourchasse.

Cy fait mencion ce cest cho
se iuste et selon droit que ung
homme doiue prouuer par
son corps/contre une aultre
chose qui soit incongneue et
secrette.   vii. chapitre.

Apres ces choses comme ie soye trescontent des solu/cions precedentes/ treschier maistre te vueil en continuant nostre matiere de guerre faire aultres questions come de mon temps en france ap de ce aucunesfoys veu vser Et semblablemēt ains mon tēps a este icy et autre part assez en vsage darmes/ cestassauoir vne guerre qui ce fait seulemēt entre deux champions ou plusieurs aucunes foys dune mesme querelle ainsi en chāp clos. Laquelle guerre est appellee champ de bataille que vng gentil homme entreprent a faire contre vng aultre pour prouuer par force son crie sme occult & musse. Si te demande se telle bataille est iuste et pmise de droit. ¶ Treschier filz de ceste matiere ētre eulx pour cause que les nobles qui ne sont pas clers sachent qui se present liure pourront oupz sachent mieulx ce quien est bon a faire me plaist a tant a respondre par quoy affin que iceulx qui armes cheualereuses aiment sentendent en ce ste matiere/ et toy mesmes q aps moy escriptras en puisses au vray parler ¶ Te dis que en toutes les autres choses darmes selo droit di

uly / selon le droit des gens/ selon le droit ciuil/ selō droit de decret & canon/ donner gaige de bataille & le recepuoir pour soy combatre est chose condemnee et reprouuee & entre les autres droitz qui se deffendent est excommunie de droit canon aussy bien cellup qui le dōne comme cellup qui le recoit/ et q plus est le sont ceulp qui le regardent. ¶ Or peus tu veoir ce cest chose a faire et qui le monstra/ pape Vrsain Ve. de ce nom quant le champ de bataille deut estre fait a ville neufue lez auignon de deux champions qui sestoient accordez de combatre deuant le roy Johan de france/ lequel nostredit sainct pere comme chose deffendue commanda expressement soubz peine dexcommuniment que nul ne les allast veoir/ et se toy ou autre me voulies dire q telle chose soit du sage darmes. Te respons q trop plus grant est le droit dieu et plus y doibt on obepr que a vsage darmes/ & que iuste chose soit q on ne le doit souffrir ne faire y a assez de bōnes raisos/ & mesmes que droit diuin y assigne/ lequel droit diuin est droit de la saincte escripture ou obepr deuos sur peine de grāt pe

chfe mortel/lequel droit condemne
toute chose a faire par laquelle on
peult tempter dieu/car on veult
sauoir se dieu aidera au droit. Et
est sicomme tenter que dieu face
miracle:laquelle chose est non deue
de cpperimeter la voulete de dieu
Et il appert car nous disons que
demander chose contre nature ou
par dessus nature est presumptio
(z chose qui desplaist a dieu et cui/
der que fiebe vainque le soit/z le
ancien se ieune/ou le malade le sai
par force de bon droit/ainsy cuider
auoir telle chose est tenter dieu.et
ie te dy certainement que sil auui
ent quilz gaignent cest auentu/
re et non pas le bon droit quilz p
aiet/z quil soit vray il appert par
ceste raiso.na pas nreseigneur souf
fert occir plusieurs preudommes a
tort et sas cause.dont les ames en
sont glorieusement en paradis/ql
ne fist pas a lors miracle pour eulp
Et cuideries vous dont que dieu
fist plus pour vng poure pecheur
que pour iceulp/sy est vray que
souuent a este veu que cellup qui
auoit bon droit le pdoit pourquoy
vne decretalle ramentoit vne tel
le histoire. ¶ Une foys aduint q
en la cite de poulent furent deup

freres accusez de larrecin p quop se
lon lusage dicelle cite les en couit
deffendre en champ ou quel ilz fu
rent. Vaincus donc tost apres ad
uint q en la cite fut trouue cellup
qui le larrecin auoit fait/z fut sceu
appertmet que les deup freres
ia destruis ny auoient coulpe.Et
pour ce que semblablement a este
sceu par plusieurs autres foys z
aussy que ce nest chose raisonable
que faire se dope les droie canons
ont reprouue telle manier de com
batre Et aussi ce que dit le droit se
par telle maniere on vouloit sa iu
stice prouuer les iuges q pour fai
re iustice sont establis seroient en
vain. Et est mauuaise raison de
dire se ie ne puis prouuer ce que ie
dy ie men cobateray et le prouue/
ray par mon corps. Car nul fois
dieu et moy et cellui que ien appel
le ne le set Et se aucun vouloit di
re voire mais les maulz qui par
innocence du pueple et secretement
sont faiz ne se peuet par iustice pu
gnir puis que prouuez ne sont.
Mais cellui qui tient que par lui
soit peche secret pugnis veult a
dieu le quelle a congnoissance des
peches secrez vsurper sa puissan
ce et sa tresnoble sapience a qui

seul en appartient faire sa pugni
tion/et se afferme vng decret qui
dit que se tous pechez estoient en
ce monde pugnis ses iugemens de
dieu nauroient dõcques lieu. Et
autre raison y a qui ceste chose cõ
dẽne/cest que droit ciuil a ordõne
iuges et iugement pour faire rai
son et plaider causes q̃ nul ne soit
creu pour tesmoing en sa mesme
cause/mais comme qui ainsi par
son corps veult prouuer sefforce
de corrumpre celle loy de droit ci
uil. ¶Item de droit canon est en
core plus reprouue/car il commã
de eppressement que on obeisse au
pape et a ses commandemens/et
il par bonne raison a commande
par mots eppres que iamais par
telle mainere on ne se combate/ sy
peus veoir bel amy que telle ba
taille est reprouuee a laquelle cho
se dieu mercy le roy de france et sõ
bon conseil a puis quatre ans en
ca bien aduise par quoy plus telle
maniere de cõbatre ne sera du sa
ge/et sõ royaume sen louoit/ dieu
doint ioye paix honneur et para
dis a ceulx qui par sa vertu de bõ
sens se sont penes que telle manie
re de combatre soit mise ius/de co
tresnable royaume de france. Et
toutes ses aultres folles armes q̃

se faisoient par ieunesse sans nul/
se cause si non p maniere dorgueil
et vaincre sun saultre sans nulle
querelle qui chose estoit desplai
sãt a dieu sont delaissees. Et com
me cestup royaume lequel ẽ se sup
pellatif sur tous crestiens ait com
mence y prẽdront se dieu plaist les
autres pays epemple de sembla
blement nõ souffrir leurs nobles
desobeir a leglise en mettant en pe
ril les corps destre mors a deshon
neur et sans cause et ses ames dã
nees a tousiours. Ha dieu nostre
rachereur quelle folle entreprinse.

¶ Cy deuise se tout homme
peut donner gaige de batail
le. viii.c.

Mais pource que ses deffaul
tes dessusdictes du droit ne
ont pas tousiours este tenues ne
obeyees ne encores ne sont en tous
royaumes si que dit est de comba
tre en champ de bataille/ te diray
le cas en quoy sont iuge ceulx qui
se mistrent sus/ cestassauoir lempe
reur nomme frederic qui tãt fut
contraire a saincte saincte eglise
quil chassa le pape hors de sõ lieu
lors qui vit a refuge au roy de frã

ce /z aussy autre escript que on appelle la loy lombarde en deuise plusieurs cas/lesquelz seront cy apres par moy declairez. premierement dit la loy dudit empereur que se ung homme est accuse de traison auoir faicte ou pourchassee contre son prinse ou sa cite ou au preiudice du bien publique quelque soit le cas/de quoy la verite ne puisse par preuue estre sceue/que ce celui qui est accuse offre soy deffendre en champ de bataille contre cellui qui le vouldra accuser ou desdite quil soit receu ¶ Item dit que se ung prisonnier de guerre est tenu en prison de laduerse partie/z il aduiengne que durant celle prison la paix se face entre ses deux parties sil aduient que le maistre occist son prisonnier pour lequel meffait de droit doit perdre le chef/z de ce sont approchez en face de iustice/cellui mect auant quil a occis son prison/nier son corps deffendant z que premierement lauoit traitreusement ou par autre voye assailly quant il ny auoit q eulx deux/z se veult il prouuer par son corps en champ de bataille sil estoit nul qui au contraire vouldzist dire il y doibt estre receu. ¶ Item dit aussy que com

me par semblable cas posons que le roy dangleterre et le roy de france eussent treues ensemble/z aduenist que ung angloys nauerast ung francoys de laquelle chose la loy dist que en tel cas luy affiert plus grant pugnicion que se ung ptalien en ung fflorentin ou quelque aultre personne seust blesce/se cellup qui a fait le fait vouloit soustenir par sa preuue de son corps que ce auroit este en soy deffendant contre lautre/quil ait voulu occir le roy ou le prince par luy donner poisons ou autrement/z lautre dist quil nen est riens/z de ce lappelle en champ de bataille/ lautre qui saccusoit est tenu de respondre z de luy tenir certaine iournee.

¶ Cy deuise les cas par lesquelz on peut donner gaige de bataille   ix.c

Encores y a autres loix qui sappellent loix lombardes ou moult a de diuerses choses Et celles par especial deuiset les maistres qui surce ont escript plusieurs cas esquelz on peut bien donner z bailler gaige de bataille et combatre en champ de bataille.

Et dicelles loix sont aucunes de/
nuz et soubz tous les iugemes de
donner gage de bataille. ¶ Jcy
te diray aucuns des cas. c'est assa/
uoir se vng mary accuse sa femme
quelle ait traicte de le faire mou/
rir par poisons ou par autres cho
ses/dont ait aucune couleur d'en
auoir suspicion. mais ne peust e/
stre le vray/ou q̃ le mary soit mort
et que ses parens se mettent sus a
la femme/s'elle treuue aucun sien
parent ou aultre qui pour elle se
vueille combatre soustenant que
du fait soit innocente/la loy cōbat
de veult qu'il en soit ouy sur ce.
¶ Jtem se vng homme estoit ac/
cuse qu'il en eust occis vng autre
sans ce que on le peust contre luy
prouuer/s'il iecte son gaige contre
celluy qui l'a accuse la loy veut q̃'l
soit receu. ¶ Jtem semblablemēt
vng homme qui ait vng aultre
batu sur vng asseurement ¶ Jtē
se vng homme a occis vng autre
seul a seul s'il veult prouuer par sō
corps deffendant que l'autre l'eust
assailly premier il doibt estre ouy.
¶ Jtem se vng homme apres la
mort de vng sien amy duq̃l deust
auoir la succession/estoit accuse de
l'auoir occis pour auoir son heri/

tage il s'en peut aussy deffēdre par
son corps ¶ Jtem se vng homme
estoit accuse d'auoir couche auecq
vne femme mariee/lequel cas se/
lon celle loy se le mary ou ses pa/
rens s'en plainnent a iustice est ca
pital/ladicte loy veult que som/
me s'en puisse deffendre par gaige
de bataille. ¶ Jtem sēblablemēt
est de vne fille a marier estant en
la gouuernance de son pere et de
sa mere ou de ses parēs s'ilz se plai
gnent de quelque homme qui ait
este en sa compaignie/combien q̃
ce fust de son bon gre/ceste loy ve/
ult qu'il en iure s'il ne s'en deffend
par bataille en cas q̃ la chose fust
si secrete quelle ne peust estre con/
tre luy prouue/car se manifeste e/
stoit/se les ditz parens veussent il
n'y a remede qu'il ne fault qu'il en
muire ou qu'il s'en combate ¶ Et
pource que ceste loy sembleroit biē
estrange en france et en aultres
pays que vng homme deust mou
rir pour tel cas veu que la femme
ou la fille fust contende se fonde
celle loy sur telles raisons/comme
il soit vray. dist elle que vng hom
me recoiue mort par sentence de
loy et de iustice pour auoir aucu/
nement commis vng bien petit

farcin dor dargent ou dautre cho-
se/duquel cas ne se pourra epcu-
ser quelconque necessite qui a ce se
eust meu/que iustice ne luy garde
sa rigueur se grace par pitie dau-
cun cas piteup ne luy est faicte.
pourquoy doncques sera espar-
gne cessuy qui tossu et despouille
de son honneur aura non pas seu-
lement vne femme:mais son ma-
ry ce tout se lignaige. Et pource co-
me icelses gens qui ces soip esta-
blirent prisassent plus honneur q
or ne argent concsurent que enco-
re trop plus deuoit auoir mort des-
serupe cessuy qui en descombroit
vng autre ou vng sinage metoit
en reproche que se tossu seur eust
quelconque autre auoir/ce pource
direnet les aucuns que encores e-
stoit sa soy moult piteuse quant
plus cruessemet on ne pugnissoit
telz gens/que aulstres dignes de
mort/cestassauoir quon ne les sai-
soit mour de pl? cruesse mort que
en autre cas. ¶ Item vng autre
cas qui sembleroit contre raison
diticesse soy/que se vng homme a-
uoit tenu et possesse vng heritai-
ge terre ou maison Et mesmemet
meubles sespace de ppp. ans ce pls
ce vng autre saccusoit que faulce-
ment sauroit posside/se cestuy sof-

fre a prouuer seulement par son
corps en gaige de bataisse quil p
soit receu/mais sans faulte ndos
stant ceste sop te dis bien que sol e
qui ais p gage/car cessup qui ia en
est en possession pourroit dire et re
spandre a lautre. Beaulx amps
ie nap que faire de ton gage com-
batop tout seul se bon te sesbse/car
ia pour ceste cause ne me comba-
trop/si nest sop qui se puist contrai-
dre/car perscriptio est approuuee
de tout droit. ¶ Item dit que sil
aduenoit que deup homes eusset
debat et proces suy contre lautre
au iugement ce que tous deup p-
duisent tesmoings a leur intentio
que se suy veult contredire les tes-
moings de en prouuant par son
corps son intention contre quil p
soit receu ¶ Item se vng homme
fait demande a vng autre de cer-
taine somme dargent ou de quel-
que autre chose lequel die quil se
bailla ou presta a son pere ou a sa
mere:ce lautre luy npe ql soit receu
contre lautre a gage de bataisse se
ce offre a prouuer pour son inten-
tion. ¶ Item se vng hommea eu
quelq dommaige comme par feu
prins en quelque lieu de son ho-
stel sil veult prouuer par gai-
ge de bataisse a quelque aultre

homme quil luy ait boute il y doit
estre ouy.⊂Item se vng mary se
plaint de sa femme quelle ne soit
preudefemme posons quil se face
cauteleusement pour sen deliurer
ou banir de so douaire/elle se peut
deffendre par trouuer champion
ptre luy/en gaige de bataille/zsil
le refuse il nen sera pas creu⊂Ite
se vng homme hante en lostel de
vng home marie/se le mary veut
soustenir quil y hate pour lamour
daucun mal auec sa feme se ledit
copaignon sen veult deffendre co
tre luy/ en gaige de quoy ie me
gabe de ceste follie pensant se le co
paignon qui est accuse estoit grat
et fort seroit bien emploe sil se se
toit innocent quil batist tresbien
au champ le meschant mary ia
loup.⊂Item se vng homme ac
cuse vng aultre en iugement de
stre pariure celuy qui est accuse
se peut contredire si que dit est.

⊂Aultres plusieurs choses con
tient icelle loy en cas de gaige de
bataille/ lesquelles ie laisse pour
cause de briefte comme non neces
saire chose de plus en dire Neant
moins tant quil est a entedre que
icelles batailles se font auclesfois
par les principalles personnes/
z aucunesfoys se font par autres

personnes quant cas raisonnable
daucun empeschement y chiet/si
comme se vng homme trop ieune
estoit accuse ou vng homme qui
eust quelque maladie ou fust im
potent/et aucunesfois vne fem
me et toutes telles personnes/les
quelles choses sont asses nomme
es par expres esdictes loiy sobat
des/z mesmement se vng serf di
soit que son seigneur leust affran
chy de seruitude z le vouloit prou
uer par son corps/ se sire nest pas
tenu de la bataille/ mais il doibt
liurer vng champio.Et plus dit
car de deux clers de pareil degre
donne licence que ensemble se com
batent.De laquelle chose sauue
sa grace ie dy quelle a tort de soy
entremettre en tel cas de personne
ecclesiastique/ Car se canon qui
plus fait a obeyr leur deffent ex
pressement toute bataille/z violé
te blesceure.⊂Ie te demande se
vng homme est impotent si que
dit est pourroit mettre luy tel cha
pion quil luy plairoit.⊂Ie te re
spons que les champions commis
par aultruy sont en ce fait de ba
taille en figure de procureurs et
aduocas/de pledoians.lequel of
fice chascun peut faire sil veult si
non que droit se contredie expres

sement tout ainsy est de champiõ
car quicõques veult le peut estre
si nõ que droit se contredie pour
aucune occasion/ car ung baron
ou aultre qui par auant auroit cõ
mis aucun grant crisme ny seroit
pas receu ne nul homme quil fust
infame/ et la raison y est bõne/ car
se ung tel homme entroit en chãp
pour aultruy/ et il y fust vaincu on
cuideroit que ce seroit par ses pro-
pres pechez; et nõ pas pour la cau
se de limposition de cellup qui est
accuse.

¶ Cy deuise comment chãp
de bataille monte et represen-
te aucunement fait et proces
de pledoierie/ et se cest droit q
a lentree les champions facet
serment.   x°. cha.

Mais quoy que galge de ba-
taille si q tay dit cy deuant
soit de nos docteurs reprouue. ne
antmois pource que cest chose en
vsage es faitz de nobles et en che
ualerie/ et que telz debatz ont este.
sõt et seront iuges p les princes et
seigneurs selon tel droit que auoir
y peut dõt la coustume ne deffau
dra pas en tous lieux est bõ et cor-

re ben parler a lenseignement de
ceulx qui les ont a iuger/ et aussy
de ceulx q les entreprennent/ car
ie tiens que la moindre partie des
nobles quoy que plusieurs en par
lent/ sache bien ce qui en est conte-
nu ou doibt estre contenu en tel de
bat iuger entreprendre et faire sy
ten dirap ¶ Tout premierement
doibs sauoir et il appert que icel-
les particulieres batailles mon-
strent en figure nature de iugemẽt
car ainsy que en ung iugement ẽ
se iuge/ aussy cellup qui demande
et le respondant les tesmoinges/et
apres la sentence vient/ semblab-
lement en champ clos est le iuge
cest le seigneur pardeuant lequel
se fait la bataille/ le appellant et
le deffendant sont les deux parti
es contradictoires, les tesmoinges
sont les coups qui sentredonnent
et les armes dont ilz sont saizie.
par lesquelz coups et armes chas
cun sefforce de bien prouuer son in
tention/ et apres vient la victoire
qui est eschtue a lun des deux qui
represente la sentence diffinitiue.
¶ Maistre or te pri q nul ne ten
nupe se ung petit rons ta parolle
pour toy faire vne petition. pour
ce que iay ouy dire que a entrer au
champ les champiõs font sermẽt
                              m.i.

se cest chose iuste q̃ iurement y fai
cent/car il semßleroit que noy/et
que ia nen fuft besolg pource que
ey bataille generalle ey laquelle
seroient deup rops etleurs gẽs ny
seroit fait nul serment.et p'quop
le feront deup personnes Amy ie
te respons que de faire serment eft
le droit de tel deßat/t neft pas bõ
ne la raiso que tu dis que es grãs
batailles ne se fait nul serment/
scez tu la cause pource q̃ les grãs
des et generalles batailles/font
par deliberation de grãt conseil
iugees par les seigneurs/sy ny af
fiert point de iurement/mais ẽ tel
deßat particulier le prince ne peut
pas la verite de la querelle bie sa
uoir/t pource Beult auoir le ser
ment de ce quilz prennent a tes
moingner par leurs corps/si lap
pelle la soy lombarde le iurement
de la tefte/t se iuremẽt si est de na
ture colompnie, lequel se doißt dã
ner de tout le plait/ou fors iure le
demãdant quil fait bõe et iuste de
mande. Apres iure le deffendant
quil a iuste deffence/t tout ain
sy fait oy ey champ clos/mais af
fiy que tu lentendes se il ya subti
le maniere de donner serment/car
se lappellant iure absolutemẽt cõ
tre lautre dela chose dont il neft

pas bie certain sicomme de dire
sur sainctes euãgilles que tu as
meurdry moy pere ou moy frere/
t toutesuoies il nen sera pas bie
certain/car il ne saura pas Beu/
mais saura parauenture ouy dire
oy pour quelque couleur se suspi
cionnera/se serment est follement
fait, car nul ne doißt iurer absolu
tement chose que de Beue ou par
propre sceue ney soit certain. Et
par ce fait peut estre sa q̃relle mau
uaise sil neft ainsy quil dit il se par
iure/mais du deffedeur est aultre
chose, car il ne peut estre ignorant
de sa querelle: car bie scet se du fait
est coulpaße ou noy/t pource est
sa querelle meilleure au cas quil
ne se sente estre coulpaße/mais se
a son escient se pariure trop est pi
re sa cause que de lappellant q̃ Be
rite cuide dire. pource ey greigne/
ur sceurte dauoir iuste querelle/
lappellant doißt iurer sans plus
quil tient fermement que sautre
luy ait occis son pere dõt il lappel
le/t par ainsy sera sa querelle me
illeure/si doißt dire deuant le pri
ce la cause pour quoy il est meu sa
maniere t se cas/t le prince surce
doißt estre saige et aduise par ses
circonstances se ce peut estre vrap
Car se ledit crieline eust este fait

le iour deuant pres du boys/z cel
luy q en seroit accuse pouoit prou/
uer que ledit iour eust este bien lo
ingz de la ou toute sa iournee aus
trepart/ne deueroit point donner
de soy a tel appellant de la chose q
impossible seroit/si doibt bien ad;
uiser que sa querelle soit iuste ais
quil laccepte/et non pas ouyr tos
appellans par friuoles folz mou
uemens/folles oppinions z cui/
diers/car moult en est de sy pou
saiges qui se vouldroient abce
sollement epposer sans nulle cau
se ou a pou doccasion et leur sem
bleroit fait tresglorieux/parce q
petit ont de consideration/si nest
pitie quant a ceulx en prent mal
mais a ceulx de leur partie est co
passion quilz coulent quilz se def
fendent/ou silz ne se deffendoieb
kusaige darmes leur courroit sur
et donneroit blasme et deshonneur
voire selon loppinion des ieunes
et non sages en ce cas. ¶Et ie te
demande se lappellant et lappel;
le vouldissent combatre es plais
champs au en labsence du prince
suffiroit ilz ge dy que non/car cest
cas dont la congnoissance luy ap
partient et en doibt iuger/duql
leur vouloir ne peut faire proui/
dence/ains fault q ledit seigneur

ou celluy qui commis y est Aussy
ceulx qui garder les doiuent soiet
presens et que chascun deulx soit
en seurete de toute autre personne
ne homme du monde ny doibt
parler sur peine den estre grande
ment pugni/se ce nest par le com
mandement du seigneur qui doit
iuger en la fin lequel des deux es
ust vaincuou vainqueur.

¶Cy deuise sil aduient que
lun des champions perde en
soy combatant aucune de ses
armes soit espee ou autre ba
ston se par droit on luy deue/
roit rendre et lequel doibt eu
uapr lautre.¶Item se le roy
pardonnoit au vaincu selau
tre luy pourroit demader ses
despens ¶Et sil est ainsy que
ung home soit trouue a tort
accule z appelle de combatre
que on doit faire de celluy qui
laccuse   xi.chapitre

B demande maistre sil es
cheoit entre deux combat
teurs en chap clos que lun rompist
lespee de lautre ou saiecte hors de
la closture/car ie tiens bien quilz

facent du pl9 quilz peuent supp
se que cellup nait hache bague
maillet ne autre baston pour soy
deffendie se par raison on lup dõ-
neroit nouuel baston de deffence
Car puis quil est en sa maniere
que tu las dit/ cestassauoir q ses
armes de deffence sont en figure
de tesmoinges dont on se aide en
plaidoierie/sembleroit que on leur
deust rendie derechief ou lurer
harnops si quilz se requierẽt/ car
se pour prouuer mon intention a
uoie produit aucuns tesmoinges
posõs q ceulp sa me faillissẽt par
moit ou autrement/si en puis ie
bien produire daultres assez silz
ne sont pour mauuais accusez.
Pourquop doncques se icellup
champion na peu par son baston
ou autre harnops son intention
prouuer nen peut il rauoir ãg
autre. Bel amp a sire boir se
lon raison de tel dioit quil p com
pte/p a regard au iuge de telz cho
se iuger/car giant differences p a
se lespee cheoit legierement dauẽ
ture hois de la main/ou se lautre
la lui tolloit brisoit ou iectoit hois
ou se par sa follie la perdoit/mais
se son espee rõpoit dauenture par
les coups quil mesmes en donne
toit et non pas par lessoit de son

aduersaire et plus neust harnois
pour soy deffẽdie/ce que par ceste
maniere fust/sans faulte/aucũs
maistres dient que on lup feroit
toit/qui autre ne lup bailleroit/
mais trop pou aduiendioit que
homme entrast en champ sans e-
stre garny de plus de ãg bastõ
ou que tous les perdist/si se peut
apder de lautre quant lun est sail
ly. Or sire et sil aduient que le
premier iour le iuge ne puisse con
gnoistre lequel est baincu/sont
ilz tenuz de retourner lendemai
ie te respons certainement q oup
sil est en leur puissance/ce que a
oultrage alent empruns a comba
tre/au cas que autre cõdition np
auroit este mise/si nen pourroit
estre absoubz ne quitte iusques a
ce que lun soit baincu/quop quil
demeure/reserue que le prince cõ-
mandast le contraire ou que eulp
mesmes saccoidassent par le com
mandement du seigneur/car aul
trement ne se pourroient ilz faire
puys que en champ sont entres
mais le prince en doibt estre pi-
teup et auoir mercy de ses deup
hommes qui en peril sont de per
die ame corps et honneur. Oy
nop encoie maistre leql des deup
doit premierement ferir quãt ilz

font en champ/car ie nay pas ou
blpe ce que cp deſſus as dit que ce
ſte bataille tient en partie/nature
de plaidoierie par quop il ſemble
que ſappellāt doiſt premier tenir
ſon baſton/⁊ ferir/car en plaidoe
rie cellup qui eſt acteur donne pre
mier ſa demande ⁊ apres reſpond
le deffendeur. ⸿ Amp combien q̃
tes raiſons ſoient conſonātes. ne
antmoins en ce cas p conuient fai
re par aultre bope que plait ne ſe
gouuerne/car la eſt epploicte par
paroſſes/⁊ icp par bope de fait/
⁊ pource/la ou homme eſt en peril
de mort ne doiſt pas attendre le
premier coup/car tel pourroit il e
ſtre ſp grant ⁊ ſi peſant que tart
biendroit a ſop deffendre/cōmēt
na pas doncques aſſez encōmen/
ce lappeſſant quant ſon gaige a
donne et appeſſe lautre de comba
tre/et ſe en iugement lacteur don
ne premier ſa demande ce neſt que
par paroſſes/dont il eſt grāt mar
che ou par bng pou deſcrit. Sp
neſt ce pas ſi perilleup comme ſe
roit bng coup de hache ou de lā/
ce Et puis quilz ſont enclos ⁊ on
leur eſcriue faictes bos deuoire/
ne ſcet pas bien chaſcun ce quil a
afaire/⁊ pource te dp que ſelō tou
te raiſon en tel cas ſoit par raiſon

barat ou aultre ſubtil engin cau‑
teſſe force appettiſe ou autrement
puis que la ſont/cellup qui eſt ap
peſſe peut ferir premier ſil a loiſir
et en tous cas peut prendre lauā‑
taige ſil peut ou ſcet/ mais brap
eſt quil doiſt attēdre premier que
lautre ſe parte de ſa place Eng pas
ou deup ou face ſemblāt de benir
bers lui ⸿ Item derechief te fais
aultre demande. Je prens que ſe
rop qui boit deup champions al‑
ſp combatre ait pitie de cellup qui
boit ſur le point de deſconfiture/
fait arreſter par le crp de ſon con
neſtable. Neantmoins le mieulp
combatant requiert au rop q̃l lup
face iuſtice ⁊ iuge ſe droit pour lui
Le rop reſpond ie te iuge lonneur
de la bataille. mais ie pardonne a
lautre/car ceſt mon plaiſir/ceſtui
requiert ſes deſpens/les doiſt il
auoir/car il ſembleroit que non/
pource que le rop ne lup a pas cō
denne et quil na pas auſſp confeſ
ſe ſe fait comme baincu. ⸿ Je te
reſpons que ſil eſtot cōuaincu du
tout ⁊ le rop lup pardonnaſt le de
lict/laquelle choſe eſt en ſa puiſſā
ce/ſil ne peut il pourtāt faire tort
a partie/laquelle a bon droit les
requiert mais ſil eſt dit. Ho/qui ⁊
a dire ceſſez ains quil en ſoit du

tout attaint et vaincu/il ny ẽ pas
tenu/car quoy que se roy me fait
crier/quant le pis a de la bataille
sil na il pas encore confesse la chos
se en quoy gist la droicte victoire
au vainqueur/cestassauoir quãt
a lautre fera confesser le droit quil
a/ẽ auſſp p pourroit encore auoir
esperance que aucun coup pour/
roit estre sance qui occiroit cellup
qui le meilleur cuide auoir/sicom
me on a veu aucunesfoys/que cel
luy qui deſſoubz attaindoit lau/
tre en lancant de dague ou despee
quil soccioit/car de fait de bataill
le quoy quil en sẽble ne peut estre
bonnement iuge iuſques en sa fin

¶ Et maistre sil aduenoit que il
fust trouue que aucun en tel cas
eust accuse atort vng autre eu de
murdre ou de crime que deueroit
il estre fait de laccusant ¶ Sans
faulte nos maistres determinent
ῷ on en deueroit faire pareille pu/
gnition comme le cas en donnoit
que on deust faire de lautre sil en
eust este attaint.

¶ Sy demande se vng homme
estoit pugni en champ de ba/
taille daucun meffait se iuſti
ce a plus que veoir sur luy di-

¶ Et derechief se te demande
de vng homme qui appel
le vng aultre en champ de batail
le pour luy prouuer par son corps
quil est faulz pariure/ẽ la pugni
tion selon le cas aduient que de ce
mesmes fait il est appelle ẽ pour
suiuy de iustice/doibt cest hõme e
stre pugny plus de vne foys de
vng mesmes cas/car il ne sembleroit pas que iuste chose fust ne di
eu ne le veust ne saincte escriptu
re ne si accorde que pour vng pe
che on doiue estre condemne deuꜩ
foys. ¶ Bel amy adce te respon/
dray quoy que les excusatiõs que
tu dis fussent assez bonnes/ẽ mes
mement assez dautres pour som/
me accuse/lautre partie pourroit
respondre nous sommes en court
de droit escript/par lequel doibt
estre congneu et iugie des cas qui
requierent pugnition/mais com/
me gaige de bataille ne soit ap/
prouue de nul droit escript/par le
quel suppose que par celle voye a
este corrige nest pas pourtãt pu/
gnition/car iustice ny a pas veu
et ny eut autre chose au regard de

droit que ainsp que se Eng pere a
uoit batu son enfant pour cause
daucun delict, quil auroit fait, ne
suffiroit pourtant a iustice ne a pu
gnir ne se lairoit, Si ten diray se
lon le voir de ces deux altercatiôs
Sachez de vray que se la iournee
eust este sy longuemêt differee de
la bataille dentre laccusant et lac
cuse, que se cas fust tenu en cee en
trefaictes a congnoissance de iusti
ce. Ie te dy bien que non obstât ce
sentreprinse de ladicte bataille iu
ste sen peut pugnir cõme se ce fust
chose prouuee, mais se tu me de
mandoies se apres la pugnitiô se
roit tenu de tenir sa iournee du
champ. Ie te responderoye ã non
Car quel droit pourroit il auoir
de soy deffendre de ce dont il est cõ
uaincu, mais se estoit ainsp que se
prince ou celluy qui estoit garde
du champ seust pugny de ce mef
fait ou quil luy eust temps et par
donne ce meffait fust par iuremêt
ou autre, certes tant est grande
lauctorite des prices qui ceste cou
stume ont approuuee de prouuer
par bataille par pugnir les a tât
par ceste voye que pugni soit vne
foys sans plus ne les princes et sei
gneurs ne souffriroient pas au

cunement requerir leurs sentêces
¶Maistre sil ne tennuye que tât
tenquiers sur ceste matiere me dis
encore vng mot a ce propos
¶Vng cheualier accuse vng au
tre en lappellant en champ de ba
taille et puis sen repent. se peut il
depporter de lappellation a son
voulloir, et que plus nen soit de ce
quil a dit, car sembleroit que voi
rement sen peust depporter de lap
porter: veu que se eng homme ac
cuse vng autre ou en mesditz par
couroup ou chaleur il sen peut bi
en repentir et depporter sil veust
si quil me semble ¶Amy a cele te
respons que se vng gêtil homme
appelle daucune aduêture de gai
ge vng autre gentil homme pour
quoy que ce soit en labsence de son
seigneur ou du cônestable ou dau
tre iuge apptent et apres sen repêt
par ce que paraduêture estoit tres
mal informe ou en tresgrât ire cu
merancolie ou apres boire Ceste
chose se doibt assez legierement re
mettre en maniere ã a saultre doit
suffire sans le poursuiuir de lap
pellation Car nul ne doibt estre
de ce trop malgratieux ne trop ai
gre cõme ce soit chose merueilleu
sement dãgereuse quelque bõ droit

que on ait veu aussy que lautre
soit assez tente de soy repentir (z re
froider de la bataille. de laquelle
fol mouuement a bien monstre ql
nestoit pas saige/car trop e gra nt
hôte de soy alleguer en parolle tel
lement que apres sen conuiengne
desdire. Neantmoins il vault trop
mieulx soy repentir de sa folie a n
cops que on iepecute que dentier
au champ/a mauuaise querelle.
Ne se nest pas vice de soy repen=
tir du mal. mais cest pechie (z fo=
lie de lentrepre dre et p'faire/mais
en cas que les parolles seroiet tãt
auant allece que deuant le prin=
ce ou conestable ou aultre propre
a le recepuoir auroit iecte son gai
ge repentir ne sen pourroit sans
la voulente du prince et lassente
ment de partie laquelle pourroit
par raison demander amende/
Car au propos que cy deuãt tay
dit que champ de bataille retrait
a plaidoierie (y est ce gage en figu
re dune plainte que on donneroit
en iugement. Apres laquelle icel=
luy qui la donne luy faut poursui
uir la plaidoierie (e le partie ne
se accordent/mais bien est vray
que puys que ledit appellant sen
repent le prince doibt estre large
de pardonner aux repentans/car

ainsp le veult dieu.

¶ Cy deuise les choses en
quoy le roy ou prince doibt a
uoir regard/ ains quil inge
champ de bataille Et com=
ment on doibt donner cõseil
a ceulx qui combatre se doi
uent.   xiiic. chapitre

Des batailles en chãp clos
dont tu mas deuise te dy=
ray qui a present sont en vsage en
plusieurs pays et ont par long
temps este par toutle monde tel=
lement que par longue coustume
de les auoir souffertes nonobstãt
la deffece du decret et du droit ca=
non si que tu dis sont tournees si
comme en soy ce me semble que foi
te chose doit estre aux princes de
bien determiner et iuger le cas q
telles batailles requierent/car il
nest pas doubte que les seigneurs
desirent et veullent que droit soit
fait a vng chascun Et pour celle
cause requierent et seufrent telle
bataille faire/affin que les cas cõ
scurs (z musez soient attains.
¶ Amy chier vray est ta parolle
sans faulte et pource en affermãt
ce que tu dis que telle bataille en

soit se iugemement moult peril/
leup me plaist la doctrine et ensei
gnement des nobles/a laquelle
fin tu labouttes en cestup liure de
mettre sans plus ? desclairer au
cunes rigles a tenir sur ceste ma
tiere ? La premiere rigle soit que
nul prince seculier affin quil ne
faille tant soit prudent ? sage q̄s
que bon conseil de sages cheualis
ers quil ait ne doibt iuger champ
de bataille/quelque bon cōseil q̄l
ait aussi de seculiers se ce nest par
le regard des saiges legistes pour
ce que de to⁹ cas qui aduenir peu
ent mieulx en sauront determiner
que autres gens/car se leur ensei
gne leur science/si est a eulx des/
clarer des cas se cest bon ou mal
a faire se cest chose reprouuee ou p
mise/ou se vng cas a priuilege de
uant vng autre/? quil soit vray
que telz gens quant eppers sont
en sachent mieulx determier que
autres soctrope la loy ciuille/saq̄l
le dit que ses aduocas sont proue
cteurs ? gouuerneurs dhumaiy
lignage ¶ Encore y a autres rai
sons par quoy affiert a eulx en de
terminer deuāt tous aulltres/cest
pource que cheualiers et seculiers
autres gētilz hommes sont plus
legierement meuz a iuger armez

que autres gens qui ne sont que
clercs/? leur diet de vng estatut
quilz ont en eulx qui reputeront
vng homme deshonnore se ton=
tost ne accepte le gaige de cellup q̄
le donne qui est vne oppiniō mu
te sans nul regard de raison quāt
a ce sauue leur reuerence/car mo
ins deueroit estre honnore cellup
q̄ donneroit/ou accepteroit le gai
ge pour pou doccasion ou pour fol
ou nice/incontinent que cellup q̄
le refuseroit/car sans faulte pas
nest deshōneur/ains est se ptraire
de non consentir et reffuser folle
entreprinse voire par especial de
perdre sic hier chastel cōme est la
me auecques le corps/? pourroit
dire lassailly/mon amp se tu as
voulente de combatre si te com
bas a par toy/car quāt esta moy
ie ne vueil pas estre a ta follie par
ticipant ¶ La seconde rigle que
le prince garder y doit est de quoy
vng gentil homme acceptast le
gaige de vng aulltre/qui parad=
uenture sera meu contre luy par
aucun malice/par chaleur par q̄l
que faueur/par oultrecuidāce ō
gueilleuse pour laultre cuider sup
pediter pᵒ mieulx valoir ou par
quelque aulltre mouuement sans
raison ¶ Le prince ou quelquū sō

lieutenāt doibt surce estre aduise
meurement de bien entendre la ma
tiere de lappellant et le bien noter
Car aucuns en y a qui beullēt
coulourer droit sur falace de par
ler ⁊ si folz sont qlz cuident trōper
dieu/mais ce leur bient sur le chief
Auec ce doibt bien cōsiderer quel
le est la cause quile meut ⁊ quelle
chose met sur a lautre/⁊ sil est tat
si que se prince ait entendu que ce
soit pour cause de debte Il doibt
demander a lappellāt pourquoy
la debte luy est deue/en quel pais
⁊ en quel lieu la debte fut faicte
sil a de ce lettre ne tesmoing ⁊ se
sait fut sy secretement que ame
ny fust/se point descrit y a ou aul
tre seele/⁊ sil aduient que apper
ceu soit que aucun pou dapparē
ce de preuue y ait/ou quesque cou
leur/par quoy iurement de droit
y puisse congnoistre/ la doibt la
cause cōmettre Car en tel cas hō
me ne pourroit par droit soustez
nir que auoir y deust bataille.
¶ La tierce rigle est que le prince.
doibt faire proposer lappellant la.
cause et action quil a contre lau
tre/⁊ aussy que le deffendeur soit
ouy present son conseil ou soient.
si que dit est les clers legistes/⁊
la doibt estre bien beu lequel a.

iuste cause/⁊ que chascun en die
son oppppiniō. Apres laquelle cho
se sil est ainsy que trouue soit que
la guerre soit esmute par orgueil
follie ou presumption/comme de
dire Je bueil prouuer mon corps
contre le sien en champ iusques a
oultrance/pour honneur acquer
re et pour lamour de ma dame ou
que plus belle est que la sienne/et
telles manieres de follie/tantost
doibt estre deboutee ceste chose et
non ouye et deffendre que plus ne
soit parle ⁊ encores te dy ie/que
pour parolles quelconques tant
soient iniurieuses se dictes sōt en
fureur ou chaleur par suspiciō ou
merencolie/si que cellup contre q̃
ont este/sen bueille combatre/ny
doibt pas auoir de bataille: si nō
q̃ cellup qui dictes les a les boul
ziist tousiours maintenir et com
batre en celle querelle quil fust aī
si comme il auroit dit: a laquelle
chose se ainsy aduenoit encores se
deueroit on pener de amoderer si̅
et lautre q̃ bataille ne se feist nul
lement si que dit est ne doibt estre
eprinse faicte ne iugee se trop grāt
cause ny a/ains deffendue et des
tournee tout le plus tost que on
peut. ¶ Mais sil est ainsy daucu
ne aduēture que le cas soit grant

si côme de traison de meurdre des͛
forcemêt dauoir boute feu ou dau
tre grant chase/que sappellast ne
puist prouuer ne môstrer fors par
la preuue de son corps et que se def
fendant ne se puisse nullement ex
cuser que coulpe ny ait/a dont sy
que dit est par le regard et consen͛
tement de tout se conseil doibt se
prince iuger sa bataille selon ce que
sa loy du cas se requiert/sequel est
tel que tâtost iugie sera quoy que
plusieurs soiêt orgueilseux quilz
ne se fient si non ensa force de seur͛
corps/& ne font compte de dieu ne
de son aide/y doibt auoir aucuns
saiges preudommes adce commis
qui monstrer seur doibt se grant
peril dame'et de corps ou ilz se sôt
mis/et que bien se aduisent et con
fessent a saiges confesseurs/& en
bon estat se mettent/si appellent
dieu/car encore leur en sera besoig
Et ainsy admonnestent chascun
a parsoy bien et saigement leur cô
seil a part/leur dient comment tel
le chose est pesant: ou il conuient
mourir ou estre desshonnore/sy se
aduise que tart ne viengne au re
pentir/& toutes telles choses ba
nies/a ame et corps sache chascun
conseil dire au scien et soyaument
admonnester ne point ne se laisse

iusques a la fin de la chose ou il a
mestier destre bien conseille mes͛
mement es fours darmes qui en
telz cas sont conuenables tant a
assaillir côme en deffence/et pour
ce faire se cestassauoir pour y con
seiller dune partie/et lautre seur
doibuent estre bailles cheualiers
expers et sages en tel art et science

¶ Cy demande se bataille
peut faire selon droit a iour
de feste/et se on tient en droit
que homme en armes se puit
se sauuer/et se clercs peuent
ne doibuent de droit aller en
bataille ne excerser armes
xiiiie.chapitre.

Aistre or me dy se aucu͛
ne bataille soit generale
ou especiale se peut faire sêlô droit
a iour de feste/car il seroit aduis
que non veu que les festes sôt sai
ctes et ordonnees pour dieu seruir
Si nest pas combatre lun contre
lautre oeuure ne seruice aplicque
a dieu. ¶ Sans nulle faulte a͛
my adce propos tu trouueras en
lancien testament comment de di
eu estoit permis aux enfans dis͛
rael que a quelque heure deleur

que on benist sur eulx quilz se def
fendissent et prissisent hors pour don
ner la bataille/ pource te dy que
en cas de necessite on peut bien a
iour de feste faire bataille/ cestas
sauoir que au cas quil fust assail
ly/mais sans faute de emprendre
tournee de bataille a iour de feste
nappartient pas quoy que au iour
duy soient ppristiens de sy foyble
foy et pou de reuerence aient en di
eu et aux saints que compte nen
font gens darmes/mais que leur
aduantaige voient de cheuaucher
escheller ou escarmoucher et piller
aussy au vendredi benoist ou au
iour de pasques que en autre temps
laquelle chose ne se doit nullement
faire se grat necessite nen contrait
ou que grant bien de la commune
vtilite soit. Je te demande mai
stre se nous deuons tenir que vng
homme darmes se puisse sauuer
en epcersat office darmes, car tres
grat doubte y pourroit auoir veu
les maulx que necessairement con
uient que on y face. et aussy que qui
meurt en voulente de greuer son
voisin ne va pas en bonne voye
si me semble que tel est le desir de
gens darmes qui vont en guerre
contre les ennemys lesquelz dieu
veut que on aime/ et dont qui y

meurt comment pourroit il estre
sauue. Amp sur ce en brief te res
pondray par troys conclusions.
La premiere que sas faire dou
te selon que declaire le decret/se che
ualier ou home darmes qui meurt
en bataille contre les mescreans
pour lexaucement de la foy de no
stre seigneur iesucrist:mais que de
ses pechez soit re pentans/il sen va
ainsy que martir tout droit en pa
radis. La seconde que se vng
homme darmes meurt en iuste ba
taille pour aider au droit ou que
ce soit pour la iuste deffence de la
contree et pour le bien public ou
q ce soit pour garder les frachises
ou bonnes coustumes du lieu se au
tre pesche ne sempesche/ son ame
nen est pas agreuee/ains y a grat
merite et peut estre tel le cas et la
querelle quil sen va droit en para
dis/et est determine que cellui bien
meurt qui eppose sa vie pour def
fendre iustice le droit de son prince
et la contree/ et le peuple/ qui est
chose moult meritoire. La iiie.
est au contraire/ cestassauoir que
se vng homme meurt en bataille
en laquelle fust contre sa conscien
ce/cestassauoir quil pensast que la
querelle fust mauuaise et pour tol
lir et vsurper droit daultruy dot

il ne fui en chaiſſe, maiſ que tollir
peuſt piller ou gaigner ſeſ ſaul de
es, ſanſ faulte ſe tel hôme na loi-
ſir de auoir giant repentance en
la fin nous ne pourriõs preſumer
quil fuſt en voye de ſauuemêt, ſy
ſe aduiſent bien touſ ceulx qui ſi
mettent, car ame et corpſ expoſêt
en giant peril ſe en faulſeſ querel
leſ ſouſtenir ſe habãdõnent. En
ce doiuent ſingulierement auoir
regard ſauldoierſ eſtrangeſ, et ã
moult contre ceulx auſquelz il ne
chault de la querelle, maiſ que bi
en paieſ ſoient de leurſ gaigeſ, ã
que bien puiſſent piller, maiſ telz
genſ ſont trop piſ et moinſ ſont
a echuſer que ceulx a qui il coulêt
eſtre ſoit droit ou tort foubz peine
de perdie leurſ fiefz et terre auec
leur naturel ou ſouuerain ſeigne
ur, combien quilz doiuent ſe leur
ſeigneur a tort mettre peine a des
tourner et eſcheuer la guerre.
Je te prie dy moy ſe clercſ peu-
ent ne doiuent ſanſ meſpredie al
ler en bataille. Je te dy voiremêt
que de ce font noſ docteurſ plu-
ſieurſ queſtionſ et ſelon loppiniõ
dauncunſ aller peuent en armeſ
deffenſiueſ et non pas enuayeſ,
ceſtaſſauoir quilz peuent deffen-

die, et non pas enuayr, ã aultreſ
dient quil ne leur loiſt ſaillir hoif
de leur lieu pour quelconque caſ
maiſ ſeulemêt leur eſt permiſe la
deffence de la cite ou fortereſſe ou
ilz font, ſoit aux murs ou aux fe
neſtreſ a pierreſ et telz baſtonſ ã
auoir peuent ſanſ traire de fer, et
autreſ dient que de touteſ armeſ
peuent vfer en caſ de deffence ſãs
attêdie que enuayeſ ſoient, car au
cuneſfoyſ pour ſauuer ſon corpſ
fault offendie et non paſ attêdie
que on ſoit offence, car telle pour-
roit eſtre lactende que on viedroit
a tart pour y remedier. Autreſ
oppinionſ tiennent que en mani
dement de pape lequel eſt ſouue-
rain ſur tout le clergie ilz peuent
faire lun et lautre, ã autreſ dient
que leſ clercſ ã leſ eueſqueſ qui iu
ridictionſ de terre et de iuſtice tiê
nent deſ princeſ ſicomme du roy
de france tiennent pluſieurſ pre-
latz leur temporel ſont tenuz dal
ler en guerre aueco̷ leur ſeigneur
ſil ſe veult, ã par eſpecial leſ perſ
prelatz de france leſquelz peuent
bien dire aux genſ darmeſ quilz
piengnent et empriſonnent, maiſ
quilz tuêt non, car irregulierſ ſe-
roient, maiſ nullemêt ne leur ap

partient ferir homme ne a comba
tre si non quon voulzist ferir sur
eulp, car il nest euesque ne prelat
qui deffendie iustemet ne se peust
en cas que premier enuahy seroit
sans ce que inregulier fust et mes-
memet sil occioit, mais adire que
armes soient gens deglise en ba
taille pour ferir mesmemet en chap
nest point de droit.

Cy commence a parler de
fait de armoierye se chascun
peut prendre telz armes quil
luy plaist.　　　　xv.c

Maistre sans faulte ie voy
et congnoys que ton sa-
uoir est en bien souldre propremet
toutes questios que me pourroit
estre limportunite de mon ignora
ce, et comme assez doibt suffire sas
toy plus trauailler ce que declare
mas de droit darmes sil te plaist
encore vng mot pour moy faire
sage daucune chose assez deppen-
dans des precedentes, cestassauoir
de droit darmes, apres lesquelles
demandes que trop ne tennuyeie
te prendray sin en conceuisces dar

mes banieres et penonceaulp que
seigneurs ont acoustume de porter
et faire paindre en leurs paremes
se chascun les peut prendre et por-
ter a son vouloir. Amp chier de
ses armes qui premieremet furet
trouuees par noblesse, affin que
en bataille chascun noble hom-
me fust recongneu par ses armes
trops differeces y a, dot ses vnes
furent faictes et ordonnees des le
temps ancien pour lestat des di-
gnites et non pas de leur persone
ne de leur lignage, sicomme est le
signe de laigle, lequel est depute
pour la dignite imperial Si ne le
doibt nul porter sil nest empereur
Item semblablement y a autres
armes qui sont doffice, sicomme
nous dirds les capitoliers de thou
louse, lesquelz durant leur office
portent vnes propres armes a ce
deputees es choses qui a office ap
partiennent. Semblablemet les
consulz de mopellier, mesmemet
se assemblee on faisoit en la ville
ces propres armes doffice porteroi-
ent, et se autres prenoient, on les
reprendroit et ne leur seroit souffert
Et semblablemet en diuers lieup
sont propres armes. Item la
seconde differece darmes et de celles

qui purement viennent par suc/
cession de linage aux roys ducs
contes et aultres seigneurs plus
petis sicomme est termine pour le
duc de bretaigne/la croix dargēt
au duc de sauoye et ainsy des aul
tres seigneurs Et de ceulx par
especial ne deueroit nulz prendre
ses armes /z encores peux tu ve
oir que on congnoist tousiours le
chief de la seigneurie adce qͥl porte
les plaines armes sans difference
/z que ceulx qui sont du lignaige
tous aultres gentilz hommes/sy
te dy bien que de droit /z raison nul
ne se doibt embatre de riens pren
dre sur armes de gentilz hommez
ne porter choses sēblables ne mes/
mement gentil homme sur laultre
sil nest ainsy que de anciennete pu
isse monstrer quelles aient este a
ses predecesseurs/ou que aucū sei
gneur eust donne bende/quartier
ou aucune partie des ses armes a
luy ou a ses bons predicesseurs/
car par ainsy les pourroit il bien
porter sās ce que le linage y peust
contredire/car a aucuns barons
cheualiers et gentilz hōmes ont
este donnees les armes quilz por/
tent danciennete ou les differen/
ces qui y sont par aucuns princes

ou grans seigneurs/si ne doibuēt
estre prinses par nul autre si q̄ dit
est/mais bien est vray que silz a
uoient ou veoient que vng hom
me estrange venist en place qui
portast les mesmes armes /z tou/
tes pareilles daucun gentil hom
me de france ou dautre part/ que
danciennete semblablement eus/
sent porte ses predecesseurs/il nͤ
feroit tort a personne ne riens ne
luy en pourroit estre demande.
¶ Item la iiii.difference est des
armes que chascun iour sont trou
uees a voulente sicomme il aduͥ
ent aucunesfoys que fortune esie
ue les hommes a son plaisir si que
les bien petis montent en hault
estat/z aucunesfoys aduiēt par
sa suffisance des personnes ou en
armes science sagesse ou conseil
ou par autre vertu auoir en soy q̄
hōmes se font diuersement/si nest
pas mal employe a ceulx qui se vaί
lent par noblesse de vertu/z adōc
quant ceulx se voient en estat mō
ter prennent armes a selit voulē
te /z de tel deuise quil leur plaist
dōt les aucūs se fondēt sur leurs
surnoms/sicōme vng homme
qui aura nōm pierre maillart pzē
dra les mailletz/z ainsy diuerse
n.ii.

sement/ou dautre deuise se mieux
leur plaist/ɀ puis les hoirs qui de
luy descendront porteront a tous/
iours icelles/et par celle doye pre
nent premierement armes.

¶ Cy deuise en quelle mani
ere vng gentil homme peut
caléger les armes de vng au
tre   xvie. cha.

OR me dy que ie lentende le
prens q̃ mon pere ait pris
so plaisir en ces armes/vne biche
de gueulles a trops estoilles par
dessus/et vng autre homme qui
riens nappartient a mõ pere eust
prins les pareilles ses peut il dõc
ques par droit porter sans contre
dit. ¶ Je te respons que sur ce de/
bat sont les maistres des loip cel
le questiõ/que se vng homme ou
linage auoit prins vnes nouuel
les armes pups que publicq̃ment
les auroit portees/ɀ il aduenist q̃
vng autre homme de la ville ou
mesmement du pais dont il seroit
les doulz/st prendre ou q̃ depuis
les eust prinses nest pas raison q̃l
les porte. ains doibuent demou/

rer au premier ne le seigneur du
lieu ne le doibt souffrir se complat
cte en estoit faite/car telles armez
furent trouuees pour la difference
ains seroit confusion/ɀ il appar
tient au premier et a sa iustice de
pas souffrit a ses subgetz que luy
face tort ne honte a lautre et pren
dre armes que vng aultre auroit
ia prinses sembleroit sicõme vng
despris fait par despit ou despris
pour cõmencer contencion/ɀ riote
lun sur lautre. ¶ Maistre or me
respons de vng aultre debat qui
assez pourroit aduenir. vng gen
til homme allemant vient a pa
ris pour seruir le roy et estre de sa
court Auquel lieu treuue vng au
tre gẽtil homme qui porte les pro
pres armes de son lignage De
laquelle chose lallemant lui veut
calenger/mais le francoys respõd
q̃l ne les a pas trouuees/ains les
portoient anciennement ses predi
cesseurs/lallemant dit que plus
est ancien son linage ɀ pource luy
doiuent demourer ɀ que plus est
pourtant que se francoys le côtre
dit ɀ nye q̃l respond que en ceste q̃
relle se combatra/ɀ de fait gecte
son gaige deuãt le roy sy te demã
de sil a bonne cause et se par droit

darmes le roy y doit iuger batail/
se. ⸿ En bonne foy que bataille
pour celle occasion y soit iugee ne
accorderoit nul droit, euidente en
est la raison, car quel dommaige
ne desshonneur peut venir a l'ale=
mant se ung francoys q̃ nest pas
du pays dont il est, ⁊ ne soit soubz
ung mesme seigneur ne de l'ne ter
re porte armes au p̃ siennes c̃blas
bles. Puis que mesmement sõt sie
nes dancienete, pour quoy ses luy
peut il calenger ne sa longue pr̃/
session empescher. certes de ce ne
appartient iuger bataille ne aul/
tre droit fors que chascun se tien/
gne en son vouloir. Ie ne dy pas
que sil aduenoit que pour faulce=
mẽt dissimuler ung cheualier ou
ung homme darmes de france ou
daultre part, que homme fust de
tresmauuaise vie et prensist les
armes de ung cheualier alemãt
auec lesq̃lles fist les mauuaistes
Ledit allemant nauroit pas mau
naise cause de ses luy calẽger ains
seroit sa q̃relle iuste et bõne, mais
autre bataille ne seroit a iuger cõ
tre ce mauuais homme si non ses
fourches car il ne seroit pas droit
que ung hõme se meist en peril cõ
tre ung mauuais hõme qui eui/
dãment seroit de mauuaise vie,

se pour cestuy barat daultruy ar=
mes prendre pourroit on estre pu
gny par droit en plusieurs mani
eres, car se ung sauldoier de sim=
ple linage alemãt ou daultre part
venoit en france es guerres du roy
pour estre pris et retenu a gaiges
⁊ portast les armes daucun anci
en linage de son pais duquel selõ
la renõmee eussent acoustume de
stre tresbonnes gens darmes, et
pour plus estre honnore et dauoir
meilleur gaige et greigneur estat
les eust princes, nest pas doubte
que se telle chose venoit a cõgnois
sance et se lignage sen reclamast
de tort il en seroit pugni par droit
⁊ aussi qui cõtre seroit la marque
dun autre, car se telle chose estoit
soufferte se pourroient faire infi=
niz debatz et baratz.

⸿ Des armes et penõceaux
et des couleurs plus nobles
darmoyerie. xviie.cha.

Mais pource que en ceste ma
tiere entrez sõmes et que ra
mẽtu me as les banieres ⁊ armes
des grans seigneurs, ie diray des
couleurs que on y repute les plus
haultes ⁊ les plus riches, car dif
ference y a de noblesse pour la res

n.iii

presentation quelles sont selon na-
ture. Les maistres de soy darmes
treuuent q̃ couleur dor est la plus
riche/ (et la raison est pource que son
en sa nature est cler (et luisant) Ver-
tueux (et confortant tellement que
les maistres de phisique le donnent
pour souuerain confort a homme
debilite pres de mort/ (et auec ce re-
presente le soleil qui est tresnoble lu-
miere/ car la loy dit quil nest cho-
se plus noble que clarte. Et pour
ceste excellence disoit lescripture
que le iuste et la saincte persone re-
semble lor (et le soleil (et pource que lor
en sa propriete est compare au so-
leil en plusieurs choses ordonne-
rent les anciennes loix que home
ne portast or si non les princes si est
doncques or la plus noble. (Item
la seconde couleur est pourpre que
nous disons vermeil ou rouge et
represente le feu. si est le feu plus
luisant en son corps apres le soleil
(et le plus noble de tous les quatre
elemens/ pour laquelle noblesse se
stablement ordonnerent les loix
que on ne portast vermeil si non les
souueraine seigneurs. (Item
la tierce noble couleur est Azur
laquelle pour sa figure represente
lair/ lequel apres le feu est le plus no-
ble des elemens/ car il est en son

corps subtil et penetratif et habil-
le a receuoir les influences. (Item
la iiii.e couleur est le blanc que on
d.t en armoperie argent/ laquelle
couleur de blanc est la plus noble
de celles qui cy apres sesuiuent. car
plus est prochain des corps luisans
(et auec ce signifie purete (et innocen-
ce/ (et dit lescripture que les veste-
mens de nostreseigneur apparoient
aux apostres blances come noix
Et ceste couleur de blanc repre-
sente leaue/ laquelle apres luy est
la plus noble. (Item lautre cou-
leur est noir que on dit en armoye-
rie sable qui represente la terre et
signifie douleur/ car plus selonge
de clarte que ne sont les autres/ (et
pource fut trouue que en signe de
douleur noire habis apptenissent
aux dolans si est la plus basse et
la plus humble qui soit/ (et pource
fut ordonne que religieux sen ve-
stissent. (Item lautre couleur dar-
moierie est vert quon dit sinople
qui signifie bois/ champs/ (et prez.
Et pource qlle nest pas comptee
des quatre ellemens est reputee la
moindre/ (et dicelles six couleurs
sont differencees toutes armes et
banieres par diuerses diuises pri-
ses par haultesse des le temps tres
ancien.

Explicit le liure de droit darmes
subtilite τ cautelle adce seruãs se
lon Vegece de lart de cheualerie.
Imprime le xxvi.iour de Juing
Mil. CCCC.quatrevings
τ huit/ par Anthoine Verard Li
braire demourant a Parie sur le
pont nredame a lymage sainct
Jehan leuãgeliste ou au palaiz
empres la chapelle ou on chãte la
messe de messeigneurs les psidez

¶ Icy sont declairees les douze
vertus que vng noble homme et
de noble couraige doibt auoir en
son cueur/ et en sa memoire et en
vser.

Vous yssus de noble maison
Et de gentil sang successeurs
Tãt de vertus que de raison
Deuez estre vrays possesseurs
De vos parfaitz predicesseurs
Auez le nom et heritaige
Mais douze vertus qui sõt seurs
Fõt seulemẽt noble couraige

Ceulx q gẽtilz nõmer se veullẽt
Et nobles dire et maintenir
Et pour nobles tenir se veullẽt
Douze vertus doiuẽt tenir
Cest abrege leur administre
Silz les veullent entretenir
Et de leur cueur faire registre

¶ Noblesse.

La vertu premiere est noblesse
Car le noble doibt estre extrait
De noble sang de gentillesse
Dont sõ nom et ses armes trait
Garde soy de faire faulz trait
Mais ce monstre filz legitisme

Et soit sõ cueur en vif pourtrait
De nobles meurs et bon regime

¶ Foy

par cas pareil doibt auoir fey
Tout noble hõme premieremēt
Enuers dieu le souuerain roy
A leglise pareillement
Et a son prince entierement.
La doit garder sans quelq offēce
Qui sa foy faulce ou sõ serment
Du tout pert hõneur ⁊ credence

¶ Leaulte

Tiercement ensuyt leaulte
Que le noble doibt possesser
Cõme la leur de sa bonte
En son cueur la doibt entasser
pour nul cas ne sa doit faulser
Soit vers sõ espouse ou sa dame
Car mieux vaut leal trespasser
Que desleal viure en blasme

¶ Honneur.

Sur honneur doibt estre fonde
Du noble le desir finable
Qui veult estre recommãde
En tous ses faitz soit hõnorable
Il ait la bouche veritable

Et cueur assiz plus hault q̃ roche
Ainsy pourra estre semblable
Aux parfais qui sõt sãs reproche

¶ Droicture.

Apres honneur ensuyt droicture
Qui le noble fait obliger
A garder toute creature
En droit.et le mal corriger
Ses armes ne doibt encharger
Sil na bonne et iuste querelle
Et ne doibt croire de legier
Mais partie ouye sans cautelle.

¶ Prouesse

prouesse est la haulte vertu
Qui en cueur de noble recine
Son nom est mort et abatu
Se prouesse en luy ne domine
Preux et vaillans sy determine
pour louenge ⁊ renom acquerre
Ou aultremēt il nest pas digne
De tenir seigneurie ne terre

¶ Amour.

Amour est la vertu feable
Qui au noble fait dieu amer
Reffuge doulz ⁊ amiable
Se doibt le noble a tous clamer
Faire se doibt aussy amer

Damour conduit et de franchise
En gardant par terre et par mer
Vesues orphenins et leglise

Courtoisie.

Courtoisie est la vertu noble
Qui le noble peut decorer
Cest ung des beaulx fruitz du
vignoble
Que gentil cueur peut saucurer
Il doibt contendre et labourer
Destre doulz et dumble vouloir
Si se pourront en luy mirer
Tous et toutes por mieulx valoir

Diligence.

Diligence acquiert par son gre
Prouesse et honneur largement
Et met le noble en hault degre
Si lle veult croire seulement
Attaindre ne peut franchement
Les autres vertus lepellece
Qui premier na le fondement
Et le moyen de diligence

Nectete.

Cueur gentil q a honneur chache
Doibt auoir nectete entiere
Car on veult q vne seule tache

Deffait la robe tant soit chiere
En faitz en ditz et en maniere
Nectete la doibt esclarchir
Cest des haulx biens la tresoriere
Qui les nobles peut enrichir

Largesse.

En noble cueur et gratieux
Doibt estre largesse comprinse
Car ung cueur auaricieux
Ne fera ia de haulte emprinse
Qui est large chascun le prise
Bien est seruy et tant ame
Que par sa largesse bien prise
Il est haultement renomme.

Sobriesse.

Sobriesse fait iartiere garde
Dot le noble home est capitaine
Affin que ses vertus bien garde
En bonte dont nait gloire vaine
Ne dye parolle villaine
Et depres se garde en tout lieu
Car ia naura vertu haultaine
Qui de son ventre fait son dieu.

Noble home pas ne fautligne
Aime mieulx honeur que peccune
Considere ta noble ligne
De ces vertus aime chascune
Et dicelle noublie aucune
Car dune cainture sont caintes
Qui pert la lumiere de lune
Toutes les aultres sont estaintes

Estudie es nobles histoires
Des preuz des loyaulz des pfaiz
De leurs honorables memoires
Peux valoir en ditz et en faiz
Se tu portes le pareil faiz
A tes successeurs pourra plaire
Et leur seras se ainsi le faiz
Droicturier patron de pēplaire

¶ Cy sont les vii. vertus
que en noblesse doibt a
uoir Et par especial es
princes.